HISTOIRE

DU

CARDINAL DE RICHELIEU

———————— Imprimé en France ————————
TYPOGRAPHIE FIRMIN-DIDOT ET Cie. — MESNIL (EURE). — 1934.

MARIA AB ETRVRIA
FRANCISCI I.MAG. DVCIS ETEVRIÆ FILIA
HENRICI QVARTI GALLIARVM REGIS VXOR

Adriano Haluech sculp.

MARIE DE MÉDICIS.

HISTOIRE

DU

CARDINAL DE RICHELIEU

PAR

GABRIEL HANOTAUX

DE L'ACADÉMIE FRANÇAISE

TOME II. — PREMIÈRE PARTIE

LE CHEMIN DU POUVOIR — LE PREMIER MINISTÈRE
(1614-1617)

NOUVELLE ÉDITION

Ouvrage couronné par l'Académie française

(GRAND PRIX GOBERT 1896)

PARIS

SOCIÉTÉ DE	LIBRAIRIE PLON
L'HISTOIRE NATIONALE	LES PETITS-FILS DE PLON ET NOURRIT

8, rue Garancière — 6e.

LIVRE PREMIER

LE CHEMIN DU POUVOIR

(1614-1617)

LIVRE PREMIER

LE CHEMIN DU POUVOIR

(1614-1617)

CHAPITRE PREMIER

RICHELIEU AUX ÉTATS DE 1614.

Par le traité de Sainte-Menehould, Marie de Médicis s'était engagée à convoquer les États généraux, pour le 25 août 1614 au plus
tard, dans la ville de Sens. La reine et ses ministres, sentant l'importance de la partie qui se jouait, avaient habilement préparé les
élections. Les gouverneurs de province, les grands seigneurs fidèles, les évêques avaient reçu l'ordre de veiller à ce qu'on ne nom-
mât que des députés dévoués non seulement à la royauté, mais au
gouvernement de la régente. En beaucoup de bailliages, la liste
des candidats était venue toute dressée de la cour (1). Dès qu'on
fut assuré que la majorité était royaliste, on renonça à la précaution qu'on avait prise de choisir Sens comme lieu de réunion de
l'assemblée et on décida qu'elle se tiendrait à Paris. La date fut
fixée définitivement au 13 octobre.

(1) *Mercure françois*, année 1615 (p. 5). — Lettre du roi aux baillis et séné-
chaux, etc. Archives des Aff. Étrang. *France* (vol. 769, f⁰ 172). — « Le duc de Nevers
envoya par toutes les paroisses des personnes qui briguaient les voix des curés. » FLORI-
MOND RAPINE, dans Mayer (t. I, p. 48). — Voir aussi : « Lettre par laquelle la Reine prie
M. Simon, lieutenant général au bailliage de Chartres, de tâcher que les députés soient
dévoués au Roi », et « Lettre de la même à M. de Lavardin pour lui dire qu'elle voit
avec plaisir que, grâce à lui, le Maine et le Perche n'enverront aux États que des députés fidèles. » (Bibliothèque Nationale. *500 Colbert*, vol. 89, f⁰ 276).

Vers cette époque, les députés arrivèrent un à un de leur province, non sans se plaindre des fraîcheurs de l'automne et de l'incommodité de la saison. On dut attendre les retardataires. La majorité du roi fut déclarée en séance solennelle du Parlement, le 2 octobre. Les députés présents à Paris assistèrent à la cérémonie. On arrêta, enfin, au 26 octobre, la date de la procession des trois ordres et de la messe solennelle qui, selon la coutume, devait précéder l'ouverture des États.

Les députés étaient convoqués pour huit heures du matin au cloître du couvent des Augustins, dont les vastes constructions gothiques s'élevaient sur la rive gauche de la Seine, un peu en amont du Pont-Neuf. Le roi et la cour arrivèrent, en grande cohue, sur les dix heures. Après de nombreuses disputes et contentions sur les rangs et préséances, M. de Rhodes, grand-maître des cérémonies, finit par placer à peu près tout son monde, et la procession commença par un défilé devant le roi. On lui avait préparé, sous le portail de l'église des Augustins, un dais où il s'était assis, la reine et les princes du sang près de lui. Chacun, en passant, faisait de grandes et profondes révérences. Le prince de Condé était debout et bien en vue; on remarqua que des gens apostés le désignaient aux députés en disant : « Saluez Monsieur le Prince » (1). Mais, rien qu'à l'inspection des visages, celui-ci devait bien voir que le coup qu'il avait préparé était manqué et que ces bonnes gens de province, inclinés devant leur roi, majeur de la veille, n'avaient nulle envie de servir les ambitions d'un cadet avide et insoumis.

Les présentations achevées, la procession s'ébranla, et, sortant du couvent, se développa lentement le long du quai des Augustins, puis, par la rue de la Harpe, gagna Saint-Séverin, le Petit-Châtelet, traversa la Seine sur le pont Notre-Dame et se dirigea vers le parvis (2). Tout le long du parcours, les soldats du régiment des

---

(1) FLORIMOND RAPINE, *loc. cit.* (p. 91).

(2) Pour le récit de la procession, je me suis servi, outre les renseignements contenus dans les ouvrages généraux, *Mercure françois*, FLORIMOND RAPINE, CLAPISSON, etc., des documents suivants : *Cérémonial observé à la procession des États de 1614*, *500 Colbert* (vol. 139, f° 154). — Extraits des registres de l'hôtel de ville de Paris, *500 Colbert* (vol. 143, f°⁸ 101 et 107). — Autre Extrait des registres du parlement (f°⁸ 111 et 114). — Voir aussi « Ordre que le roi veut être observé à la procession des États », *fonds Dupuy* (vol. 76); *500 Colbert* (vol. 13, f° 197); *fonds Brienne* (vol. 270, f°⁸ 12 et 132).

gardes, avec leurs figures tannées et leur barbe taillée à la mode
du roi Henri, faisaient la haie, en costume mi-parti violet et
orangé, l'un ayant la toque verte, l'autre la toque noire, et tous
le mousqueton sur l'épaule (1).

En tête de la procession, on avait mis, selon la coutume, un lot
de pauvres, béquillards et loqueteux qui attristaient la pompe du
cortège; on les fit passer vite, en leur distribuant quelque menue
monnaie. Venaient ensuite les ordres religieux, moines gris, roux,
blancs et noirs, les « quatre mendians » (2), si populaires dans
Paris, les paroisses et chapitres, les corporations avec insignes et
bannières et nombre de bourgeois équipés de leur mieux. Des
deux côtés des rues, marchaient les archers du grand prévôt, tenant un cierge d'une main et la hallebarde de l'autre; au milieu,
le grand prévôt lui-même, assisté de ses deux lieutenants en robe
longue. En bordure encore, les Cent-Suisses de la garde du roi,
habillés de velours, satin et taffetas blanc, rouge et bleu, avec la
toque de velours surmontée d'un panache (3); les archers de la
garde avec leurs hallebardes et des torches de cire jaune allu-
mées; les cent gentilshommes de la maison du roi, portant également des torches et les demi-hallebardes nommées *becs-de-corbin;*
au milieu d'eux, marchant à pas comptés, d'abord les chapitres
de Notre-Dame et de la Sainte-Chapelle mêlés, avec leurs chapes
et leurs bâtons cantoraux, les bacheliers et régents de l'Université, suivis du recteur et des docteurs des quatre facultés.

Enfin, messieurs des États. C'étaient, en première ligne, les députés du tiers, bataillon noir de près de deux cents membres,
allant quatre par quatre, par bailliages, portant, les uns, ceux qui
étaient de justice, les robes longues, cornettes et bonnets carrés,
les autres, ceux qui étaient de finance ou de robe courte, le man-

(1) *Journal de* l'Étoile, *Album des drôleries.*
(2) Les « quatre mendians », c'est-à-dire les dominicains, les franciscains, les augustins et les carmes. « Cette dénomination appliquée aux quatre sortes de fruits secs, les
figues, les pruneaux, les raisins et les amandes, tient certainement, dit Littré, aux quatre
ordres mendiants, sans qu'on sache exactement pourquoi; elle est plus ancienne que
le P. André qui en donnait une explication allégorique en prêchant devant Louis XIII. »
— L'explication la plus simple n'est-elle pas celle qui se rattache à la couleur de la robe?
(3) Costume des Cent-Suisses à la cérémonie du mariage du Roi. *Mercure françois*
(t. IV, p. 234).

teau à mi-corps, ouvert sur les côtés pour passer les bras et la toque; tous, ils tenaient à la main un cierge de cire blanche, d'une demi-livre, que le maître des cérémonies avait fait distribuer, le matin, au nom du roi. « Les derniers étaient les premiers, » dit un témoin oculaire, car le rang le plus honorable est en arrière, le plus près possible du saint sacrement (1).

Cette place était réservée aux députés de Paris, à MM. Desneux et Clapisson, échevins, et Miron, alors prévôt des marchands qui marchait le dernier, seul, car il venait d'être désigné comme président du tiers état. Ce jour-là, par égard pour la dignité à laquelle son ordre l'avait élevé, il avait quitté son habit mi-parti aux couleurs de la ville et avait revêtu le sévère costume noir des députés.

La noblesse venait ensuite, en chapeau à l'espagnole et manteau de cour, chaque membre richement vêtu et l'épée au côté (2).

Puis les ecclésiastiques : d'abord, les simples députés séculiers et réguliers, quatre par quatre, en manteau, robe ou soutane, sans soie, tête nue, le bonnet carré à la main, laissant voir la couronne, et décorés seulement des insignes de chaque ordre de cléricature; ensuite les évêques et archevêques, deux par deux, en habits violets, avec rochet, camail, bonnets, selon l'ordre de leur sacre; enfin, éclatants dans leurs chapes d'écarlate et coiffés du chapeau romain, les trois cardinaux, Sourdis, La Rochefoucauld et Bonzy, précédant immédiatement le poêle de drap d'or sous lequel l'archevêque de Paris, entouré de son clergé, portait le saint sacrement. Les quatre coins du dais étaient tenus par ce qu'il y avait de plus grand dans le royaume : le duc de Guise et le prince de Joinville, le prince de Condé et Monsieur, frère du roi.

Sous un autre dais, après le saint sacrement, le jeune roi, morose et vêtu de blanc. Près de lui, la reine sa mère, en costume de veuve, lasse et lourde dans ses voiles noirs, appuyée sur son premier écuyer, donnant la main à M. de Sillery, son chevalier d'honneur, la queue de sa mante portée par la marquise de Guercheville, sa dame d'honneur, ayant encore, derrière elle, le capi-

(1) *Procès-verbal du clergé* (p. 33).
(2) MONTCASSIN, *Procès-verbal de la noblesse*.

taine de ses gardes et l'élégant essaim des « filles de la reine. »
Elle était accompagnée de « Madame », cette délicate et fragile Élisabeth, fiancée au roi d'Espagne, lumineuse dans sa robe de toile
d'argent; de la reine Marguerite, qui acceptait, non sans un sourire ironique, la position singulière que lui faisait sa qualité de
veuve d'un premier mariage; de Mme la princesse de Conti, de
Mme de Guise mère, de Mme la duchesse de Guise et de plusieurs autres princesses et grandes dames, toutes à pied et un cierge à la
main. Tout autour, les princes, les maréchaux de France, les che-
valiers de l'ordre et, pour parler comme le document contemporain, « tous ceux de la noblesse qui ont accoutumé d'accompagner
Leurs Majestés ».

Venaient ensuite, à droite, la cour du parlement, ayant ses
huissiers devant, verges inclinées, puis les notaires et greffiers en
robes rouges, puis le corps même du parlement : le premier président de Harlay, les présidents, coiffés du mortier, les conseillers
vêtus de rouge; au milieu, M. de Liancourt, gouverneur de Paris;
à gauche, la cour des comptes, puis la cour des aides, en robes
rouges et chaperons noirs; le corps de la ville de Paris en robes et
chaperons mi-parti rouge et bleu aux couleurs de la ville; puis le
Châtelet, puis les autres offices et juridictions, en diminuant peu
à peu d'importance jusqu'aux archers et sergents de la ville qui
fermaient la marche et contenaient la foule du peuple.

Partout, dans les rues étroites, débordantes de monde, les maisons ventrues étaient tendues de tapisseries et, aux carrefours, aux
balcons, aux fenêtres, jusque sur les toits en pignon, des milliers
de regards luisaient, les cous se tendaient. Ce bon peuple de Paris, alors si ardemment catholique et royaliste, se signait, d'un
geste qui avançait sur la foule, au fur et à mesure que passaient,
tout près l'une de l'autre, ces deux majestés, l'une céleste, l'autre
terrestre, presque confondues dans un même amour et dans une
même dévotion.

La procession pénétra lentement dans Notre-Dame; le roi et la
reine gagnèrent le chœur et s'arrêtèrent en face de l'autel; les députés se rangèrent par ordre de préséance, sur des bancs qui
avaient été dressés le long de la nef. Les suisses de la garde se tin-

rent debout, devant les piliers tendus de tapisseries. On fit silence
et le service divin commença.

Il fut célébré par l'archevêque de Paris entouré de son clergé,
l'évêque de Bayonne servant le roi en qualité de grand aumônier.
Le sermon fut prononcé par le cardinal de Sourdis, archevêque
de Bordeaux, qui, résumant dans une seule phrase le caractère de
la cérémonie, prit pour texte ces paroles de l'évangile : *Deum ti-
mete, regem honorificate.* Il parla longuement, pesamment, pé-
dantesquement, à la manière du temps; mais il insista, avec la
vigueur brutale qui était dans son caractère, sur la puissance
redoutable de la royauté, et sur la force de l'idée monarchique,
dont il avait fait le thème de son discours. « Il fut loué de Leurs
Majestés et de tous les auditeurs. »

Le lendemain, lundi 27 octobre, la séance d'ouverture des États
eut lieu dans la grande salle de l'hôtel Bourbon, en face le Louvre. La salle formait un rectangle de dix-huit toises de long sur
huit de large, terminé par une abside de huit toises de profon-
deur. Sa voûte, semée de fleurs de lis d'or, était soutenue par des
colonnes avec bases, chapiteaux, architraves, frises et corniches
d'ordre dorique. Les murs étaient tendus de velours semé de fleurs
de lis d'or. Dans le demi-cercle que formait l'abside, sur un écha-
faudage haut de cinq marches, on avait disposé un trône couvert
par un dais de velours violet, semé de fleurs de lis d'or. Ainsi le
roi, vêtu de blanc, s'assit au milieu des lis. A sa droite, la reine,
sur une chaise à dossier, puis la reine Marguerite, puis la jeune
Élisabeth. A sa gauche, Gaston son frère et ses sœurs plus jeunes;
à ses pieds, M. de Mayenne, grand chambellan, à demi couché sur
un oreiller de velours; tout autour, les plus hauts personnages de
la cour; un peu à gauche, assis sur une chaise sans dossier, le
chancelier de Sillery, assisté des quatre secrétaires d'État.

Tout le parterre, formant un long parallélogramme, était réservé aux députés; sur les côtés, on avait établi des gradins pour
les assistants (1). Mais les courtisans, friands d'un pareil spectacle,

---

(1) Voir le *schéma* figuré de cette cérémonie, dans 500 *Colbert* (vol. 143, f° 114). —
Cfr. MALHERBE, *Lettres* (t. III, p. 470). Description de la salle, dans *Mercure françois*,
1615 (p. 7) et dans le *Journal* d'ARNAULD D'ANDILLY (p. 10).

vinrent en telle foule qu'ils forcèrent les portes et que, sans avoir égard à la majesté des États, ils envahirent la place assignée aux députés. « Tout était plein de dames et de damoiselles, de gentis-hommes et autre peuple, comme si l'on se fût transporté pour le divertissement de quelque comédie, » dit Florimond Rapine, et, avec son humeur critique, il ne manque pas d'observer qu'une telle indécence représentait trop bien l'état du royaume où la cour encombrante écartait et entravait les forces libres de la nation : « La plupart des députés étaient mécontens, ajoute-t-il, et ils disaient que la France est incapable d'ordre. »

Peu à peu, cependant, chacun se plaça, et Louis XIII ouvrit la séance. Il se leva, sous le dais de velours, et les députés, venus de si loin pour saluer et reconnaître leur roi, purent enfin le contempler tout à loisir (1).

Ce qui, de prime abord, remplissait d'émotion l'assistance et portait vers lui tous les cœurs, c'était le souvenir toujours présent du grand malheur qui, dans une si tendre enfance, l'avait porté sur le trône. Presque tous ceux qui étaient là réunis avaient connu son père, ce bon roi, ce grand roi mort si tragiquement. Les uns avaient combattu à ses côtés, d'autres l'avaient salué à son entrée dans l'une des bonnes villes du royaume ; tel autre l'avait reçu au fond de quelque manoir de province, alors que, soldat de fortune, il se donnait tant de mal pour conquérir son héritage. Et voilà son fils maintenant, chargé, si jeune, d'un poids si lourd, frêle héritier de tant de travaux et de tant de gloire.

---

(1) Pour l'histoire des États, je me suis servi des documents connus, la relation de FLORIMOND RAPINE que j'ai citée d'après le recueil de Mayer, une autre relation, imprimée en 1789, par M. COLLIN, une quantité de documents et de pamphlets publiés pendant les sessions, et dont quelques-uns sont recueillis dans le *Mercure françois*. J'ai eu aussi entre les mains le « Recueil journalier de ce qui s'est négocié et arrêté à la Chambre du Tiers-État de France dans l'assemblée des États tenus à Paris, en 1614 et 1615, par PIERRE CLAPISSON, échevin de Paris », document important qui mériterait d'être publié ; de même le procès-verbal de la noblesse rédigé par MONTCASSIN et conservé au fonds Godefroy. On en trouve un autre manuscrit à la Bibliothèque de Poitiers. — On verra ci-dessous que j'ai tiré également un grand parti d'un autre document trop négligé, quoique publié dès 1650. C'est le *Procès-verbal contenant les propositions délibératives et résolutions prises et reçues en la Chambre ecclésiastique des États généraux... Recueilli et dressé par M. PIERRE DE BEHETY*, secrétaire de ladite Chambre. — Il faut aussi tenir grand compte du *Journal d'*ARNAULD D'ANDILLY, publié, en 1857,

Il ne ressemblait pas au défunt. Quoique bien fait de corps, il n'avait, de son père, ni la figure ni le regard. Hier encore enfant admirable et sain, l'adolescence dans laquelle il entrait l'assombrissait et l'alourdissait. Les joues mates et molles, l'œil terne, la mâchoire inférieure proéminente, — le « museau » épais des Médicis, — ne rappelaient en rien la promptitude et la vivacité du sang des Bourbons (1). Ceux qui, dans cette foule, avaient des attaches à la cour disaient qu'il était paresseux, fantasque, inhabile aux lettres, le plus souvent sombre et mélancolique. Il aimait les arts mécaniques, la musique, les inventions, les exercices du corps, les choses de la guerre; il montait bien à cheval; il adorait la chasse, notamment la chasse à l'oiseau, et, dans son château de Saint-Germain, les oiseliers et les dresseurs de pies-grièches étaient ses premiers favoris.

Au physique comme au moral, il avait été mal élevé. Purgé et saigné outre mesure, flatté et violenté, caressé tour à tour et abandonné, entouré d'un harem de domestiques, qui ne savaient qu'inventer pour le distraire ou le corrompre, changeant à tout instant de précepteurs, il avait été gâté et, si nous en croyons Saint-Simon, volontairement perverti de bonne heure. Par un odieux calcul, les Italiens de l'entourage de Marie de Médicis auraient altéré sa santé, diminué son intelligence et affaibli sa volonté. On n'avait guère laissé se développer en lui que l'orgueil, mais un orgueil qui se changeait, trop souvent, en une froide et taciturne timidité.

Il avait pourtant de l'honnêteté, du courage, du bon sens; souvent même, il lui venait des reparties heureuses et qui faisaient penser à son père. Il était sensible et droit. On l'avait, à sa naissance, appelé le Juste, parce qu'il était né sous le signe de la Balance. Il eût mérité ce nom s'il eût été laissé à lui-même, si l'on

par M. Halphen, et de la Lettre de De Thou sur la conférence de Loudun (t. X, de l'édition française de l'Histoire universelle).

(1) Cette même construction de la mâchoire inférieure qui rattache Louis XIII à ses ancêtres italiens, est très caractéristique dans les nombreux portraits des Médicis que nous a laissés l'art italien. Voir notamment ceux qui sont réunis dans l'ouvrage de M. Eug. Müntz, Histoire de l'art pendant la Renaissance, et ce qu'il dit (t. I, p. 57).

n'eût emmailloté sa nature volontaire dans les langes d'une enfance prolongée et si on ne l'eût, par calcul, abandonnée au contact d'une domesticité avilissante. Il était bègue; et ce défaut physique rendait sensibles, à ceux qui l'entendaient, le manque d'équilibre d'une organisation à la fois lente et violente, et les saccades d'une énergie alternativement contrainte et désordonnée (1).

Louis XIII, donc, se leva et parla brièvement. Le petit discours qu'il avait appris par cœur ne contenait qu'un salut aux députés réunis devant lui, une protestation d'amour pour le peuple et un ordre de s'en remettre à ce qui allait être dit par le chancelier.

Le chancelier Brûlart de Sillery, personnage maigre et de longue barbe, perdu dans les fourrures et le velours cramoisi de son costume d'apparat, se leva, salua le roi, se rassit sur une chaise basse et prononça, à mi-voix, un long discours qui fut, pour l'assemblée, à la fois une fatigue et une déception. Ce Sillery était pourtant un habile homme; mais il ne visait pas au talent oratoire. Vieux routier de la politique, il personnifiait le gouvernement de la régence fait d'adresse, de faiblesse et de procrastination; et ce n'était pas le moindre intérêt de cette séance solennelle que de voir un roi enfant, quoique réputé majeur, représenté par la caducité savante et souple de ce vieillard aux paroles éteintes.

La circonspection, qui avait conduit Sillery aux affaires et qui l'y avait maintenu, avait fini par lui assurer une sorte d'autorité. On pardonne beaucoup aux habiles, parce qu'ils durent. Sillery, créature de Villeroy, puis son rival, était devenu ambassadeur à Rome; sa dissimulation naturelle avait reçu, dans cette cour, un

---

(1) Pour ce portrait, mes principales sources sont le *Journal* d'Héroard et les relations des ambassadeurs vénitiens. — La première mention que j'ai rencontrée de l'épithète « le Juste » est dans les lettres de Malherbe (t. III, p. 464), en octobre 1614 : « On m'a dit que, l'autre jour, le roi dit qu'il ne voulait pas qu'on l'appelât *Louis-le-Bègue*, mais *Louis-le-Juste*. — « Enfantissime, » dit l'Étoile, « esprit fuyant et ne tenant à rien. » — Malherbe, par contre, dit de Louis XIII, enfant : « Ce prince, sans cajoleries, promet merveilles; il a toute son inclination à la guerre, ne prenant plaisir qu'aux armes et aux chevaux, et est d'un naturel du tout porté au bien, mais jaloux extrêmement de sa grandeur. » (t. III, p. 194). — Saint-Simon, dans son livre partial, mais admirable, *Parallèle des trois premiers rois Bourbons*, donne des renseignements curieux sur l'enfance de Louis XIII. — Je citerai enfin le livre d'Armand Baschet, *le Roi chez la Reine*, et la brochure de M. Rossignol, *Louis XIII avant Richelieu* Paris, 1869, in-8°.

suprême vernis. C'était sur ses instances que le pape avait prononcé
la nullité du premier mariage d'Henri IV, et ainsi Marie de Médicis
indirectement lui devait un trône. Il plaisait à la reine parce que,
dans les conseils, il trouvait toujours de bonnes raisons pour justifier les mesures pusillanimes. Affable et très doux, corrupteur plus
encore que corrompu, n'ayant d'autre dessein que de gagner du
temps pour rester aux affaires et de rester aux affaires pour
gagner du temps, il était le type de ces hommes publics qui
ont ce qu'il faut de prudence et de capacité pour se maintenir
au pouvoir, mais non ce qu'il faut de courage pour y accomplir de grandes choses. La peur avait été toute sa politique, et
Richelieu ne tarit pas sur la « lâcheté » de ce chancelier dont « le
cœur était de cire », et qui « cherchait en toutes occurrences les
accommodements et les conseils moyens que César dit n'être pas
moyens, mais nuls dans les grandes affaires (1) ».

C'était cet homme pourtant qui allait manier à son gré les États;
c'était ce faible et tremblant serviteur des rois qui allait donner le
coup de la mort à l'institution libérale la plus ancienne et la plus
autorisée qui eût survécu en France. Tant il était évident que la
royauté l'emportait! La nation elle-même donnait les mains à sa
propre défaite que cette réunion des États allait consommer.

Sillery parla plus d'une heure. Quand il eut fini, il alla prendre
l'avis du roi et déclara la session officiellement ouverte. Ce fut
alors le tour des présidents des trois ordres. M. de Marquemont,
archevêque de Lyon, personnage illustre, plein de science et de
doctrine, canoniste et diplomate, harangua succinctement au nom
du clergé. Un vieillard du Midi, le baron de Pont-Saint-Pierre,
« debout et le chapeau à la main, » prononça, au nom de la noblesse, un pénible et maladroit discours. Enfin le président Miron

---

(1) Sur Sillery, voir RICHELIEU, *Mémoires*, éd. Mich. et Pouj. (t. I), les portraits
que tracent de lui les ambassadeurs vénitiens : ANGELO BADOER, dans *Barrozzi et
Berchet* (t. I, p. 120) et PIETRO PRIULI (p. 228). — Parmi les auteurs contemporains,
je ne citerai que ce passage expressif d'une lettre de DE THOU : « Je donnerai, avec Clément VIII, ce pontife si judicieux, le nom de *Renard* à un homme qui a été notre ambassadeur à Rome et avec qui Villeroy a été autrefois intimement lié. » Édit. de La Haye, 1740
(t. X, p. 583). — V. aussi la note de M. AVENEL, dans la *Correspondance de Richelieu*,
(t. I, p. 157).

parla avec l'heureuse justesse d'un Parisien, les genoux en terre, au nom du tiers-état.

Ces discours durèrent très longtemps. Mais on prenait patience. Car la curiosité était éveillée : on disait que le prince de Condé allait parler, à son tour, et expliquer, devant les États, les raisons de sa conduite lors des derniers mouvements. Tout le monde sentait que l'intérêt de la séance était là. Quel parti allait prendre le prince? S'il eût parlé et s'il eût exposé hautement les griefs dont il avait rempli ses manifestes, peut-être eût-il conquis un réel empire sur l'assemblée. En tout cas, ce coup de politique hardi eût étonné les ministres, eût agi sur eux et sur la régente par le seul sentiment auquel ils fussent accessibles, la peur. Mais si Condé pouvait, à la rigueur, concevoir de pareils desseins, il n'était pas homme à les exécuter. Il resta muet (1). Le roi se leva, aussitôt après le discours du président Miron, et la cérémonie s'acheva à la nuit tombante.

Nous ne prétendons pas écrire une histoire complète des États de 1614. Richelieu les a jugés sévèrement et justement : « La proposition, dit-il, en avait été faite sous de spécieux prétextes et sans aucune intention d'en tirer avantage pour le service du roi et du public, et la conclusion en fut sans fruit. » Cependant, puisque cette assemblée vit les premiers pas du futur ministre de Louis XIII dans la carrière politique, puisqu'elle fut agitée par les derniers mouvements du siècle qui venait de finir, puisqu'elle consacra, de son impuissance et de son adhésion, le triomphe facile de la royauté, nous indiquerons les faits qui, après trois siècles, nous paraissent avoir pu servir à l'éducation politique du jeune évêque de Luçon. Celui-ci joua d'ailleurs, au cours des délibérations, un rôle assez important pour que l'exposé des incidents auxquels il fut mêlé permette de rappeler, dans ses grandes lignes, l'histoire d'une assemblée qui n'a guère d'autre illustration que de l'avoir compté parmi ses membres.

Les États, on s'en souvient, avaient été convoqués à la demande

(1) FLORIMOND RAPINE dit que Condé sentait que la salle ne lui était pas favorable.

du prince de Condé. Derrière ce prince s'était formée une coalition
où se rencontraient, sans s'interroger mutuellement sur leurs origines ou sur leur but, toutes les ambitions impatientes, toutes les
vanités froissées, toutes les cupidités inassouvies. Par un habile
étalage de patriotisme et d'austérité, ce parti exploitait le dégoût
qu'inspirait au pays la fortune des favoris italiens, Concini et sa
bande. L'esprit frondeur d'un peuple qui aime à rendre ceux qui le
dirigent responsables de ses propres faiblesses accablait le gouvernement de la régente des souvenirs écrasants laissés par le règne
précédent. Une nuée de pamphlétaires, bourdonnant autour des
plaies découvertes, les avait envenimées (1).

    Cette meute avait pris pour chef un homme digne de la conduire
à la curée : c'était Henri de Bourbon, prince de Condé. De naissance douteuse, il se posait en héritier légitime du trône; de courage incertain, il se croyait fait pour commander les armées; de
facultés médiocres, il prétendait gouverner l'État. Dans sa personne et dans sa situation, tout était faux : prince du sang, il essayait d'abaisser la couronne pour la mettre à la hauteur de sa tête;
fils de protestant, il était catholique et même ami des jésuites;
pourtant il tendait la main aux huguenots. Au début du règne de
Louis XIII, il ne songeait à rien moins qu'à reprendre le rôle de la
famille de Guise, — moins Calais et Metz. A la fin du même règne,
il devait être le plat serviteur non seulement du roi, mais de
ses ministres et de ses favoris. Hésitant toujours sur sa propre conduite et ne sachant s'il devait se faire craindre ou se faire aimer, il
ne parvint guère qu'à se faire mépriser. D'un bout de sa carrière à
l'autre, il n'eut qu'une passion, l'avarice. Il exploita la faiblesse de

(1) « Ordre du lieutenant civil sur l'ordre qu'il a mis que les libelles n'aient cours ».
(B. N. *fonds Mesmes*, v. 189.) — J'ai entre les mains, toute une bibliothèque de pam-
phlets publiés à l'occasion de la réunion des États. Je citerai, au hasard, quelques titres :
*Advis aux Trois États de ce royaume sur les bruits qui courent à présent de la
guerre civile.* Pierre Chevalier, 1614. — *Advis, remontrances et requestes aux États
Généraux tenus à Paris*, 1614, *par six paysans.* — *L'Héraclide parisien auprès du
Roy*, 1615. — *Le Chevalier errant, pour supplément au Zopire françois*, 1614. — *Le
bon Français ou discours d'État contre les libelles*, 1615. — *Discours sur l'État présent des affaires de France, au Roy*, 1615. — *L'Heureuse Trompette pour la paix
adressée à Mgr le prince de Condé*, 1615. etc. — Quoiqu'il y ait, dans tout cela, bien
du fatras, on trouve, dans la lecture de ces pamphlets, plus d'une indication précieuse
pour l'histoire.

Marie de Médicis, escompta la libéralité de Richelieu, dépouilla
l'agonie de son beau-frère Montmorency, pour constituer enfin
une des fortunes les plus considérables qu'ait connues l'ancien
régime. Il fut d'ailleurs le père du grand Condé, et c'est le seul
service réel qu'il ait rendu à la France (1).

Derrière Condé se trouvaient Vendôme, frère naturel du roi,
toujours prêt à revendiquer, du fond de la Bretagne, les prétentions
de sa bâtardise comblée et inassouvie ; Nevers, catholique exalté,
alternativement mécontent et fidèle, homme d'esprit, mais imagi-
natif et s'exagérant autant ses services que ses disgrâces ; un im-
bécile titré, Conti ; un ennemi personnel de Concini, Longueville,
et toute une bande de gentilshommes jeunes, ardents et non ins-
crits sur le rôle des pensions. On comptait aussi sur l'appui plus
onéreux et plus marchandé du parti protestant, que les tendances
papistes du gouvernement de la régente effrayaient et qui négligeait les conseils prudents des Lesdiguières et des Duplessis-Mornay, pour suivre ceux des Bouillon, des Sully et des Rohan. Enfin
on s'appuyait sur les « politiques, » c'est-à-dire sur cette partie
instruite et raisonneuse de la bourgeoisie française qui se plaît à
diminuer, en temps de calme, un gouvernement près duquel elle
se réfugie en temps d'orage. En 1615, ce parti, — plumes et becs
affilés, — avait de quoi exercer son esprit critique. Il détestait les
Italiens qui gouvernaient la reine mère ; il voulait mal de mort à
celle-ci de la confiance qu'elle accordait aux jésuites et notamment
au père Cotton ; fidèle à ses traditions, il se prononçait énergiquement contre la politique papiste et espagnole. Cependant, tout en
suivant Condé, il était loin de se donner à lui. Décapité par la mort
de Henri IV, il cherchait un chef, et, n'en trouvant pas, il se butait
à une sorte de bouderie aigre, où les ambitieux croyaient démêler
l'approbation de leur conduite.

Avant les élections, Condé comptait beaucoup sur la réunion des

(1) On trouvera un récit complet et très nourri de la vie de Henri de Bourbon, dans
le tome III de *l'Histoire des Princes de Condé* par le duc D'AUMALE. Le jugement de
l'éminent historien est moins sévère que celui que j'exprime ici. Le lecteur aura l'occasion de voir reparaître si souvent le nom du prince de Condé, qu'il lui sera facile de porter sur ce personnage une appréciation motivée.

États généraux. L'erreur des partis est de croire que l'histoire reprend les mêmes voies : ils échouent souvent pour ne pas savoir modifier la tactique qui a réussi à leurs prédécesseurs. Les yeux fixés sur les événements qui avaient précédé la Ligue, le prince du sang espérait, comme les Guises l'avaient fait à Blois, développer dans le sens de ses intérêts le mécontentement qui couvait dans la nation. « Mon parti sera puissant et nombreux dans l'assemblée des États généraux, disait-il à Rohan. Les grands du royaume unis avec moi pourront contraindre la régente à changer de conduite. Il sera facile de borner son autorité et de faire des changements considérables dans l'administration des affaires. Si la reine s'obstine à refuser ce que nous lui demandons, nous aurons un prétexte plus spécieux de prendre les armes. On ne manque jamais de mécontents en France. Il y a bon nombre de gentilshommes et de soldats prêts à se déclarer. » Il ajoutait que, si les États lui prêtaient la main, il en profiterait pour modifier le conseil du roi et pour empêcher ou du moins pour retarder l'accomplissement des alliances par les mariages espagnols.

Rohan, avec la netteté et la sûreté de vue d'un politique et d'un véritable homme d'action, ne partageait pas ces illusions. « La reine aura, dans les États, plus de crédit que vous, disait-il à Condé ; ceux sur qui vous comptez maintenant vous abandonneront au lieu de vous soutenir. La crainte et l'espérance sont les deux grands ressorts qui font agir les membres de ces assemblées. Vous n'êtes pas en état de leur promettre de grands avantages ni de les effrayer par des menaces. La reine a des emplois et des charges à distribuer. Elle peut faire beaucoup de mal à ceux qui s'opposent à ses volontés. Qui voudra se déclarer hautement pour vous contre Sa Majesté? Soyez persuadé, monsieur, que les États généraux vous seront contraires (1) ».

Les prévisions de Rohan se réalisèrent. Le gouvernement, comme nous l'avons vu, avait usé et abusé de la pression officielle. Ces manœuvres avaient pleinement réussi. Dès les premiers jours, on s'aperçut que le parti des princes était battu. Les pamphlétaires redoublèrent leurs attaques. Ils disaient que les élections de la no-

(1) Levassor, *Histoire de Louis XIII,* édit. in-4° (t. I, p. 255).

blesse et du clergé avaient été « trafiquées » et que « la chambre
du tiers était la seule qui fût saine dans les États ». En effet, quoique cette chambre fût composée, plus que dans aucune autre assemblée, de magistrats et de fonctionnaires, gens de naturel ordinairement docile, il y avait, parmi ses membres, assez d'esprits
indépendants et de cœurs chauds pour que le gouvernement en
conçût quelque inquiétude.

Toute l'habileté des ministres devait donc s'employer à amortir
ou du moins à modérer les ardeurs du tiers, à séparer la cause de
l'opposition bourgeoise de celle des princes, et enfin à traîner les
choses en longueur, pour lasser les convictions les plus vaillantes.
Ils réussirent, en s'assurant, par des promesses et des pensions, la
neutralité bienveillante de la noblesse, et, par des concessions importantes en matière religieuse, le concours actif du clergé.

Celui-ci était appelé à jouer, dans les délibérations, un rôle important. Toutes les circonstances ambiantes, la tournure des esprits, la politique de la cour, la valeur relative de ses membres,
devaient la lui assurer.

De tout temps, les matières religieuses ont compté, en France,
parmi les ressorts les plus délicats et les plus puissants de la politique. Ceux qui ne sont pas imbus de cette maxime sont indignes
de toucher au gouvernement d'une nation éminemment idéaliste
et qui a souvent sacrifié ses intérêts à ses aspirations ou à ses
rêves. Dans les États de 1614, ce furent encore les questions de cet
ordre qui passèrent au premier plan.

La France sortait à peine des guerres de religion. Les débats
qu'avait soulevés la turbulence du seizième siècle n'étaient pas clos.
Les esprits restaient agités, et l'on cherchait toujours une formule
d'apaisement qui échappait, tant qu'on s'en tenait à l'intransi-
geance des principes et des doctrines. Cette solution, que le dix-
septième siècle allait reconnaître bientôt dans la transaction gallicane, apparaissait à peine en 1614, et justement les délibérations
de l'assemblée allaient contribuer à la dégager. De là, la grande
place prise, dans ces États, par tous ceux qui apportaient une autorité et une compétence spéciales à l'étude de ces graves et difficiles problèmes.

Dès le début, le clergé, sentant sa force, voulut la faire sentir à la cour. Il était mené par une sorte de comité directeur à la tête duquel se plaçaient naturellement les cardinaux : de Joyeuse, Sourdis, La Rochefoucauld et Duperron. Mais Joyeuse étant malade et presque mourant, La Rochefoucauld, bonhomme, mais mou et sans autorité, les véritables chefs étaient Sourdis, président habituel de la chambre ecclésiastique, et Duperron. Celui-ci se tenait plus à l'écart et, ménageant sa réputation de savant, d'orateur et de courtisan, se réservait pour les grandes occasions.

Ce Duperron passait pour un oracle, aussi bien en France qu'à Rome. Normand d'origine, né en Suisse, il réunissait en sa personne la prudence, le flegme et l'esprit pratique de ces deux froides régions. Il était, disait-on, fils d'un ministre protestant chassé de son pays par la persécution religieuse. S'étant produit de bonne heure à la cour, il avait trouvé son chemin de Damas parmi les voies du monde, s'était converti et était entré dans les ordres. Écrivain distingué, orateur fleuri, poète à ses heures, il avait été gratifié par Henri III d'une pension de douze cents écus que touchait, avant lui, le poète Desportes. Bon compagnon et que le mot pour rire n'effarouchait pas (1), il lisait Rabelais et nommait Montaigne le « Bréviaire des honnêtes gens. » Il avait gardé, de ses propres variations, un certain goût pour la tolérance et des amitiés dans le camp protestant. Pour lui, les luttes religieuses devaient s'en tenir à la controverse, où il excellait. Son grand jour avait été la fameuse dispute contre Duplessis-Mornay. Il avait battu le vieux soldat huguenot à la pointe d'une langue très affilée. Henri IV, satisfait de ses services, l'avait employé à Rome en même temps que le célèbre d'Ossat et, quoique le talent diplomatique de Duperron n'eût ni la force ni la pénétration de celui de son collègue, il avait contribué à mettre la couronne sur la tête du roi.

Durant son séjour à Rome, l'éclat de la pourpre l'avait ébloui, et il était revenu en France très dévoué aux idées ultramontaines. Si nous en croyons ses confidences intimes, il n'aimait pas les jésuites (2). Pourtant il les ménageait et il passait pour un de leurs parti-

(1) Voir l'anecdote de la Choisy dans le *Perroniana* (p. 54).
(2) Voir, dans le *Perroniana,* l'article *Anticoton* (p. 13).

sans. Il avait une dialectique nourrie, quelque peu métaphysique, troublante pour les esprits faibles et pour les femmes, par son obscurité même. En somme, habile controversiste, parleur abondant, esprit sage, homme charmant et médiocre, il était fait pour réussir sous le gouvernement d'une reine et, en effet, il avait pris un grand empire sur l'esprit de Marie de Médicis. Sa bonne figure de patriarche, avec la grande barbe et le bonnet bravement planté sur l'oreille, inspirait confiance et ne laissait percer que dans le sourire de l'œil vairon la souplesse des ambitions qui l'avaient conduit si loin, par des chemins si compliqués. Elles n'avaient pas dit leur dernier mot; dans ses conversations, il aimait à rappeler le souvenir des grands prélats qui s'étaient illustrés à la tête des affaires, Suger, Ximénès. Il ajoutait que les ecclésiastiques étaient les meilleurs et les plus sûrs ministres des rois, « puisque, n'ayant pas d'enfants qui succèdent à leurs desseins, quand ils sont morts, tout est mort avec eux. » Il avait, près de lui, tout un groupe de jeunes évêques qui partageaient ses espérances et secondaient ses projets. On était d'accord, dans son entourage, pour penser que l'heure était venue de rendre à la robe son ancienne influence dans la direction des affaires publiques (1).

Cette jeune école ou, si l'on veut, cette coterie, se trouvait réunie autour de son chef dans l'assemblée des États. Décidée à saisir une occasion aussi favorable, elle poussait sa pointe et montait à l'assaut du pouvoir. Duperron, toujours prudent, laissait faire. Il aidait ses jeunes amis d'un geste, d'un conseil ou d'un encouragement. Les plus distingués parmi eux étaient : Charles Miron, évêque d'Angers, que Duperron lui-même qualifiait « grand orateur, grand personnage et l'un des beaux esprits du siècle (2) »; c'était, d'ailleurs, une âme fougueuse et qui manqua le but pour l'avoir dépassé; René Potier, évêque de Beauvais, que Duperron

---

(1) *Perroniana*, art. *Ecclésiastiques*, et plus loin : « Il dit un jour à M. de Beauvais : « Nous devrions nous rassembler tous les mois une fois, seulement les évêques qui se trouveraient à la Cour (Episcopi in comitatu). Cela nous tiendrait en crédit. » Au mot *Imprimeur* (p. 182). — En outre, consulter sur ce cardinal l'étude par trop apologétique de M. l'abbé FÉRET : *Le Cardinal du Perron, orateur, controversiste, écrivain.* Didier, 1879, in-12. — Cfr. *Mémoires de* RICHELIEU (I, p. 188).

(2) *Perroniana*, au mot *Angers*.

mettait sur le même rang, mais que son extrême myopie écartait des affaires; Gaspard Dinet, évêque de Mâcon; Pierre Fenouillet, évêque de Montpellier, orateur plein de charme et de pénétration; Bertrand d'Eschaux, évêque de Bayonne, prélat bien en cour et ami de Richelieu; Gabriel de l'Aubespine, évêque d'Orléans, autre familier de Richelieu et dont nous avons déjà signalé le savoir, la vivacité et l'esprit; enfin notre héros lui-même, Armand du Plessis, évêque de Luçon.

Ces jeunes évêques se partagèrent presque tous les rôles importants dans les délibérations de l'ordre ecclésiastique. Ils laissèrent aux prélats vénérables par leur âge et par leurs vertus les satisfactions d'apparat, mais ils se réservèrent la besogne utile et, par conséquent, l'influence. Leur calcul, d'ailleurs, ne se trompait pas et leurs efforts ne furent pas vains. C'est de leurs rangs que devait sortir, dans un avenir qui n'était pas éloigné, l'homme appelé à restaurer, pour un demi-siècle, cette ancienne tradition française qui assurait aux princes de l'Église une part prépondérante dans l'administration de l'État.

Pour se rendre compte de l'action personnelle de chacun des membres des États, il ne faut pas oublier qu'il n'y avait pas d'autre assemblée plénière que la séance d'ouverture et la séance de clôture (1). Dans l'intervalle, les trois ordres délibéraient séparément. Ils travaillaient à compiler les cahiers des provinces en trois cahiers généraux qui devaient être présentés au roi. Cependant, il surgissait parfois des questions d'ordre général ou d'actualité instante, sur lesquelles les trois États avaient intérêt à s'entendre. Dans ce cas, l'une des chambres envoyait, auprès des autres, une délégation composée, le plus souvent, de certains membres particulièrement distingués ou compétents, et qui, après avoir exposé le point de vue de ses mandants, s'efforçait d'amener à ses idées la chambre qui l'écoutait. Ces délégations avaient une réelle importance, et c'est leur jeu qui dessine, sur le fond obscur des délibé-

---

(1) Toute initiative individuelle fut écartée par les États eux-mêmes, qui décidèrent qu'on ne pourrait faire en assemblée générale une proposition quelconque qui n'aurait été premièrement résolue par les députés du gouvernement auquel appartenait celui qui la faisait. FLORIMOND RAPINE (I, 162).

rations intérieures, la figure mieux éclairée de quelques-uns des membres de l'assemblée.

Dès les premières séances, la chambre ecclésiastique et particulièrement le groupe Duperron manifestèrent le désir de prendre en main la direction des débats (1). On mit d'abord sur le tapis la question de la méthode de travail et, aussitôt, nous voyons entrer en scène l'évêque de Luçon. Malgré sa jeunesse, il sort du rang, et c'est probablement sur les indications de Duperron qu'il fut placé à la tête d'une des premières délégations envoyées vers la chambre du tiers. Il était chargé, au nom de son ordre, de présenter les propositions suivantes : « Que les députés prêtassent le serment solennel de travailler saintement pour la gloire de Dieu, le service du roi et le soulagement du peuple, aux cahiers et de ne révéler de façon quelconque ce qui serait advisé aux chambres ; de venir, deux fois le jour, aux Augustins, le matin, de huit à onze heures et, la relevée, de deux à quatre, sauf le jeudi et le samedi après dîner qu'on consacrerait à d'autres affaires. »

Cette démarche, naturellement bien accueillie, fut suivie d'une seconde autrement importante et dont furent chargés, auprès de la noblesse et auprès du tiers, deux autres évêques non moins chers à Duperron, Miron, évêque d'Angers, et Potier, évêque de Beauvais. Le clergé, après en avoir longtemps délibéré lui-même et non sans « contentions et difficultés, » demandait que certaines questions d'intérêt général pussent être distraites des cahiers, débattues à part, et que, les articles relatifs à ces questions une fois rédigés en commun, ils fussent remis aussitôt au roi, avec prière de faire connaître sa réponse avant la séparation des États. Cette proposition était le résultat de longues méditations. Ceux qui la faisaient voulaient emporter de l'assemblée des décisions graves, puisque ce système avait pour effet de donner une sanction au vote des États. Le coup était si hardi et si imprévu que le tiers en conçut de l'alarme. Quand l'évêque de Beauvais eut exposé l'objet de sa mission, « il s'éleva un grand bruit, dit Florimond Rapine,.. les uns disaient que, sous cette apparence, il y avait quelque chose de

---

(1) Pour tout ce qui va suivre, je fais usage du *Procès-verbal de la Chambre ecclesiastique des États*, publié en 1650 par BEHETY, in-f°

caché et peut-être de l'injustice... On soupçonnait une machination préparée par les habiles du conseil. »

Le conseil, cependant, était tout aussi inquiet que le tiers lui-même. On comptait se servir du clergé et non pas le servir. Cette initiative vigoureuse mettait l'ordre ecclésiastique hors de tutelle et lui donnait barre sur la cour. Celle-ci eût été obligée d'en passer par les volontés de cet ordre trop ardent qui, comme il le dit lui-même assez fièrement, était disposé, dans cette circonstance, « à s'acquitter de son devoir et à servir d'exemple aux autres ».

La cour se fâcha. La régente fit venir Sourdis et lui parla fortement. Joyeuse, de son lit de douleur, interposa sa haute autorité. Il entretint longuement Villeroy, et la délibération de ces deux sages vieillards aboutit à une transaction qui refroidit les têtes échauffées. Duperron n'osa pas soutenir ses amis. Il conseilla lui-même la retraite. Il ne resta de cet incident qu'une sorte de méfiance mutuelle. Les ministres comprirent qu'ils devaient craindre même leurs plus chauds partisans et que cette « chambre introuvable » menaçait de dépasser les vœux du pouvoir qui l'avait fait élire.

Richelieu ne s'était pas mis en avant dans cet incident qui menaçait de brouiller l'ordre ecclésiastique avec la cour. Il agit là, comme il l'avait déjà fait, à Poitiers, avec son ami La Rocheposay, laissant les ardents s'aventurer et battre l'estrade, tandis qu'il se réservait pour l'heure de la retraite et des transactions ou agréables ou fructueuses.

C'est dans cet esprit que nous le voyons intervenir, quelque temps après, dans une circonstance non moins importante. L'ordre de la noblesse avait pris l'initiative de la lutte entre les classes privilégiées en proposant la suspension du *droit annuel*. C'était enlever à la bourgeoisie de robe les avantages qui résultaient pour elle de la vénalité des charges. Le tiers état répondit en réclamant la suppression des pensions.

Pour soutenir cette proposition devant le roi, le tiers fit choix d'un des hommes les plus distingués qu'il comptât dans ses rangs, le président du bailliage d'Auvergne, Savaron. C'était un très savant homme, un esprit hardi, une tête fumante. Rude, avec des flammes intérieures comme les montagnes de son pays, il eût pu s'élever très haut, en des temps moins plats. Mais la médiocrité environnante l'étouffait et son talent n'atteignait que très rarement à la hauteur de son courage. Cependant, cette fois, il s'agissait de répondre à la noblesse. Toutes les ambitions et toutes les colères de son ordre grondaient en lui. Il fut passionné et éloquent. Il commença par une jolie et délicate métaphore dans le goût du temps : « Sire, dit-il, le lis est une belle plante, droite et d'une naïve blancheur : vos actions doivent être royales, justes, pleines de piété et de miséricorde. » Puis, par une adroite allusion à un trait de l'enfance du jeune roi : « La justice vous est naturelle, Sire; qui avait appris à Votre Majesté, à l'âge de quatre ans, de trouver mauvais qu'un jeune seigneur en votre présence foulât aux pieds par plaisir les insectes et petits vermisseaux, sinon une justice naturelle qui vous suggérait de la pitié et compassion de voir aussi cruellement traiter de faibles créatures? » Et alors, entrant hardiment dans le cœur du sujet : « Sire, ce ne sont pas des insectes et vermisseaux qui réclament votre justice et miséricorde; c'est votre pauvre peuple; ce sont des créatures raisonnables; ce sont des enfants desquels vous êtes le père, le tuteur et le protecteur; prêtez-leur votre main favorable pour les relever de l'oppression sous le faix de laquelle ils ploient continuellement. Que diriez-vous, Sire, si vous aviez vu, dans vos pays de Guyenne et d'Auvergne, les hommes paître de l'herbe à la manière des bêtes? Cette nouveauté et misère inouïe en votre État ne produirait-elle pas en votre âme royale un désir digne de Votre Majesté, pour subvenir à une calamité si grande? et cependant cela est tellement véritable, que je confisque à Votre Majesté mon bien et mes offices si je suis convaincu de mensonge. »

Et il exposa ainsi, avec des paroles graves et fortes, les misères du peuple. Puis il arriva à l'examen des remèdes et aborda la proposition de la noblesse : « On vous demande, Sire, que vous abolissiez la paulette, c'est-à-dire que vous retranchiez de vos coffres seize cent mille livres que vos officiers vous paient tous les ans; mais l'on ne vous parle point de supprimer l'excès des pensions qui sont tellement effrénées qu'il y a de grands et puissants royaumes qui n'ont pas tant de revenu que celui que vous donnez à vos

sujets pour acheter leur fidélité. N'est-ce pas ignorer et mépriser
la loi de nature, de Dieu et du royaume, de servir son roi à prix
d'argent et qu'il soit dit que Votre Majesté ne soit point servie,
sinon par des pensionnaires?... Quelle pitié qu'il faille que Votre
Majesté fournisse, par chacun an, cinq millions six cent soixante
mille livres, à quoi se monte l'état des pensions qui sortent de
vos coffres! Si cette somme était employée au soulagement de
vos peuples, n'aurait-il pas de quoi bénir vos royales vertus? »

Cette harangue mécontenta vivement la noblesse. Elle n'avait
pas un orateur qui fût de taille à répondre. Elle prit le parti de se
plaindre, de se considérer comme insultée et de demander réparation. Il y en eut qui dirent qu'il fallait abandonner Savaron aux
pages et aux laquais. Dès le début des États, on pouvait craindre
les excès et les violences qui marquèrent leur fin. C'est alors que
le clergé, suivant sa tactique habituelle, s'entremit. On recourut
de nouveau à l'évêque de Luçon, et il fut mis à la tête de la délégation qui alla haranguer le tiers pour l'amener à accorder à la
noblesse les réparations qu'elle réclamait.

Il vint donc, accompagné de plusieurs autres ecclésiastiques,
dans la chambre du tiers. Il parla courtement, nettement, selon sa
manière ordinaire et posa très habilement les bases de l'accord, en
demandant tout simplement au tiers de faire entendre à la noblesse, ou par la bouche même de Savaron ou par un autre, que ce
qui avait été dit était à bonne intention et non pour offenser personne.

Savaron répondit, et ce dut être un curieux spectacle que de
voir le dernier et robuste défenseur des libertés populaires en face
de l'élégant et froid prélat qui devait leur donner le coup de
grâce. Savaron parla bravement. Il dit qu'il n'avait point offensé
la noblesse et qu'il ne se croyait tenu à aucune réparation. Il
ajouta qu'il avait porté cinq ans les armes, de façon qu'il avait le
moyen de répondre à tout le monde, en l'une et l'autre profession.
Il voulut bien ajouter cependant que, pour contenter le clergé, il
était tout disposé à expliquer ses paroles, et il rappela qu'il ne
s'était jamais exprimé que dans des termes généraux et sans viser
un corps ni un individu.

Richelieu s'empara de ces déclarations. Il revint dans la chambre ecclésiastique, disant que « le particulier duquel messieurs de la noblesse se plaignaient s'était fort étendu et expliqué et que, tous ayant témoigné et protesté n'avoir eu mauvaise intention pour offenser messieurs de la noblesse, le différend devait être accommodé. « La querelle fut arrangée, en effet. Mais, de part et d'autre, les esprits étaient aigris, les cœurs blessés, et si les plaies, en apparence, étaient fermées, le virus restait au fond (1).

Cependant nous arrivons au point culminant des délibérations de cette assemblée, au débat de principes où se heurtèrent les opinions des deux seuls partis d'action représentés dans les États, le parti papiste et espagnol, le parti politique et gallican. La victoire resta indécise; mais la lutte fut si vive et les opinions soutenues des deux parts, si tranchées que le pays s'éclaira soudain sur ses propres sentiments : ce conflit d'idées eut pour effet d'orienter, pour près de deux siècles, la politique de la France monarchique.

Il s'engagea à propos de la rédaction de l'article 1er du cahier du tiers état. Cet ordre et surtout les partisans de Condé avaient compris qu'ils n'avaient de chance de briser l'union redoutable du clergé et de la cour qu'en portant l'attaque sur un point où le clergé et la cour ne pouvaient s'accorder. En agissant ainsi, les meneurs de la campagne voulaient regagner une sorte de popularité et s'assurer le concours ardent de la bourgeoisie, surtout de la bourgeoisie parisienne.

Les hommes de robe en France n'ont jamais aimé Rome. Cette hostilité, née de la concurrence des prétoires, dans les ténèbres de la basoche médiévale, s'était nourrie, à travers les siècles, de toutes les rancunes accumulées par la rivalité des intérêts et des doctrines, par l'alternative des succès et des revers. Elle n'a pas peu contribué à déterminer un des principaux caractères de la politique

---

(1) Savaron publia, à quelque temps de là, un court *Traité de la souveraineté du Roi à messieurs les députés de la noblesse*, Pierre Chevalier, 1615, dans lequel, il les invita à obéir au Roi et à défendre sa couronne. Toutes ces querelles se terminaient toujours par un recours à la royauté et par un nouvel accroissement de son pouvoir.

française. La royauté très chrétienne eût eu, plutôt, une certaine tendance à vivre en bon accord avec la papauté. Mais les ministres des rois, fils et petit-fils de bourgeois, ne négligeaient aucune occasion d'aigrir le levain de discorde qui existe toujours entre deux pouvoirs rivaux. D'ailleurs, s'ils s'oubliaient, l'opinion ne s'oubliait pas : se donner à Rome eût été, pour la royauté, le plus sûr moyen de s'aliéner la France.

Dans la seconde moitié du seizième siècle, Rome ayant pris ostensiblement le parti de l'Espagne, la thèse gallicane s'était fortifiée de l'adhésion du sentiment national. Le débat de doctrines s'était précisé dans les termes suivants : le pape a-t-il une autorité quelconque sur la couronne de France? Si le roi de France se trompe, le pape peut-il le redresser? Si le roi de France devient hérétique, le pape peut-il le détrôner? Si le trône devient vacant, le pape peut-il, dans une certaine mesure, en disposer? A ces questions, la démagogie de la Ligue avait répondu par l'affirmative. Elle avait même soutenu, écrit, prêché, enseigné que, si le roi commettait des fautes graves, s'il devenait un péril pour la religion, alors, sur un mot de condamnation ou d'excommunication prononcé par le pape, il perdait non seulement son autorité, mais son inviolabilité; le premier venu, se sentant inspiré de Dieu, pouvait le tuer comme un chien. Et cette opinion n'était pas restée enfermée dans les arcanes des discussions théologiques. Jacques Clément avait tué Henri III; Jean Châtel avait failli tuer Henri IV; et Ravaillac, enfin, ne l'avait pas manqué (1).

Ainsi la thèse qui reconnaissait au pape un pouvoir direct ou tout au moins indirect sur les rois, enseignée ouvertement par les jésuites, devenait un véritable danger pour l'ordre public. Des esprits violents, mal équilibrés, mal conseillés, ou trop bien conseillés, pouvaient s'en faire une fausse conscience qui les poussait aux plus noirs attentats. Ce n'était plus seulement la rancune des anciennes querelles, le sentiment de l'indépendance nationale, le

---

(1) Consulter, à ce sujet, le livre de CH. LABITTE, *la Démocratie de la Ligue*. Parmi les pamphlets les plus connus où ces idées sont développées, je citerai seulement : *l'Apologie de Jehan Chastel, parisien*. Ce livre était encore réimprimé, avec des pièces nouvelles, en 1610.

souci de la sécurité publique : c'était la réprobation unanime de toutes les âmes honnêtes qui exigeait la condamnation publique d'une doctrine si imprudemment soutenue et si redoutable. La mort de Henri IV était présente à tous les esprits. La grandeur de l'attentat, le doute qui avait plané et qui planait encore sur les complices de Ravaillac, l'étendue et la diversité des soupçons, les points obscurs du procès, les légendes qui s'étaient répandues, l'impunité de ceux que l'on considérait comme les vrais coupables, tous ces sentiments s'exaspéraient à la fois en présence de cette cour où le père Coton, d'Épernon, Concini triomphaient, et qui étalait l'impudeur des alliances espagnoles, quatre ans après la mort du grand roi qui, au moment où il avait été frappé, partait en guerre contre l'Espagne (1).

Les habiles de l'opposition comprirent le parti qu'ils pouvaient tirer de cet état d'esprit. Un conseiller au parlement, Claude Le Prêtre, « homme recommandable par ses vertus et capacités », fut chargé de rédiger une déclaration destinée à être insérée d'abord dans le cahier de la ville de Paris, pour être soumise ensuite aux délibérations du tiers. Cet article, discuté par un certain nombre de députés et même d'ecclésiastiques, fut montré à Richer qui défendait alors, avec une acrimonie ténébreuse, les principes gallicans dans l'Université de Paris. Quoique Richer fût partisan du prince de Condé, il conseilla, paraît-il, de s'abstenir. Mais on passa outre, et, dans la séance du 15 décembre, on lut, devant le tiers, le texte définitif qui devait être inséré en tête du cahier. Cet article demandait qu'il fût arrêté, *comme loi fondamentale de l'État,* « que le roi est souverain en France; qu'il ne tient sa couronne que de Dieu seul et qu'il n'y a aucune puissance sur terre, quelle qu'elle soit, spirituelle ou temporelle, qui ait aucun droit sur son royaume, ni qui puisse en priver la personne sacrée du roi, ni dispenser ou délier les sujets de la fidélité et obéissance qu'ils lui doivent pour quelque cause ou prétexte que ce soit. » Il demandait également

(1) Je ne puis que rappeler ici que la polémique avait été reprise avec la plus grande violence, sous la régence, à propos de la condamnation du livre de MARIANA. — Voir notamment le livre de l'abbé PUYOL : *Edmond Richer,* 2 vol. 8°, et pour le point de vue spécial des Jésuites : P. PRAT, *la Compagnie de Jésus en France au temps du P. Coton.* 5 vol. 8°.

« que l'opinion contraire, à savoir qu'il est permis de tuer ou déposer les rois, s'élever et rebeller contre eux, secouer le joug de
leur obéissance, pour quelque occasion que ce soit, est impie, dé-
testable, contre vérité et contre l'établissement de l'état de la
France qui ne dépend immédiatement que de Dieu (1). »

A la grande majorité, le tiers état se prononça pour l'insertion
de l'article en tête des cahiers, sans même consulter les deux
ordres supérieurs. La nouvelle de cette décision produisit, dans le
corps du clergé, une « émotion et un abattement extraordinaires »
et mit la cour dans un embarras extrême.

Dans le clergé, les avis les plus divers se firent jour. Quoique
l'opinion gallicane y eût des partisans (2), ils ne se sentaient pas en
majorité et laissaient les ultramontains agir à leur guise. Ceux-ci
étaient étranglés entre Rome, intraitable sur la doctrine, et le sentiment français si passionnément prononcé contre elle.

On essaya d'abord des voies de la conciliation. L'archevêque
d'Aix, personnage sympathique, fut envoyé vers le tiers pour lui
dire, sur le ton le plus doux, « avec des paroles de soie », comme
dit un contemporain, « que, s'il se trouvait d'aventure, dans les
cahiers du tiers, quelques articles qui concernassent la piété, la
religion et la doctrine de la foi, ce corps voulût bien les communiquer à celui du clergé, versé en ces matières (3) ». Miron, président
du tiers, feignant de ne pas comprendre un langage si réservé, ré-

---

(1) Sur ce point, il faut comparer : le Syndicat de Richer (p. 270); (BAILLET) Vie
d'Edm. Richer (p. 207-221); PERRENS, l'Église et l'État sous Henri IV et Marie de
Médicis (II, 244), et lettre d'UBALDINI dans PRAT, op. cit. (III, p. 631). Sur les origines
et la portée du débat, ce qu'il y a de plus utile, c'est le passage de la lettre de DE THOU
sur la conférence de Loudun, imprimé au t. X de l'édition française de l'Histoire (p. 601):
Il prit la défense de cet article au conseil : « Sachez, Messieurs, dit-il, que cet article
n'a pas été fait en Angleterre, mais en France et à Paris même;... Guillaume des Landes,
Gaston Crié et Claude Le Prestre y étoient présents : c'est Le Prestre qui l'a rédigé. Il
fut ensuite communiqué à la Reine qui l'approuva en présence du Renard (Sillery), du
président Jeannin et du Débiteur lui-même (Villeroy). » Et il aurait ajouté : « L'opposition formée par les deux premiers ordres du royaume ne mérite pas beaucoup de considération; car il est certain que ce n'est qu'à la sollicitation et par les manœuvres
d'une rabale secrète que la noblesse a été d'un sentiment contraire. »

(2) Notamment Daniel de la Mothe, évêque de Mende, qui écrivit en réponse à
Duperron un opuscule : Du Droit des papes sur le temporel des rois. Mss. Dupuy
(vol. 525, f° 45). — V. PERRENS (t. II, p. 264).

(3) Procès-verbal du clergé.

pondit qu'il ne s'était encore présenté aucun article de cette sorte,
depuis qu'on délibérait.

Le clergé tenta une autre démarche par l'intermédiaire de la
noblesse; elle devait être et fut également infructueuse. Il revint
alors directement à la charge, et ce fut l'un de ses plus éloquents
prélats, Fenouillet, évêque de Montpellier, qui vint user, sur l'obs-
tination du tiers, le fil de ses plus étincelantes métaphores. Mais il
eut beau invoquer le « métal de Sparte » et « le temple de Salo-
mon, » le « firmament » et « l'équinoxe, » les « furies » et les
« flammes », rien n'y fit. Le tiers restait immuable, aussi heureux
de l'effet de sa manœuvre que persuadé de son bon droit.

Le clergé ne savait plus à quel saint se vouer. Duperron, indis-
posé, s'abstenait de paraître aux séances. Tout le monde pourtant
sentait qu'il était l'homme de la situation, que lui seul avait une
autorité suffisante pour se faire écouter dans le tumulte soulevé par
l'incident.

Au bout de quinze jours, l'ardeur des vœux qui se tournaient
vers lui finit par l'émouvoir. Il se rendit dans la chambre du clergé
« qui l'attendait avec passion ». Il fut « supplié » d'agir et de
parler au nom de son ordre. Il s'excusa « avec une grande affection, humilité et soumission » et insista « avec une grande ferveur »
pour qu'on eût égard à diverses considérations qui l'empêchaient
d'intervenir. Mais Sourdis, avec sa franchise brutale, lui représenta « qu'il ne pouvait refuser cette action à la compagnie qui
l'en conjurait avec tant d'importunité (1) ».

Ainsi poussé, il se laissa faire et, bientôt, on s'aperçut que cette
longue retraite n'avait pas été oisive. C'était, pour le cardinal, une
occasion unique de retrouver un de ces grands succès oratoires sur
lesquels sa réputation s'était fondée et, cette fois, il ne s'agissait
plus de religion seulement, mais de haute politique et des plus
grandes affaires de l'État.

Il voulut s'assurer, tout d'abord, l'appui de la noblesse et, dès le
lendemain, 31 décembre 1614, il se rendit, accompagné d'un cortège de trente ou quarante évêques, dans la chambre de cet ordre;
il y prononça, devant un auditoire enthousiaste, une longue

(1) *Procès-verbal du clergé.*

harangue où il développait à l'aise toute sa pensée. Il distinguait
entre la doctrine et le fait. En ce qui concernait le point de doctrine relatif à l'autorité des papes sur les rois, il voulut bien reconnaître (en cela moins ardent que les vrais ultramontains) qu'en
France elle restait « problématique », tandis qu'elle était admise
et reçue dans tous les autres pays catholiques. Mais il se hâta d'a-
jouter que la décision de ce problème appartenait à l'Église, et à
l'Église seule, qu'elle ne pouvait être tranchée que par un concile
général et, qu'en tout cas, les laïcs n'avaient aucune autorité pour
l'examiner et encore moins pour la résoudre. Abordant alors la
question de fait, il s'élevait avec colère et avec douleur tout ensemble contre l'initiative prise par le tiers. Il la traitait de machination impie, faite pour diviser les Français, pour renouveler les
anciennes querelles fabriquées à Saumur et en Angleterre et il jurait que, quant à lui, à ses collègues les cardinaux et les archevêques, les évêques, les deux mille prêtres et tous les bons catholiques
de France, ils rejetaient absolument cet article ; qu'ils sortiraient
ou abandonneraient plutôt le royaume que d'y souscrire, et qu'ils
étaient résolus de mourir et d'aller franchement au martyre plutôt
que de signer ni jurer cet article qui mènerait sans doute le royaume
au misérable état de l'Église d'Angleterre.

La chambre de la noblesse se montra ravie du discours de Duperron, flattée de la peine qu'il avait prise de lui exposer si abondamment ses raisons, et elle décida aussitôt qu'elle s'en remettait
au clergé pour déterminer ce qu'il y avait à faire à l'égard de l'article du tiers.

Le surlendemain, 2 janvier 1615, Duperron se fit transporter sur
une chaise dans la chambre du tiers. Il était accompagné, cette fois,
non seulement d'un grand nombre d'ecclésiastiques, mais de plus
de soixante gentilshommes, députés de la noblesse, venus pour
l'assister. L'annonce de son discours avait attiré un tel concours
qu'on eût dit, en voyant une si importante compagnie, que les
trois ordres étaient assemblés.

Il parla trois heures durant et, avec une richesse et une variété
d'arguments, avec une pompe de style et un luxe débordant de
métaphores qui faisaient honneur à son imagination et à sa mé-

moire, plus encore qu'à son goût et à son jugement, il soutint et développa la thèse qu'il avait exposée l'avant-veille, devant la chambre de la noblesse. Il s'efforça de toucher les cœurs par le souvenir des discordes civiles qu'on cherchait à réveiller : « Jetons les yeux sur les misères des troubles passés et gardons-nous d'y retomber », s'écria-t-il. Il sentait combien son nom, son passé, les services rendus par lui avaient de poids : il les jeta dans la balance : « J'ai toujours suivi la fortune du roi défunt aux guerres civiles; j'ai défendu avec courage et avec constance ses droits hors le royaume. Il est aisé de louer les Athéniens à Athènes où personne n'oserait contredire; mais j'ai exalté le roi à Rome, en face des ambassadeurs d'Espagne, en traitant sa réconciliation avec le saint-siège. J'ai servi le roi défunt au traité avec les Vénitiens pour les réconcilier avec le pape, où j'ai soutenu et défendu, de toutes mes forces, l'autorité du roi. Assurément ce n'est pas nous, ecclésiastiques, qui voudrions, en façon quelconque, diminuer la dignité temporelle des rois, et je suis, moi en particulier, hors de tout soupçon. » Et il répéta et il jura que lui et ses collègues étaient disposés à subir le martyre plutôt que de prêter « ce serment d'Angleterre », qui les séparerait de l'Église et que le pape n'accepterait jamais; et il conclut en demandant que l'article fût ôté du cahier du tiers et que, pour la doctrine de l'Église sur la question de l'autorité des deux pouvoirs, on s'en remît au clergé, qui ferait en sorte que tous les Français restassent unis dans une même ardeur pour le service, le salut et la vie du roi.

Le tiers état avait ressenti vivement l'honneur que lui faisait Duperron en venant, dans cette circonstance solennelle, plaider lui-même la cause de son ordre. Aussi, le président Miron exprima les sentiments de ses collègues, en remerciant le cardinal et en lui déclarant le grand effet produit par sa présence et par son discours. Mais il fut aussi l'interprète des pensées de la grande majorité du tiers, en déclarant que l'article resterait dans le cahier. Pourtant, à titre de concession, il s'offrit à faire des modifications de forme. Il poussa même l'esprit de conciliation jusqu'à déclarer, avec une ironie grave, que si le clergé voulait prendre la peine de rédiger un article ayant le même objet et la même portée, le tiers serait heureux de l'examiner et de l'accepter, s'il était possible. Le clergé se jeta sur cette déclaration comme sur une dernière chance d'arrangement. Il rédigea donc, en grande hâte, un autre article qui impliquait uniquement le renouvellement et la publication de la quinzième session du concile de Constance. Cette rédaction, présentée au tiers par un des lieutenants de Duperron, Dinet, évêque de Mâcon, fut rejetée.

L'effort oratoire du cardinal avait échoué. De part et d'autre, il fallait recourir à d'autres moyens. Le tiers avait déjà reçu un appui précieux; c'était celui du Parlement. Ce corps suivait alors l'impulsion de l'avocat général Servin, gallican, ami de Richer, ennemi personnel des jésuites. Dès le 31 décembre, il avait pris l'initiative de réunir la cour, toutes chambres assemblées; il lui avait soumis l'article et, le 2 janvier, au moment même où Duperron parlait devant le tiers, le Parlement rendait un arrêt confirmatif des doctrines formulées dans le texte.

Nouvel orage. Pouvait-on admettre cette ingérence d'une cour de justice dans les délibérations des États? Il fut décidé qu'on dénoncerait au roi l'attitude du Parlement et qu'on lui soumettrait toute la querelle de l'article. Il n'y avait plus dans le royaume qu'une seule autorité capable de trancher le différend, et c'était précisément celle dont le sort était en cause.

Mais, avant d'agir, il fallait s'assurer encore du concours de la noblesse. Duperron ne voulait pas s'exposer lui-même. Il laissait agir ses lieutenants, et c'est ainsi que Richelieu, évêque de Luçon, fut envoyé, le 5 janvier, près de la chambre noble pour lui exposer l'état de la question et réclamer sa présence à l'audience qui devait avoir lieu au Louvre. Il réussit dans cette mission. La noblesse protesta de son zèle et, le même jour, Miron, évêque d'Angers, fut délégué pour présenter au roi les doléances et les plaintes du clergé. Il vint à la cour, accompagné d'un grand nombre d'ecclésiastiques « témoignant de leur douleur par leur présence » et attestant qu'il n'y avait plus d'autre recours que l'autorité du roi.

L'évêque parla avec véhémence; Arnauld d'Andilly dit : « avec une insolence effroyable ». Il était heureux de saisir cette occasion

de le prendre de haut avec la cour(1). Les passions étaient surexci-
tées. Les protestants ayant à leur tête Bouillon, les mécontents obéis-
sant à Condé, soutenaient le tiers. D'ailleurs, le roi ne pouvait en
vouloir à des gens qui, en somme, ne se donnaient tant de mal que
pour défendre sa personne et l'autorité de sa couronne. Mais le
clergé était là, désolé, suppliant. Duperron avait obtenu sous main
des engagements. D'Épernon, les Guise, Concini, le confesseur
Coton, le nonce Ubaldini, poussaient la reine et les ministres. Une
altercation très vive eut lieu en plein conseil. Condé dit au cardinal
de Sourdis, président du clergé : « Vous avez la tête bien légère,
Monsieur ». Le cardinal lui répondit : « Je n'irai pas, Monsieur,
chercher du plomb dans la vôtre ».

Effrayés de ces violences, tiraillés en sens divers, les ministres
biaisèrent encore pendant quelques semaines. Ils firent rendre un
arrêt du conseil qui évoquait « l'affaire de l'article » à la personne
du roi et qui suspendait l'arrêt du parlement. Mais quand le roi,
du consentement unanime, fut reconnu l'arbitre suprême sur une
question si grave, il n'osa la trancher. On recourut à un subterfuge.
Pour être agréable au clergé, on décida que l'article serait « retiré
du cahier par l'ordre exprès du roi ». Pour ne pas mécontenter
le tiers, on promit « de lui donner bientôt réponse sur l'article ».
Mais, cet avis que la royauté devait émettre solennellement sur sa
propre autorité fut toujours réservé. Les ministres éteignirent, dans
le secret des délibérations du conseil, un conflit de doctrines qui,
d'ailleurs, trouvait naturellement, et sans débat, sa solution dans
les faits(2). Les plus ardents, parmi les membres du tiers, auraient

---

(1) *Journal* d'ARNAULD, éd. 1857 (p. 26-28). On disait qu'il traitait de l'évêché de
Sens avec Duperron, et que celui-ci se portait « à ces aigreurs extraordinaires » pour
être agréable à M. d'Épernon, aux Jésuites et à la duchesse de Guise.

(2) C'est encore la lettre de DE THOU qui nous éclaire sur ce qui se passait au conseil
et sur la pensée des ministres : « Villeroy prit la parole et dit qu'il ne falloit rien négliger
de ce qui pouvoit contribuer à la sûreté de nos rois; mais qu'il falloit aussi prendre
garde de troubler la bonne intelligence qui régnoit entre la cour de France et la cour
de Rome, et de rompre une union aussi avantageuse à l'État qu'à la religion... Il
conseilla ou d'éluder par des remises les poursuites de l'ordre opposé, ou d'admettre en
apparence l'article disputé, mais d'y ajouter des modifications et de se servir de termes
si ambigus et de circonlocutions si équivoques que l'approbation deviendroit inutile. Il
se vantoit d'avoir le talent d'embrouiller et de finir ainsi les affaires. En effet, il réussit,
et ses artifices eurent le succès qu'il en attendoit. Les principaux chefs du parti ayant

voulu pousser plus loin et traquer les ministres jusque dans le silence
où ils abritaient leurs hésitations. Les plus sages conseillèrent de
s'en tenir là, et leur voix fut écoutée. Le clergé remporta ainsi
officiellement la victoire. Le tiers dut se contenter du succès qu'il
obtenait auprès de l'opinion.

Ce succès fut grand. L'article, en effet, avait proclamé la doctrine du droit divin avec son corollaire, la puissance absolue des
rois. Dans un esprit d'autonomie ombrageuse et de méfiance à
l'égard des influences extérieures, la nation donnait au pouvoir
qui la représentait une force dont il pouvait se servir contre elle-
même. Ainsi que l'observe l'historien de Richer, si l'article du
tiers ne fut pas inscrit parmi les lois fondamentales du royaume,
il fut gravé désormais dans le cœur de tous les Français et, par
le triomphe des idées gallicanes, les maximes qu'il contenait
devinrent, pour le pays, pour la royauté, pour le clergé lui-
même, la pierre de touche du patriotisme et de la fidélité au service du prince.

Au cours de cette discussion importante, le clergé avait montré
un esprit de décision et une vigueur qui indiquaient la confiance
qu'il avait en ses forces. Il se sentait maître de la cour et ses ambitions ne connaissaient plus de bornes. On le vit bien à la façon dont
il traita d'autres questions brûlantes, notamment celles qui tou-
chaient à la situation financière du royaume. Il se prononça nettement pour une sérieuse revision des dépenses, et il rendit au tiers
la monnaie de ses mauvaises dispositions en réclamant avec insistance la suppression de la paulette. L'ordre ecclésiastique fit aussi
un puissant effort pour obtenir l'acceptation du Concile de Trente.
Ici encore, il suivait avec passion les conseils venus de Rome ; mais
il dépassait les sentiments d'un certain nombre de prélats et il
heurtait l'opinion de la majorité influente du pays.

Parmi les évêques, il y en eut même de plus ardents, qui, revenant à l'attitude prise dès le début, parurent vouloir s'emparer,
de haute lutte, d'une autorité qui s'était bien affaiblie dans les

été gagnés ou par des présents ou par des promesses ne firent plus de résistance. Mais
qu'y gagna-t-on? On dissimula les véritables intérêts du Roi et on les abandonna. »
(T. X, p. 602.)

mains de la régente et de ses ministres. Emporté par son tempérament, Miron, évêque d'Angers, attaqua directement la cour « et
ces personnes puissantes qui, sous le nom du roi et de la reine sa
mère, disposent de toutes choses comme il leur plaît, souvent au
préjudice de la religion et de l'État ». Il demanda s'il ne se trouvait
pas un prélat ou gentilhomme vraiment français, c'est-à-dire assez
courageux pour parler publiquement et ouvertement des causes et
des remèdes du mal que chacun « sait, dit et pleure en particulier ».
Il ajouta que lui, évêque d'Angers, « avait souvent pris la liberté
d'en parler tout haut en cette assemblée, mais que cela avait toujours été négligé ou reculé et que, puisque l'on était proche de la
fin des États, il reprenait la liberté d'en reparler ouvertement ».
Sa harangue tendait à établir un sévère contrôle sur les finances et
surtout à modifier la composition du conseil (1).

Cet homme devenait gênant. Les sages ne pensaient pas qu'on
pût rien faire avec ces éclats de voix. Les habiles se détournaient
et faisaient valoir, d'un sourire, leur dévoûment souple et leur zèle
discret. Tel l'évêque de Luçon. A quelques jours de là, des attaques
violentes s'étant produites contre la reine mère, l'ordre du clergé
décida qu'il protesterait énergiquement et qu'il ferait savoir à la
reine « qu'il trouvait très mauvais qu'on voulût séparer et diviser
l'autorité du roi avec celle de la reine sa mère, qu'il témoignerait
un grand ressentiment de ce que Leurs Majestés fussent offensées et
qu'il leur protesterait toute sorte d'obéissance, de fidélité et de
service ». Qui fut chargé de développer cette proposition devant
l'ordre de la noblesse? L'évêque de Luçon (2).

Ainsi nous le trouvons toujours du parti de la soumission à la
reine et de la fidélité. Le sentiment s'enfonce de plus en plus en
lui qu'on ne peut rien dans ce pays que par la royauté. Quels que
soient les hommes qui détiennent le pouvoir, c'est vers eux qu'il
se tourne et qu'il oriente lentement la prudence de ses ambitions.

Ce zèle devait avoir bientôt sa récompense. La cour aspirait,
avec une impatience fébrile, à la clôture des États. Les trois ordres,

---

(1) *Procès-verbal du clergé* (p. 270-272).
(2) A cette occasion, Richelieu fit encore une démarche de peu d'importance, mais
certainement agréable à la Cour. *Procès-verbal* (p. 288).

d'ailleurs, se perdaient en de vaines discordes et dans l'inutile aigreur des récriminations réciproques. Les passions s'échauffaient; les discussions dégénéraient en violences. Condé avait voulu forcer la porte des États, et ne s'était arrêté que devant un ordre formel de la reine. Un député de la noblesse du Haut-Limousin, M. de Bonneval, ayant rencontré un député du tiers, M. de Chavailles, l'avait insulté et frappé à coups de canne. Enfin, un gentilhomme appartenant à la reine, Marsillac, avait été assassiné, la nuit, par des affidés de M. le prince, conduits par un de ses gentilhommes, Rochefort.

La cour somma les députés d'en finir et de remettre leurs cahiers. Ils commençaient à avoir le sentiment de leur impuissance; le séjour de Paris était coûteux pour eux, pour leurs provinces. Certains, comme Miron, président du tiers, s'étaient laissé gagner et poussaient adroitement l'ordre dans le sens des désirs de la régente.

La séance de clôture fut fixée au 23 février. Dans cette séance les ordres, réunis pour la seconde fois depuis l'ouverture des États en assemblée plénière, devaient remettre leurs cahiers et adresser publiquement la parole au roi et à ses représentants. On comprend tout l'intérêt de cette cérémonie, l'éclat qui devait rejaillir de la solennité sur les orateurs chargés de prendre la parole, au nom de chacun des trois États, mais aussi tout le soin que la cour devait apporter à ne pas laisser désigner des orateurs hostiles, excessifs ou maladroits : il ne fallait pas faire naufrage au port.

Nous savons que la reine régente eut une influence directe sur le choix de chacun des trois orateurs, et c'est ainsi que, dans sa séance du 24 janvier, l'ordre du clergé, dûment prévenu et stylé, « pria Mgr l'évêque de Luçon de prendre le soin et la peine de présenter le cahier et de faire la remontrance accoutumée » : lequel, après s'être excusé avec une bonne grâce modeste, prié de rechef par la compagnie, « a dit qu'il lui rendrait obéissance ». Un mois après, dans la séance du 23 février, il demanda à la chambre « de vouloir bien lui indiquer les sujets et points principaux sur lesquels elle trouverait bon qu'il s'étendît le plus ». Ces points furent « agréés et résolus ». D'ail-

leurs, l'évêque savait, depuis longtemps, à quoi s'en tenir; car la
séance de clôture devait avoir lieu le même jour, dans l'après-midi,
et sa harangue était prête.

Les trois ordres se rassemblèrent, comme pour la séance d'ouverture, dans la salle de Bourbon; le même cérémonial fut suivi,
mais on retrouva aussi le même désordre et la même confusion. On
vit encore « les trois États attendre à la porte de la salle pendant
que plus de deux mille courtisans muguets et muguettes et une
infinité de gens de toutes sortes avaient pris les meilleures places »;
on vit « les cardinaux, les évêques, les prieurs, les abbés, la noblesse et tout le tiers état pressés et poussés sans ordre, respect, ni
considération, au milieu des piques et des hallebardes », et jamais, d'une telle foule, on ne put obtenir un silence complet. Les
discours des orateurs perdirent presque tout leur effet, et il est à
croire que la postérité attache, à l'un d'entre eux du moins, plus
de prix que ne le fit l'assistance devant laquelle il fut prononcé (1).
Ce fut l'évêque de Luçon qui commença. Debout devant le roi,
il parla une heure durant. Sa harangue, longue et extrêmement po-
lie, fut goûtée de ceux qui l'entendirent et surtout de ses collègues
du clergé qui y trouvèrent un exposé lucide de leurs revendica-
tions. On trouva « qu'il s'était acquitté dignement de son devoir »,
qu'il avait fait montre de « grand jugement et éloquence » et surtout « qu'il avait représenté tout ce de quoi il était chargé, avec
une extrême discrétion et qu'il avait contenté tout le monde sans
offenser personne ». Cette nuance dans l'éloge dut être précieuse
pour le jeune prélat qui, par-dessus tout, voulait plaire (2).
Richelieu a pris le soin de faire imprimer ce discours quelques
jours après qu'il l'eut prononcé. Ses secrétaires l'ont inséré dans le
corps de ses *Mémoires* (3). Mais il faut le lire dans le procès-verbal de
la chambre ecclésiastique. C'est là qu'il se trouve à sa vraie place (4).
Lorsqu'il parlait, en 1615, Richelieu ne songeait nullement à

(1) FLORIMOND RAPINE (I, 258-267).
(2) *Procès-verbal* (p. 249.)
(3) Voir la note de M. AVENEL, *Correspond.* (t. I, p. 140), et *Mémoires*, Coll. Mich.
et Pouj. (p. 83).
(4) P. 350-366.

exposer un programme de gouvernement, et c'est bien à tort que les historiens modernes ont forcé le sens de certains passages pour reconnaître, dans ce discours, les premières traces des futures conceptions de l'homme d'État. Organe du clergé, l'évêque de Luçon traduisait, comme dit le procès-verbal de l'ordre, les « remontrances qui lui avaient été ordonnées et prescrites »; il se proposait donc seulement d'exprimer dans un langage brillant les idées et les aspirations de son ordre, sans blesser les susceptibilités de la cour. Nous savons, par les appréciations des contemporains, qu'il réussit de tout point (1). On peut ajouter que, même après trois siècles, son discours paraît encore remarquable par sa belle tenue, l'ampleur du développement, l'ordonnance des idées, la netteté et la propriété de l'expression.

L'ordre du clergé avait tracé à son orateur un programme dont les points principaux étaient les suivants : approuver la politique de la régente, surtout en ce qui concerne les mariages espagnols; se plaindre des empiétements des cours laïques au détriment des cours ecclésiastiques et demander la suppression de la vénalité des offices; réclamer la défense et l'accroissement des privilèges du clergé, et l'acceptation du concile de Trente; pour le cas particulier de la réponse au cahier et, en général, pour la conduite des affaires publiques, l'orateur devait réclamer qu'une part plus large fût faite désormais au clergé dans le conseil du roi.

Parmi ces sujets, on discerne facilement ceux qui devaient exercer plus particulièrement la verve de notre évêque. A peine a-t-il achevé un prologue un peu pénible, qu'il se jette sur la question de la participation du clergé au maniement des affaires et s'y arrête complaisamment : « C'est chose assurée, dit-il, qu'ès siècles passés, en toutes les nations du monde, soit pendant qu'elles ont été attachées au culte des fausses déités, soit depuis qu'elles n'ont servi et adoré que le vrai Dieu, les personnes consacrées au minis-

---

(1) Le 29 mai, son frère Alphonse lui écrit de Poitiers : « Un de mes amis m'a fait voir la harangue qu'avez faite à la clôture des États. Je loue Notre-Seigneur qu'elle ait réussi à votre contentement, ayant été assuré qu'elle a été fort agréée d'un chacun. » Arch. Aff. Étrangères, *France* (vol. 770). — Cependant, malgré la modération du ton à l'égard des protestants, elle ne plut pas à ceux-ci. Voir *Mémoires de* LA FORCE (t. II, p. 437) et LEVASSON (t. I, p. 368).

tère de la religion ont, auprès des princes souverains (si eux-mêmes ne l'ont été), tenu les premiers rangs, non seulement en ce qui concerne le spirituel, mais, en outre, en ce qui regarde le gouvernement civil et politique. » Suivent immédiatement les exemples empruntés à l'histoire; le souvenir du respect qu'on témoignait antérieurement à l'Église fait contraste avec l'état d'abandon où on la laisse maintenant : « On peut dire avec vérité que l'Église se trouve en même temps privée d'honneurs, dépouillée de biens, frustrée d'autorité, profanée et tellement abattue qu'il ne lui resterait pas les forces pour se plaindre, si, se ressentant aux derniers abois et voyant devant elle le médecin de qui seul elle peut recevoir guérison, elle ne faisait un dernier effort pour lui toucher le cœur de telle sorte qu'il soit mû par pitié, convié par religion et forcé par raison, à lui rendre la vie, le bien et l'honneur tout ensemble. »

Ces plaintes, qui ne parurent pas excessives, étaient accompagnées d'un exposé ramassé et solide des raisons qui doivent déterminer les princes à appeler les ecclésiastiques dans leur conseil : « Leur profession les rend propres à y être employés, en tant qu'elle les oblige particulièrement à acquérir de la capacité, être pleins de probité, et gouverner avec prudence, qui sont les seules conditions nécessaires pour dignement servir un État. Ils sont en effet, ainsi qu'ils doivent être par raison, plus dépouillés que tous autres d'intérêts particuliers qui perdent souvent les affaires publiques, attendu que, gardant le célibat, comme ils font, rien ne leur survit que leurs âmes qui, ne pouvant thésauriser en terre, les obligent à ne penser ici-bas, en servant leur roi et leur patrie, qu'à s'acquérir pour jamais, là-haut au ciel, une glorieuse et une toute parfaite récompense. »

Nous avons déjà trouvé ces raisonnements dans la bouche de Duperron. Il n'est pas étonnant que, sur ce sujet, l'ordre tout entier n'eût qu'une seule et même opinion; mais il est à croire, qu'exposée d'une voix claire par notre évêque, l'argumentation prit, dès cette date, une valeur et une autorité qui auraient pu frapper certains esprits attentifs. Pendant qu'il parlait, la reine Marie de Médicis, qui avait désigné elle-même l'orateur, devait se féliciter de son choix :

elle fixait sur lui des regards déjà chargés de satisfaction et de confiance.

Luçon s'étendit ensuite sur les privilèges du clergé, sur les abus commis dans la distribution des bénéfices, sur les commendes : il aborda aussi, selon qu'on le lui avait prescrit, la question des rapports avec les protestants. Mais il le fit avec une modération vraiment remarquable. C'est, peut-être, de tout son discours, le passage où se dessinaient le mieux ses aptitudes d'homme d'État. Il avait à se plaindre tout d'abord de certains actes violents commis par des huguenots : à Millau, en Rouergue, ils avaient envahi l'église et souillé les hosties. Après avoir déploré, dans des termes amers, cette profanation et demandé la punition des coupables, l'évêque ajoute : « Je ne parle, Sire, que de ceux qui ont commis un acte si barbare; car, pour les autres qui, aveuglés de l'erreur, vivent paisiblement sous votre autorité, nous ne pensons à eux que pour désirer leur conversion et l'avancer par nos exemples, nos instructions et nos prières, qui sont les armes par lesquelles nous les voulons combattre. »

Enfin, résumant son discours, il expose, avec une véritable éloquence, les bienfaits qui résulteraient, pour le royaume, d'une sage administration s'inspirant des maximes de l'évangile et de l'application des anciennes ordonnances : « Que si on en vient là, Sire, toutes choses se feront avec poids et juste mesure. On verra le règne de la raison puissamment établi. La justice recouvrera l'intégrité qui lui est due; les dictatures ne seront plus perpétuelles en des familles (1), ni les états héréditaires par cette invention pernicieuse du droit annuel; la vénalité des offices, qui en rend l'administration vénale et que l'antiquité a remarquée pour signe de la décadence et chute des empires, sera abolie selon nos désirs; les charges supernuméraires seront supprimées; le mérite aura son prix et si la faveur a quelque cours, ce ne sera plus à son préjudice; le mal recevant punition, le bien ne sera pas sans récompense; les lettres et les arts fleuriront; les finances, vrais nerfs de l'État, seront ménagées avec épargne, les dépenses retranchées, les

(1' Allusion à la suppression de la paulette.

pensions réduites, ainsi que nous le demandons, au terme où le grand Henri les avait établies... La religion fleurira de nouveau... L'Église reprendra son lustre, étant établie en son autorité... La noblesse rentrera en jouissance des prérogatives et des honneurs qu'elle s'est acquis par ses services. Les duels étant abolis, son sang sera épargné et le roi soulagé d'une grande charge de conscience; enfin le peuple sera délivré des oppressions qu'il souffre par la corruption de quelques officiers, préservé des outrages qu'il reçoit de plus puissants que lui et soulagé en ses impôts à mesure que les nécessités de l'État le pourront permettre. En un mot, toute la France sera remise au meilleur état où nos vœux la puissent porter, et ce qui est à noter, avec tant de facilité que je puis dire sa réformation tant aisée qu'elle est juste, nécessaire et pleine de gloire pour Votre Majesté. »

Quel était donc le secret de ce jeune homme éloquent qui considérait comme « aisée » une tâche dont les autres ne voyaient que l'étendue et les difficultés? Marie de Médicis écoutait. L'évêque se tourne alors vers elle et lui adresse directement la parole : « Toute la France se reconnaît, Madame, obligée à vous départir tous les honneurs qui s'accordaient anciennement aux conservateurs de la paix, du repos et de la tranquillité publique! » L'orateur loue la conduite passée, approuve les mariages d'Espagne, puis, plus pressant encore : « Vous avez beaucoup fait, Madame, mais il n'en faut pas demeurer là : en la voie de l'honneur et de la gloire, ne s'avancer et ne s'élever pas, c'est reculer et déchoir. Que si, après tant d'heureux succès, vous daigniez encore vous employer courageusement à ce que ce royaume recueille les fruits qu'il se promet et qu'il doit recevoir de cette assemblée, vous étendrez jusqu'à l'infini les obligations qu'il vous a, attirerez mille bénédictions sur le roi, pour vous avoir commis la conduite de ses affaires, sur vous, pour vous en être si dignement acquittée, sur nous, pour la supplication très humble et très ardente que nous faisons à Sa Majesté de vous continuer cette administration. »

Ainsi, quoique le roi soit majeur, c'est à la reine qu'on s'adresse, c'est à elle qu'on voudrait confier, pour des années encore, les intérêts et l'honneur du pays; c'est d'elle enfin que l'on implore cette attention, ce sourire, cette faveur qui ouvriront l'accès des grands emplois et donneront l'essor aux grandes ambitions.

Toute la fin du discours avait été « écoutée avec une extrême attention; » elle fut accueillie « avec un public et général applaudissement, » et l'évêque de Luçon regagna sa place « grandement loué par tous ceux qui l'avaient ouy ».

Ce fut ensuite le tour du baron de Sénecé qui parla, au nom de la noblesse, un quart d'heure seulement, en soldat. Puis, on entendit le président Miron. A genoux sur un carreau de velours placé devant le roi, il fit un exposé abondant des misères du peuple et dit des paroles hardies. Mais choisi, lui aussi, par la reine, il conclut par une profession de foi entièrement royaliste : « Qui pourvoira donc à ces désordres, Sire? Il faut que ce soit vous... Ce que nous vous demandons, c'est un coup de majesté... » Ces paroles, adressées à un enfant de quinze ans, nous disent assez à quel point d'abaissement étaient tombées ces vieilles libertés françaises, si souvent invoquées au cours des débats. Dans cette séance solennelle, l'opposition n'avait même pu faire entendre sa voix. La fin du discours de Miron fut le dernier mot prononcé par la nation en assemblée d'États. Elle devait rester muette jusqu'en 1789 (1).

Le roi répondit brièvement; s'étant découvert, il dit : « Messieurs, je vous remercie de tant de peine que vous avez prise pour moi depuis quatre mois. Je ferai voir vos cahiers et les répondrai favorablement. » Sur ces mots, chacun se retira. Il était huit heures du soir; la séance avait duré près de neuf heures.

A l'issue de cette fatigante cérémonie, les ministres devaient se sentir soulagés d'un grand poids. Pourtant, tout n'était pas fini. On avait promis aux États de répondre à leurs cahiers. Depuis des mois, on discutait sur le procédé qu'on emploierait : les ordres, tenant à leur œuvre, si mince qu'elle fût, réclamaient un engagement formel et une sanction aux promesses de la cour. Celle-ci ne cherchait que les moyens de se dérober honnêtement. La proposition originaire du clergé, tendant à ce que les principaux

(1) Sur la défection de Miron, V. FLORIMOND RAPINE, *passim*, et *Journal* d'ARNAULD, (p. 35).

articles des cahiers fussent examinés au fur et à mesure des délibérations, ayant été écartée, on se trouvait en présence d'une autre
proposition du tiers, plus dangereuse encore. Il demandait que
les cahiers fussent étudiés par une sorte de haut conseil désigné
conjointement par le roi et par les États, et que les États ne se sé-
parassent pas avant que la réponse de ce conseil leur fût notifiée.

La cour se décida à en finir par un coup d'autorité. Elle s'était
d'ailleurs assuré du concours de Miron, qui, son rôle de président
du tiers fini, redevenait un fonctionnaire dépendant du pouvoir.
Conformément à leurs propositions, les députés du tiers et surtout
ceux qui appartenaient au parti de Condé avaient décidé de se
réunir au couvent des Augustins, le lendemain de la séance de clôture, sous prétexte d'attendre, en siégeant, la réponse aux cahiers.
Ils prièrent Miron de les accompagner et de prendre la parole en
leur nom. Mais celui-ci répondit que le roi et le chancelier lui
avaient défendu de faire aucune assemblée. « C'est alors que nous
commençâmes de voir et remarquer, comme en un miroir, nos
fautes passées, dit Florimond Rapine, et les plus gens de bien regret-
taient infiniment la lâcheté et faiblesse de laquelle nous avions usé
en toutes ces procédures des États. » Le lendemain, on décrocha
les tentures et on ferma la porte de la salle où avaient lieu les
réunions.

Cependant les députés persévéraient : « Nous venons chaque
jour battre le pavé des Augustins pour savoir ce qu'on veut faire de
nous. Chacun demande des nouvelles de la cour, personne n'en veut
dire d'assurées; l'un publie le malheur qui talonne l'État, l'autre
déchire de paroles Monsieur le chancelier et ses adhérens et caba-
listes; l'un frappe sa poitrine, accusant sa lâcheté, l'autre médite
son retour, abhorre le séjour de Paris, désire sa maison, voir sa
femme et ses amis, pour noyer, dans la douceur de si tendres
gages, la mémoire de la douleur que la liberté mourante lui cause.
Tous ensemble cherchent les moyens pour être congédiés, plutôt
que de séjourner dans cette ville, errants et oisifs, sans affaires ni
publiques, ni particulières (1). »

Rien n'est plus triste que ces dernières journées. Ces braves

(1) FLORIMOND RAPINE.

gens, qui étaient venus du fond de leur province pleins d'illusions et d'amour, s'apercevaient qu'ils étaient joués, et ils ne savaient au juste à qui s'en prendre. Assurés de leurs intentions, ils ne se disaient pas qu'ils étaient les premiers coupables, et que, s'étant abandonnés eux-mêmes, ils ne devaient pas s'étonner qu'on les abandonnât. Ils allaient par la ville, inquiets, dans l'espérance d'on ne savait quel coup du hasard qui les aiderait et les arracherait à leur propre impuissance.

Un moment, ils crurent que le parlement les tirerait d'embarras. Celui-ci résolut de se réunir pour délibérer sur ce qui était à faire. « Toute la France avait les yeux arrêtés sur ce grand aréopage et était aux écoutes pour apprendre avec applaudissements les décisions du conclave du premier sénat de l'Europe. » La montagne accoucha d'une souris, et le corps du parlement, toujours égoïste, faisant passer les intérêts privés de ses membres avant ce que l'on considérait comme le bien du royaume, se contenta de demander le maintien de la paulette.

Cette fois, c'était fini. Quelque trente ou quarante députés s'obstinaient à frapper à toutes les portes, à casser la tête aux gens de leurs doléances, à vouloir se jeter aux pieds du roi qui, tout à ses chasses d'oiseaux, avait bien d'autres choses à penser. Un jour qu'ils étaient venus jusqu'au Louvre, le chancelier Sillery s'avança au-devant d'eux et, prenant à parti le plus audacieux, un sieur de Ribier, lieutenant-général de Blois : « Monsieur, lui dit-il, vous êtes lieutenant-général à Blois et officier du roi; avisez bien à ce que vous direz et prenez garde à vous. En quelle qualité voulez-vous parler? Est-ce comme député? Vous ne l'êtes plus; car votre pouvoir est expiré par la présentation de vos cahiers. Est-ce comme privé? Parlez alors en votre nom propre; mais sachez que le roi n'a pas pour agréables vos assemblées qui sont illicites et sans sa permission. »

Rapine lui-même, qui nous raconte tous ces détails, essaya d'intervenir et de répliquer. Mais le chancelier coupa le flux de ses paroles d'un : « Qui êtes-vous? » dédaigneux. Enfin les députés purent voir le roi. Celui-ci avait autour de lui l'imposant appareil des plus hauts seigneurs du royaume et des courtisans, tous gens d'épée. Ribier, à demi-mort de peur, essaya d'expliquer pourquoi ses collègues et lui étaient venus jusqu'à Sa Majesté. C'est à peine si on daigna l'écouter, et sans même lui faire l'honneur d'une réponse, on le poussa vers la porte; « et nous fûmes ainsi contraints de nous retirer, sans espérance de parvenir à nos desseins, ni de satisfaire aux vœux et intentions si saintement conçus dans nos provinces, ensuite d'une convocation d'États si solennelle et d'une si laborieuse et pénible députation ». (21 mars 1615.)

Il était temps qu'ils s'en allassent. Cet hiver, passé sous l'œil des députés, avait paru à la reine et à son entourage d'une tristesse et d'une longueur interminables. Maintenant qu'on était débarrassé de ces visages moroses, on pouvait se détendre et s'amuser un peu. Il y avait dans l'air des souffles plus tièdes; le printemps arrivait: la fin des États coïncidait avec l'entrée du carnaval et, « comme c'est la coutume invétérée entre les princes de la chrétienté d'accompagner les jours gras de quelques réjouissances publiques et d'obliger leurs peuples par des divertissements agréables, on décida qu'à l'occasion de l'heureuse conclusion des États, on danserait un ballet dépassant en somptuosité tout ce qui s'était fait par le passé et ôtât à l'avenir l'espérance de rien faire de même » (1).

La reine mère, qui avait hérité des Médicis, ses ancêtres, le goût des arts et de la magnificence, convoqua les plus habiles parmi ceux qui s'occupaient de ces sortes de réjouissances, et, après avoir longtemps hésité, elle fixa son choix sur le sujet qui lui fut présenté par un grave personnage, le sieur Durand, contrôleur provincial des guerres. Il fut entendu que l'illustre Franchine lui serait adjoint pour les machines et le sieur de Malherbe pour la poésie.

Le 19 mars 1615, cette même salle de l'hôtel de Bourbon, qui avait servi aux deux séances plénières des États, était transformée en salle de spectacle. Éclairée par douze cents flambeaux de cire

---

(1) Pour tous les détails de cette fête, il faut rapprocher les documents suivants : *Description du ballet de Madame, sœur aînée du Roy, à Lyon*, sur la copie imprimée à Paris, 1615. — *Mercure françois*, année 1615 (t. IV, p. 7-16); — MALHERBE (t. I, p. 228, et t. III, p. 486-488).

portés par des consoles et bras d'argent, elle était tendue du haut
en bas en tapis de Turquie, « de sorte qu'on n'y voyoit que riches
peintures, sculptures ou tapisseries ». A l'un des bouts, on avait
dressé une scène haute de six pieds; à l'autre bout, un échafaud
sur lequel le roi prit place avec les principaux seigneurs. La cour
entière se pressait dans le parterre, dans les couloirs, sur les balcons du premier étage. Grands chapeaux à plumes, feutres d'Espagne, fraises de dentelles, pourpoints valant 20,000 écus, épées
à la poignée d'or, éperons sonnants, écharpes, collets et falbalas;
coiffures de pierreries, colliers de perles, corps de taille lamés
d'or et d'argent, vertugadins raides comme des armures, épaules
nues ou manteaux à traîne, rires, parfums, regards chargés d'a-
mour et de galanterie, cette foule heureuse et bruyante éclatait
dans la joie de son insouciance et de sa frivolité reconquises. On
était tout au plaisir des visages connus, se retrouvant après les jours
sombres qu'on venait de traverser. Certes, toutes les difficultés
n'étaient pas résolues. Mais on les remettait au lendemain; et ces
courtisans, ces dames, ces cavaliers, ces soldats, ces pages, ces
poètes dont les « pensions » avaient été menacées, se félicitant
d'avoir échappé au péril, jouissaient de la victoire que la royauté
avait remportée pour eux. La France, légère et amie des fêtes,
désarmait une fois de plus, de son sourire irrésistible, cette autre
France sérieuse et compassée, qui, en somme, depuis des mois,
n'avait fait que fatiguer le monde de son inutile gravité. Les États,
qui avaient commencé par une procession, se terminaient par un
ballet.

A peine le roi fut-il assis que l'on vit, vers le fond de la salle,
monter un nuage épais qui allait s'accroissant et se dilatant au fur
et à mesure qu'il s'avançait; tout à coup il s'ouvrit et laissa paraître un danseur vêtu d'argent et de noir, avec quantité d'étoiles d'or
sur son habit, des ailes noires au dos et une coiffure faite de nuages : il personnifiait la nuit. Il dansa et chanta des vers adressés
à la reine que l'on comparait au soleil :

> Qu'ai-je fait contre vos beautés,
> Grand soleil, qui, de tous côtés,
> Me voulez rendre vagabonde,

Pour vous opposer à mon cours
Et pour empêcher que le monde
Ne soulage par moy les travaux de ses jours?

Le chanteur n'avait pas fini que le nuage se dissipa soudain et qu'on vit la scène représentant « des rochers recouverts d'arbrisseaux, mousses, animaux rampans, fleurs et ruisseaux coulant des croupes en bas, les heurts éclatant d'or et d'argent ». Dans ce décor, il y eut un premier pas de feux follets représentés par des enfants portant des torches à la main et sur la tête; un autre pas de sibylles sorties de terre pour prédire les félicités du mariage futur de la princesse. Puis, les rochers s'abaissèrent pour faire place à un paysage de vergers et de forêts; dans le ciel on vit, sur une nuée, s'avancer l'Aurore. « Elle étoit vêtue de lames d'argent, recouverte de fleurs d'or et de soye, et si fort éclatante qu'elle n'avoit rien de dissemblable à l'Aurore journalière que d'être plus proche de la vue. Elle semoit des fleurs sur la scène et étoit suivie d'un grand char flamboyant et doré, avec les roues tournantes d'un mouvement égal et continuel, dans lequel étoit le sieur Robert, qui traversa la scène en chantant. »

Tout cela n'était encore que le prologue; le vrai ballet, qui avait nom *l'Africaine* ou *le Triomphe de Minerve,* commença : on vit, dans un paysage nouveau, se succéder les plus belles filles de la cour, « habillées à l'antique africaine, mais fort court pour ne point nuire à la danse... » — « Leur habit étoit parti de satin rouge, parti de bleu chamarré et quasi-couvert de passement d'or; elles avoient chacune une masse d'or à la main et pour coiffure une espèce de bourguignote, coupée à jour, renforcée de lamettes d'argent et incarnat et relevée en haut d'une touffe de plumes, qui donnoit une grande grâce à celles qui la portoient. »

Le premier pas achevé, un berger s'avança, « lequel, comme ramenant ses troupeaux en l'étable au coucher du soleil, sortit des bois en chantant ». Et il chanta des vers que le sieur Malherbe, poète très illustre, avait, pour la circonstance, arrachés à sa veine peu féconde :

Houlette de Louis, houlette de Marie,
Dont le fatal appui met votre bergerie

Hors du pouvoir des loups :
Vous placer dans les cieux, en la même contrée
Des balances d'Astrée,
Est-ce un prix de vertu qui soit digne de vous ?
. . . .
Aussi dans nos maisons, en nos places publiques,
Ce ne sont que festins, ce ne sont que musiques
De peuples réjouis;
Et que l'astre du jour ou se lève, ou se couche,
Nous n'avons en la bouche
Que le nom de Marie et le nom de Louis.
. . . .
Un siècle renaîtra comblé d'heur et de joie,
Où le nombre des ans sera la seule voie
D'arriver au trépas :
Tout y sera sans fiel comme au temps de nos pères,
Et même les vipères
Y piqueront sans nuire, ou ne piqueront pas.

La terre en tous endroits produira toutes choses,
Tous métaux seront or, toutes fleurs seront roses,
Tous arbres oliviers :
L'an n'aura plus d'hiver, le jour n'aura plus d'ombre,
Et les perles sans nombre
Germeront dans la Seine au milieu des graviers.

En attendant ces beaux jours, déjà prédits par Virgile depuis des siècles, l'assistance pouvait s'en faire quelque idée par la suite du spectacle. Bientôt, en effet, on vit un pas de bergers, — et c'étaient les plus grands seigneurs et les meilleurs danseurs du royaume. Puis, la scène changea et ce fut le fond de la mer avec une musique de tritons et de tritonides; puis, une autre apparition de dieux célestes; puis, le triomphe de l'amour, — de l'amour chaste bien entendu, — menant captif l'amour voluptueux; et enfin, sur un char resplendissant, s'avança la reine de la fête, la jeune et timide princesse Élisabeth, entourée de quatorze dames de sa suite.

A ce moment, toute la scène était remplie; des amours voletaient autour du char; à terre, la troupe des danseurs était rassemblée; en l'air, on voyait, sur des nuages, la Victoire et la Renommée portant des couronnes, et tout à coup, après un silence, les voix, les luths, les violons, les hautbois, tous ensemble, chantèrent et jouèrent la musique du grand ballet : Madame descendit de son char, vêtue en Minerve, et elle dansa les six figures au milieu d'un applaudissement général : « ... Et sembloit que tout le ciel fût ouvert pour faire des chants d'allégresse en cette occasion, qui se peut dire n'avoir point eu de compagne en somptuosité ; car lorsque ce grand air se chantoit, il y avoit quarante masques richement parés sur la scène, trente dans le ciel, six suspendus en l'air, tout le milieu de la salle rempli du ballet des dames : tout se voyoit d'une vue et tout dansoit et chantoit en même temps. »

Instant unique dont le souvenir resta gravé dans la mémoire des spectateurs; chacun fut d'avis que l'issue des États était digne du monarque qui les avait convoqués; « car, dit la relation contemporaine, Leurs Majestés n'avoient cherché d'autre épargne que celle du temps qui pressoit et avoient voulu montrer que la France, quand elle veut paroître, ne peut être imitée d'aucune autre nation ».

CHAPITRE DEUXIÈME

I. — La Régence de Marie de Médicis. — Les « barbons ». — Première faveur des Concini.

Pour la seconde fois, une Médicis régnait sur la France. Henri IV, après avoir rompu son premier mariage avec une fille de France, — cette Marguerite pleine de vices et pleine de charmes, dernière fleur de la race épuisée des Valois — avait, parmi les princesses européennes, choisi une nièce du duc de Toscane, dont l'âge et la santé lui promettaient des héritiers. En épousant la fille des Médicis, le chef de la dynastie des Bourbons ne dérogeait pas. La grand'mère de sa femme était une petite-fille de Charles-Quint (1). Ces heureux marchands italiens avaient ainsi, peu à peu, imposé l'autorité de l'or et du négoce à l'Europe militaire et féodale. Et pourtant, selon le mot du duc de Savoie, « ces femmes florentines, dans tous les États où elles se produisaient, apportaient la confusion et le mauvais gouvernement » (2).

Le mariage de Henri IV et de Marie de Médicis n'avait pas été

_____

(1) Alexandre de Médicis fut, en 1531, déclaré prince souverain de Florence par l'empereur Charles-Quint. François, deuxième grand-duc de Toscane, après son père Côme de Médicis, épousa en premières noces Anne d'Autriche, reine de Hongrie, fille de l'empereur Ferdinand. Il eut, de ce mariage, un garçon et deux filles, Philippe, mort en bas âge, Éléonore, qui épousa depuis le duc de Mantoue, et Marie de Médicis, née le 26 avril 1573. — *Vie de Marie de Médicis* (par la présidente D'ARCONVILLE), Paris, 1784, in-8° (t. I, p. 5).

(2) Cité par PERRENS, d'après une dépêche de Brèves, du 3 août 1612. *Les Mariages espagnols sous le règne de Henri IV et de Marie de Médicis.* Didier, in-8° (p. 431).

heureux. Si le roi, amateur très renseigné, appréciait, dans sa
femme, les formes opulentes et les carnations savoureuses qui devaient s'épanouir plus tard si glorieusement dans les toiles de Rubens, s'il lui était reconnaissant de sa sûre et régulière fécondité,
il ne trouvait auprès d'elle ni la séduction sans cesse renaissante
de la maîtresse, ni l'affection soutenue et confiante de l'épouse.

Henri IV, il est vrai, était un bien mauvais mari. Mais Marie
de Médicis avait un bien mauvais caractère. Les hommes, les rois,
surtout, ont droit à quelque indulgence. Or, la reine eût été, à
tous les rangs de la société, une femme jalouse, colère et vindica-
tive. Elle était, en outre, tellement soumise à un entourage des
plus louches qu'on ne pouvait se fier entièrement en elle. C'é-
taient là de mauvaises dispositions pour retenir un homme de
naturel volage comme l'était Henri IV, et les scènes de ménage
que nous raconte Sully, où la reine allait « jusqu'à lever la main »,
expliquent assez que le bon roi, très féru de ses maîtresses et
fort dégoûté de cette promiscuité italienne, ait songé parfois à
renvoyer outre monts une femme dont le rôle était rempli, maintenant qu'elle lui avait donné six enfants (1).

Ce fut Henri IV qui céda la place. La mort arrange bien des
difficultés. Sans prêter créance aux commérages des contemporains et aux insinuations de Sully, on peut dire, de Marie de
Médicis, que le veuvage lui fut léger. Le deuil extérieur fut
bruyant et éploré; le fond du cœur resta froid. Il semble que

(1) Nous avons un document des plus curieux sur les relations conjugales entre
Henri IV et Marie de Médicis. Il est intitulé : « Les Principaux Sujets de la mauvaise intelligence d'entre le feu roi Henri IV et de la royne mère du roy, tiré des
manuscrits de Béthune, 8941. » Il a été publié, sous ce titre, par Mme d'ARCONVILLE dans
son livre déjà cité (p. 522). La rédaction de ce mémoire est postérieure à 1632, ainsi
qu'il résulte d'une allusion faite (p. 527) à la mort de Mme de Guercheville. Il paraît
avoir été rédigé dans les circonstances suivantes : après la journée des Dupes, Richelieu réunissait de toutes parts les pièces du procès que ses pamphlétaires à gage avaient
engagé contre Marie de Médicis. Quelqu'un de ses familiers, et probablement Bullion,
alla interroger Sully dans sa retraite. Celui-ci ne se fit pas prier pour raconter, en les
exagérant peut-être, les scènes dont il avait été le témoin. Ce document a certainement été vu par les rédacteurs des Mémoires de Richelieu. Il faut le consulter avec
précaution. Mais il respire un vif sentiment de la réalité. Il faut le rapprocher de nombreux passages, d'ailleurs connus, des Économies royales de SULLY. — On trouvera, en
outre, toutes les pièces du procès réunies dans l'ouvrage de M. ZELLER, Henri IV et
Marie de Médicis, Didier, 1877, in-8°.

tout le monde, et Henri IV lui-même, avait prévu cette mort prématurée. Il avait pris la précaution de faire couronner la reine, la veille de son départ pour l'armée. Si bien qu'en quelques heures, tout fut arrangé et la régence de Marie de Médicis proclamée par le parlement, acceptée par la cour, et reconnue par le reste du royaume.

A ce moment, on ne dit pas, comme on devait le faire trente ans plus tard, à l'avènement d'Anne d'Autriche : « La Reine est si bonne. » Marie de Médicis était peu connue et peu aimée. Toujours repliée sur une étroite coterie, parlant mal le français, alourdie par ses couches successives, elle ne suivait guère le mouvement et la turbulence de la cour de France. Mais on était délivré de l'autorité virile du feu roi, la régente avait besoin de tout le monde, et on pensait que chacun pourrait réclamer pour soi une part de l'autorité tombée entre ses faibles mains (1).

La reine était si effacée du vivant de Henri IV, qu'il fallut quelque temps pour voir son caractère se dessiner et ses aptitudes gouvernementales prendre un certain relief. Ce n'était pas une Catherine de Médicis. Elle n'avait de celle-ci ni l'intelligence, ni l'activité, ni le goût des affaires. Elle apparut bientôt comme une femme d'un cœur sec, froidement égoïste, très jalouse de son autorité, de moyens médiocres, paresseuse et obstinée, mais discrète, grave et assez habile dans les petites choses, attachée, sans réflexion et sans fidélité, à ses habitudes et à ses préjugés. Comme il arrive aux natures médiocres que l'urgente nécessité ne presse pas, elle dirigea peu sa vie et elle gouverna autant avec ses défauts qu'avec ses qualités.

La paresse aidant, elle ne se sépara pas des hommes expéri-

(1) « Le roi a voulu souvent la faire entrer au Conseil pour qu'elle se mette au courant des affaires et des intérêts du royaume. Mais, indifférence ou incapacité, la reine n'a nullement répondu aux intentions du roi. Elle est, d'ailleurs, d'un caractère peu sympathique ; elle s'emploie uniquement à élever et à enrichir une femme qui a toujours vécu avec elle. Elle préfère la combler que de s'occuper de la cour. Elle n'a aucune attention pour les grands du royaume. Aussi, si elle devenait veuve, pendant la minorité de son fils, elle n'aurait pas le temps de se concilier l'esprit de la noblesse et, parmi celle-ci, elle n'aurait personne à qui se fier. Elle est cependant au mieux avec la maison de Guise ; mais cela n'est pas sans danger. » *Relation de l'ambassadeur vénitien* Pietro Priuli, écrite en 1608. *Recueil de Barozzi et Berchet* (t. I, p. 209).

mentés choisis par le feu roi. Mais, peu à peu, elle versa dans le fa-
voritisme où son indolence était portée naturellement, et laissa prendre aux Concini une autorité dont l'excès prépara sa chute (1).

Il faut parler maintenant des Concini. Tous les biographes de
Marie de Médicis les lient intimement à son sort. Cette subordination constante de sa vie à l'influence de ses familiers est un trait
de caractère d'autant plus frappant chez la mère qu'il se retrouve,
plus tard, chez le fils, Louis XIII. Elle avait connu, de toute
date, Léonora Dori (qui se fit appeler ensuite Galigaï), et la mort
seule la délivra de la domination que cette femme exerçait sur
elle. Léonora était fille de la nourrice de la princesse, par conséquent d'origine populaire, la mère étant, disait-on, blanchisseuse
et le père menuisier. Élevée près de Marie de Médicis, elle lui était
devenue indispensable, parce qu'elle l'habillait bien et qu'elle savait remplir les heures interminables de la vie de cour par des
conversations de toilettes et de futilités. C'était, d'ailleurs, une
fine mouche, le nez aigu, les lèvres pincées, la figure chafouine,
noire et plutôt laide, mais l'œil vif, et non sans un certain charme

---

(1) Voir le jugement d'ensemble, remarquable de tous points, porté sur Marie de
Médicis, en 1616, par l'ambassadeur vénitien CONTARINI (t. I, p. 556-558). Il est plutôt
favorable. Mais il faut tenir compte de la situation d'un ambassadeur qui sait que ce
genre de document, lu devant une assemblée nombreuse, peut toujours être connu du
dehors. — Cfr. d'autres indications : le mot de Henri IV, cité par Mme D'ARCONVILLE :
« Vous entière, pour ne pas dire têtue » (t. I, p. 87); ce détail donné par Arnauld d'Andilly : « La Reyne s'étoit trouvée fort mal, la nuit du 27 (juillet 1615), d'un grand
flux de ventre qui la mène vingt-cinq ou trente fois avec du sang. On en attribue la
cause à une colère qu'elle avoit eue le jour précédent. » Journal inédit d'ARNAULD
D'ANDILLY publié par ACH. HALPHEN, Techener, 1857 (p. 92); un autre mot d'Ubaldini :
« La reine qui donne toujours raison au dernier qui lui parle... » Dans PERRENS, Mar.
esp. (p. 340). — Voir aussi les citations extraites des lettres de l'ambassadeur d'Espagne Inigo Cardenas, dans CAPEFIGUE, Richelieu, Mazarin et la Fronde, éd., 1844 (t. I,
p. 58 et p. 100), et enfin, pour l'opinion des ambassadeurs toscans, l'ouvrage de BER-
THOLD ZELLER, la Minorité de Louis XIII, Marie de Médicis et Sully ; Paris, Hachette 1892, in-8°, (notamment, p. 142). « Il me paraît, écrit Botti, en 1612, que cette
grande princesse prend tous les jours un véritable accroissement de prudence.
Elle m'a confié qu'elle commence à entendre son métier... Elle m'a dit qu'il n'est pas
vrai que son mari eût pris à cœur de l'initier aux affaires... Pour défendre sa vie,
au besoin, elle a une extrême confiance en sa force physique. Lorsque le roi se mit à
se promener en tête-à-tête avec Biron, elle lui dit qu'elle voulait être auprès de lui
pour se jeter par derrière sur le maréchal, si elle avait vu qu'il voulait faire le moindre mouvement (p. 142). » Assurément, si l'on s'en rapporte aux portraits et aux ta-
bleaux de Rubens, le maréchal eût eu affaire à forte partie.

LA MARÉCHALE D'ANCRE.

D'après un crayon de D. Du Moustier. (Bibliothèque nationale.)

qui venait de l'intelligence, sinon du cœur. Adroite et insinuante,
elle devint, sur la fin, imaginative, maniaque et atrabilaire, avec
un goût mêlé d'effroi pour les choses de l'autre monde, sorcel-
leries, influences secrètes et grimoires. Tout cela lui assurait, sur
l'esprit de la princesse, un ascendant tel que les contemporains
y voyaient quelque chose de mystérieux.

Au moment du mariage de Marie de Médicis, on avait voulu
les séparer. Mais Marie, vieille fille — elle avait vingt-sept ans —
et déjà esclave de ses habitudes, s'y était refusée; et le duc de Toscane, sachant sa nièce obstinée, n'avait pas insisté. Léonora vint
donc en France et, à vrai dire, elle représenta, pour la cour et
pour la reine, tout ce qui rattachait celle-ci à son passé florentin.
Un conflit assez curieux où le nom des Richelieu est mêlé se produisit même à ce moment. Henri IV, en formant la maison de la
reine, avait désigné, pour remplir les fonctions de surintendante,
Mme de Guise, pour remplir celles de dame d'honneur, Mme de
Guercheville et enfin, pour être dame d'atours, Mme de Richelieu,
femme du frère aîné de l'évêque de Luçon. Mais Marie exigea
que cette dernière fonction fût réservée à Léonora, et après une
intrigue de jupes, où Mme de Verneuil, la maîtresse de Henri IV,
soutint les Concini, Mme de Richelieu fut évincée (1).

(1) Voir cette histoire racontée dans le document intitulé : *Les Amours de Henri IV*
par la Princesse de Conti, publié, dans le *Recueil* S (p. 49). — Pour tout ce qui précède
j'ai groupé des renseignements pris un peu partout; voir notamment : *Histoire du
maréchal et de la maréchale d'Ancre*, écrite au dix-huitième siècle et conservée en manuscrit aux Archives du ministère des affaires étrangères. *France*, vol. 769 (f°s 75-160); la
Vie de Marie de Médicis, par Mme d'Arconville (t. 1er). — Contarini écrit, en 1616 : « La
maréchale, comme Sa Majesté, est originaire de Florence, de basse extraction, fille de
sa nourrice; elle fut courtisée alors par le cavalier Concini qui, ayant prévu de loin sa
grande fortune, la demanda en mariage. C'est une femme de beaucoup d'esprit et de
grand air; elle arrange admirablement ses affaires et accumule de grandes richesses; elle
est détestée du peuple qui sait que la reine ne fait rien que par elle. » Barozzi et
Berchet (t. I, p. 558). Le ministre de Toscane écrit en juin 1610 : « D'après ce que j'ai
entendu de la reine elle-même, Sa Majesté aime Léonora d'une façon extraordinaire;
elle est comme énamourée d'elle. » Zeller, *Minorité* (p. 53). Pour les origines, voir
Vittorio Siri, *Memorie recondite*; in Parigi, 1677, in-4° (t. IV, p. 17). — Je ne cite que
pour mémoire les nombreux pamphlets contemporains qu'on ne peut consulter qu'avec la
plus grande prudence : Le volume de Pierre Mathieu, *La Conjuration de Conchine*, publié en 1618, in-8°; du même, *Ælius Sejanus, Histoire romaine*, 1626, in-16. — V. aussi
*Histoire tragique du marquis d'Ancre et de sa femme contenant un bref narré de
leurs pratiques et desseins depuis le traité de Loudun jusqu'aux jours de leur mort*

En habile homme, Concini avait deviné cette fortune et s'y était
attaché. Celui-ci était de bonne souche. Ses ancêtres avaient joué
un rôle dans les luttes politiques de Florence. Son père avait été
ministre de Côme de Médicis. Cependant il était pauvre et il n'avait,
quand il vint en France, que la cape et l'épée. C'était un bel homme,
— un bel Italien, le teint brun, le visage pâle, la moustache noire,
la taille grande, droite, le corps 'bien proportionné, l'œil de velours et l'air souvent mélancolique. Galant et brave, vaniteux et
violent, ambitieux d'argent et d'honneurs, grand joueur et généreux, il était de la race de ces aventuriers qui, à partir du quinzième siècle, s'étaient répandus sur l'Europe et avaient mis au
service des monarchies encore à demi barbares, la souplesse et
la pénétration du génie péninsulaire. Sa jeunesse avait été déplo-
rable : « Si vous ne m'aviez connu dans ma bassesse, disait-il lui-
même à Bassompierre, je tâcherais de vous la déguiser. Mais vous
m'avez vu à Florence, débauché et dissolu, quelquefois en prison,
quelquefois banni, le plus souvent sans argent et incessamment
dans le désordre et la mauvaise vie. Je suis né gentilhomme et de
bons parents, mais quand je suis venu en France, je n'avais pas
un sol vaillant et devais plus de huit mille écus. »

A bout de ressources, traqué par le besoin et par l'ambition, il
jeta les yeux sur Léonora. Celle-ci était trop intelligente pour se
faire illusion sur les motifs qui le portaient à demander sa main.
Mais elle était femme : malgré l'opposition de la reine, elle épousa
ce décavé (1). Marie de Médicis obtint elle-même de Henri IV,
qui avait probablement quelque folie à se faire pardonner, la
promesse d'une somme de 70,000 livres tournois qui devaient leur

et exécution, 1617, in-12. — La Médée de la France, dépeinte en la personne de la
marquise d'Ancre. — Le Catholicon françois, par l'admirable Guillot le Songeur.
Aux bons François, 1616, in-16, etc., etc. Voir aussi l'Historiette de TALLEMANT DES
RÉAUX, le Maréchal d'Ancre : « C'étoit une petite personne fort maigre et fort brune,
mais de taille assez agréable,.. laide à cause de sa grande maigreur... Comme elle
étoit mal saine, elle s'imagina être ensorcelée et, de peur des fascinations, elle alloit toujours voilée pour éviter, disait-elle, i Guardatori. Elle en vint jusqu'à se faire exorci-
ser. » Éd. 1865, in-12 (t. I, p. 134).
   (1) Sur toutes ces origines et sur les difficultés du mariage, voir le passage déjà cité des
Memorie recondite (t. IV, p. 60). VITTORIO SIRI dit que Léonora se maria malgré sa
« difformité » et quoiqu'elle fût beaucoup plus âgée que Concini.

être versés à l'occasion de leur mariage. Ce fut le premier béné-
fice de l'association de convoitises et d'intrigues conclue en pleine
cour de France par ces deux étrangers (1).

A dater du jour du mariage, la vie devint plus pénible encore
dans le ménage royal. Marie de Médicis, lasse de tout, ne se séparait plus de ses confidents : « Elle avait certaines paillasses à
terre, où elle se couchait, l'été, durant les chaleurs des après-
dinées, avec des habits légers et beaux, et étant ainsi étendue,
appuyée sur le coude, montrant ses bras et sa gorge, elle avait
des complaignans de cette beauté admirable et admirée de tout le
monde, méprisée et délaissée pour les laides et mal faites » (2).
Concini était parmi ces assidus. Henri IV, à son tour, montra de la
jalousie. La présence constante de ce bellâtre l'exaspérait. Il faisait
des sorties bruyantes, « juroit qu'il la renverroit en Italie avec
son Concini ». On dit qu'il avait donné huit jours à l'Italien pour
déguerpir, quand il fut lui-même surpris par la mort.

Le roi disparu, les Concini restèrent maîtres de la place. Tous
les témoignages concordent pour reconnaître qu'au début ils se
tinrent plutôt sur la réserve. Ils ne se sentaient pas encore assez
assurés du terrain et ne songeaient qu'à gagner une grande fortune, sans viser à une influence directe sur les affaires. Un
contemporain donne la note exacte en ces termes : « Le Concino
se maintient dans sa faveur accoutumée, mais plus comme courtisan que comme conseiller intime (3). »

Fontenay-Mareuil nous présente un curieux détail des habitudes
de vie de Marie de Médicis, qui permet de préciser exactement le
rôle des deux favoris dans l'emploi de ses journées : « Le matin,
la reine tenoit une sorte d'audience où la cour avoit accès auprès
d'elle. De onze heures à midi, elle recevoit ses ministres et parloit d'affaires avec eux. Après le dîner, elle recevoit encore et par-

(1) Le contrat de mariage a été passé, le 12 juillet 1601, à Saint-Germain-en-Laye,
par devant Mᵉ Ferrant, notaire et tabellion royal. La somme de soixante-dix mille livres
n'a été versée que par à-compte et M. CHARAVAY a publié, dans la *Revue des Documents
historiques* (t. I, p. 39), un reçu, signé « Léonora Dori » et « Concino », emportant
quitus d'une somme de 13.333 écus, faisant le solde définitif de la somme due par la
reine aux deux époux.

(2) Extrait des confidences de Sully à Bullion. *Vie de Marie de Médicis* (t. I, p. 526).

(3) Dépêche de MATTEO BOTTI, du 19 juin 1610, citée par ZELLER (p. 54).

fois tenoit un grand conseil jusqu'à trois heures. Elle se renfer-
moit ensuite quelque temps et enfin tenoit sa cour jusqu'à sept
heures... Mais, depuis qu'on avoit donné le bonsoir, qui étoit ordinairement sur les sept ou huit heures, il se tenoit une autre
cour plus particulière et où il ne se trouvoit que des personnes
principales et agréables : pour les femmes, la princesse de Conti,
Mᵐᵉ de Guise, la maréchale de La Châtre et quelques autres ; pour
les hommes : MM. de Guise, de Joinville, l'archevêque de Reims
et le chevalier de Guise, M. Le Grand, MM. de Créquy, de Gram-
mont, de La Rochefoucauld, de Bassompierre, de Saint-Luc, de
Termes, de Schomberg, de Rambouillet, le colonel d'Ornano, de
Richelieu frère aîné de l'évêque de Luçon, tous fort considérables
par l'esprit et la condition... et cela duroit jusque sur les dix
heures, après quoi elle se retiroit pour un peu de temps dans son
petit cabinet et puis alloit souper. Après que la reine avoit soupé,
tous les principaux officiers qui s'y trouvoient ordinairement se
retiroient et la signora Conchine, qui ne la voyoit guère qu'à son
lever, quand elle s'enfermoit l'après-dînée et à cette heure-là,
arrivoit et demeuroit assez souvent une heure et deux heures avec
elle, sans lui parler d'affaires d'État ; et tant que la régence dura
(c'est-à-dire jusqu'en 1614), ni son mari, ni elle, ne s'en mêlèrent
presque point, mais seulement de leurs intérêts et de ceux de leurs
amis... Quant au signor Conchine, il ne parloit à la reine, ni même
ne la voyoit qu'aux heures publiques et qui étoient aussi pour
tous les autres de sa maison (1). »

Malgré cette modération apparente, les heures d'intimité de Léonora avec la reine n'en étaient pas moins fructueuses. Quelques
mois après la mort du roi, en septembre 1610, Concini reçut, en
une seule journée, trois cent trente mille livres pour acheter le
marquisat d'Ancre, en Picardie, soixante mille écus pour la charge
de premier gentilhomme de la chambre, qu'avait M. de Bouillon,
et environ deux cent mille francs pour le gouvernement de Péronne, Montdidier et Roye, qu'avait M. de Créquy (2). Et ce ne fut

---

(1) *Mémoires de* Fontenay-Mareuil, Éd. Michaud et Poujoulat (p. 34).
(2) Fontenay-Mareuil (p. 43) et Malherbe, *Correspondance* (t. III, p. 207). — Zeller
(p. 53).

qu'un commencement. Les deux époux obtinrent, l un et l'autre,
des dons sans cesse renouvelés, en or, en bijoux, en meubles, en
argent comptant. Leur fortune personnelle monta, en quelques
années, à une somme de près de neuf millions de livres, c'est-à-
dire, en multipliant seulement par cinq — d'après les calculs de
M. d'Avenel, on pourrait multiplier par six, — environ cinquante-
quatre millions de notre monnaie (1). Comment s'expliquer cette
faveur qui alla toujours croissant jusqu'à la catastrophe finale?

Il est superflu de rappeler que la malignité des pamphlets contemporains et la crédulité toujours un peu prompte de l'histoire
anecdotique se sont exercées aux dépens des relations si intimes
qui existaient entre Marie de Médicis et Concini. En ces matières,
l'affirmation est aisée, la vérification difficile. Le papier des billets doux est le plus rare et le plus fragile des documents d'archives.

Nous connaissons Marie de Médicis par des portraits nombreux,
par les confidences de ses intimes, par les critiques de ses adversaires : cette épaisse femme blonde, avec ses maxillaires carrés,
sa figure empâtée, ses lèvres boudeuses, ses yeux inexpressifs, ne
paraît pas avoir été d'un sang bien riche, ni bien ardent. Henri IV
se plaignait « qu'elle n'était pas caressante » (2); son fils, Louis XIII,
tenait encore d'elle sur ce point. Un contemporain nous a dépeint
tout à l'heure cette beauté traînante et lourde, abandonnée en des
poses nonchalantes que l'amour lui-même ne devait remuer que
difficilement. A première vue, on peut donc penser que, si la
reine a cédé, ce n'a dû être que par une sorte de passivité que
l'accoutumance a surprise. On sait qu'au début, Concini ne lui

---

(1) Sur la fortune du maréchal d'Ancre et de sa femme, on trouvera des renseignements précis dans le *Journal de* BASSOMPIERRE, éd. Chantérac (t. II, p. 109); dans la
Correspondance des Ambassadeurs Vénitiens (dépêches du 2 mai, du 11 juillet et du
22 août 1617), dans celle du nonce BENTIVOGLIO (t. I, p. 153, 178, 203, etc.). Ces documents ont été publiés, en extrait, par M. COUSIN, dans l'appendice de son livre sur *Madame
de Chevreuse* (p. 335). — Voir surtout la très intéressante brochure de M. R. DE CRÈVE-
COEUR, *Un Document nouveau sur la succession de Concini*, qui tient compte de la plupart des éléments indiqués ci-dessus et qui, en outre, fait état d'un arrêt inédit du conseil du Roi, du 31 mars 1618, portant saisie de la succession et règlement de la produc-
tion faite par les divers créanciers.

(2) C'est aussi le mot de Richelieu : « La reine grave de son naturel et peu caressante. » *Mémoires* (t. I, p. 125).

plaisait pas. Elle s'effrayait même, pour sa chère Léonora, d'une
maladie qui était, chez lui, disait-on, la suite de ses folies de jeunesse, et qui causait, ajoutait-on encore, l'étonnante pâleur de
son visage. Mais il est certain que ses sentiments changèrent et que
le Florentin finit par prendre sur elle un réel empire. La jalousie
de Henri IV en témoignerait au besoin. Concini logeait au Louvre
près des appartements de la reine, en raison de la charge de sa
femme. Plus tard, il fit construire une petite maison adossée au
palais, en face l'hôtel de Bourbon. Cette maison communiquait
avec l'entresol qu'habitait la reine par un pont que la malignité
populaire avait baptisé *le pont d'amour* (1). On sait aussi que les
relations conjugales entre Léonora et son mari étaient rompues
dans les dernières années : c'est elle du moins qui l'assurait, au
moment de sa mort. Tous ces détails étaient connus du public, relevés et envenimés dans les pamphlets (2). On affichait couramment
des « ordures », — c'est le mot de Malherbe, — sur ce qui se passait au palais (3).

Marie de Médicis ne pouvait vivre sans ses chers confidents. Dès

(1) Sully est souvent revenu sur cette matière, soit dans ses *Mémoires*, soit dans la
conversation déjà citée. Il porte même une accusation formelle, quoique voilée, dans le
passage de son livre où ses secrétaires lui disent : « Concini pouvoit se dire en quelque sorte compagnon de M. de Bellegarde (on disait, en effet, que la reine avait un
faible pour le beau gentilhomme de la Chambre) avec lequel il n'avoit jamais été guère
bien, mais il y avoit toujours eu entre eux des envies, émulations, jalousies, pour de
certaines causes que vous savez mieux que nous et que nous laissons deviner aux autres. » (*Économies royales.*) Il est vrai qu'il faut toujours tenir compte, dans ces
appréciations du vieux ministre déchu, des sentiments d'hostilité que, depuis sa disgrâce, il avait conçus à l'égard de Concini et de la reine mère. Cependant les
mauvaises dispositions de Henri IV à l'égard des Concini sont confirmées par tous les
contemporains et notamment dans cette note manuscrite de Richelieu, citée par
M. A. Baschet : « Le roi s'avisa de vouloir abattre les Florentines par les Florentins,
et suscita Don Juan de Médicis, bâtard de Florence du même sang que la reine,
puissant en sens et en qualité par-dessus les Concines, pour les ruiner dans l'esprit
de sa femme. » *Mémoire d'A. Du Plessis de Richelieu.* Appendice (p. 45). — Cfr., à ce
sujet, ce que raconte Malherbe, *Correspond.* (t. III, p. 49-64) et Tallemant des Réaux,
loc. cit. (p. 132). — Voir aussi la note de la page 131 : « Toutes les médisances qu'on
en a faites sont publiques. Un jour, comme la reine mère disait : « Apportez-moi mon
voile, » le comte de Lude dit, en riant : « Un navire qui est à l'Ancre n'a pas autrement
besoin de voiles. »

(2) *Journal de ce qui s'est passé à la mort du maréchal d'Ancre*, dans l'*Histoire
des plus illustres favoris* (par Pierre du Puy), éd. de 1669.

(3) *Correspondance* (t. III. 230).

qu'ils s'éloignaient quelque peu, elle les rappelait vite auprès d'elle. Si l'absence devait durer, elle leur écrivait, — au mari et à la femme, — des lettres presque toutes de sa main, remplies de marques d'affection et de tendresse. Quoique le registre qui nous les a transmis soit de caractère peu intime, puisqu'il est copié de la main d'un secrétaire, on y relève pourtant, parmi les détails de la vie de cour, spectacles, comédies, moines et colifichets, quelques traits plus expressifs. En mai 1613, la reine écrit à Concini que, « maintenant qu'il va mieux, elle veut qu'il se rende auprès d'elle, à Fontainebleau », et elle ajoute : « c'est chose que je désire pour les raisons que je vous dirai à vous-même. » Or, le même jour, elle écrit à la marquise d'Ancre, et elle ne la prie nullement d'accompagner son mari. Quelque temps après, autre lettre très affectueuse au marquis d'Ancre, qui est à Amiens : « Continuez votre voyage et vous y entretenez sans vous ennuyer. » Au cours du voyage vers Nantes, en 1614, active correspondance avec le maréchal et la maréchale qui n'ont pas accompagné la reine : « Je me porte bien, écrit-elle à Concini, et je n'ai de déplaisir que la longueur et opiniâtreté de votre maladie (1). » Celui-ci la traitait, d'ailleurs, assez cavalièrement. En octobre 1616, au retour de Caen, où il était allé se renfermer en un accès de mauvaise humeur et d'inquiétude, la reine le rencontra comme il arrivait. Elle descendit de carrosse pour lui parler. « Vous voilà gros et gras, lui dit-elle, et avec bon visage. » Il répondit brusquement : « Est-ce pour cela que vous m'avez envoyé querir si vite (2)? »

Ce sont là de bien vagues indices. Ils ne sauraient prouver, entre la reine et le maréchal, d'autres rapports que ceux d'une grande familiarité. Le point délicat reste difficile à éclaircir. Je n'ai rien trouvé de plus direct à ce sujet qu'un mot de Richelieu, un mot de prêtre, où l'on sent percer les inquiétudes rétrospectives du

(1) Voir le registre de la Correspondance de Marie de Médicis conservé à la Bibliothèque nationale, *Cinq-cents* Colbert, vol. 89. La correspondance est très active en 1612 et 1613. Elle se raréfie les années suivantes. Ce registre, qui est une copie, peut, d'ailleurs, ne pas être complet. Il n'en contient pas moins une quantité de renseignements précieux qui me paraissent avoir échappé jusqu'ici aux recherches des historiens et érudits.

(2) *Journal* d'ARNAULD D'ANDILLY (p. 217).

remplaçant. Dans ses *Mémoires*, il dit de Concini : « La passion
du jeu était son seul divertissement les dernières années de sa vie :
celle de l'amour n'y paraissait point. Il était rompu par deux her-
nies, de telle façon que la *vertu ne faisoit en aucune façon partie de sa chasteté* (1). » L'observation, dans sa formule tortueuse,
va loin. En présence de ce témoignage, on doit penser, avec l'é-
vèque, qu'entre la reine et le favori, « il n'y avait rien » (2).

Il faudrait donc attribuer la fortune de Concini surtout à l'influence de Léonora Galigaï. Cette interprétation est d'ailleurs plus
conforme aux faits publics. Il est incontestable que la reine, au
début, n'accorda aux Concini que des marques de faveur particulière et que leur action sur les affaires ne se fit sentir que plus tard,
alors qu'un parti politique organisé s'en empara comme d'un instrument de règne (3).

Durant les premières années de la régence, les affaires furent
conduites par les ministres de Henri IV : Sillery, Villeroy, le président Jeannin. Ceux-ci restèrent les véritables chefs du gouvernement, jusqu'en 1615. Rien ne se faisait que par eux. Ils fussent
restés les maîtres, probablement, s'ils ne s'étaient divisés et si, par
leurs fautes, ils n'avaient prêté le flanc aux attaques de leurs
adversaires.

Henri IV les avait choisis. Ils avaient, de ce chef, une autorité
qui s'ajoutait à leur mérite réel. Mais leurs dissentiments aussi
étaient anciens, et cette cause de faiblesse apparut dès le début du
nouveau règne. Ils commencèrent par se débarrasser d'un rival
dont l'influence brutale et présomptueuse avait suscité bien des
haines, Sully. Celui-ci, d'ailleurs, s'y prit mal. Au jour de la mort

---

(1) *Mémoires* (t. I, p. 169). Les causes de mésintelligence entre Concini et sa femme
sont exposées par Richelieu dans ce passage des *Mémoires*.

(2) C'est aussi l'opinion de M. ZELLER, après lecture attentive des dépêches florentines : « On ne peut guère s'attacher à cette idée (des relations intimes existant entre
Concini et la reine mère), lorsqu'on sait que nos médisants diplomates s'entendent una-
nimement sur ce point que le maréchal d'Ancre n'obtenait rien de la reine qu'en considération de sa femme (p. 105). »

(3) C'est l'impression qui se dégage de la lecture des *Mémoires* contemporains et notamment de ceux du Maréchal D'ESTRÉES. Il montre aussi que les intrigues des grands qui
espéraient, l'un ou l'autre, profiter du crédit de Concini, contribuèrent plus à la fortune de celui-ci que le choix même de Marie de Médicis. — Voir aussi *Mémoires de*
RICHELIEU (t. I, p. 99-109, etc.).

de Henri IV, il s'enferma dans la Bastille, comme s'il se préparait
à soutenir un siège. Il ne vint voir la reine que lorsque ses inquiétudes personnelles furent un peu apaisées. L'intérêt de l'État
et les sentiments qu'il devait éprouver pour le fils de son « bon
maître » n'apparurent pas dans cette circonstance; cet excès de
prudence donna prise à ses adversaires. Se sentant attaqué, il pré-
cipita sa disgrâce en ne manquant aucune occasion de la prédire
et de quereller ceux que sa mauvaise humeur en rendait d'avance
responsables. Sa chute n'en fut pas moins une grande perte aux
yeux de tout ce qui mettait le salut de la France dans la continuation de la politique du feu roi.

Après Sully, le plus autorisé des ministres de Henri IV était Villeroy. Il fut le véritable chef du nouveau gouvernement. Entré
aux affaires, à l'âge de vingt ans, sous Charles IX, ministre
de Henri III, puis écarté par une révolution de cour et un moment
ligueur, il avait contribué, plus que personne, à la pacification
du royaume, par une adhésion éclatante et sincère à la politique
et à la personne de Henri IV. Celui-ci l'avait réintégré dans ses
fonctions et lui avait confié la conduite des affaires du dehors. Les
contemporains ne tarissent pas sur ses mérites. Brantôme l'appelle,
d'une expression magnifique, « le très grand et le non-pareil de
la chrétienté pour les affaires de l'État, M. de Villeroy ». — « M. de
Villeroy, dit l'ambassadeur vénitien, surpasse en mérite tous les
ministres du roi : c'est un esprit vaste; il a une inclination et une
aptitude uniques à pénétrer le secret des autres cours; il les connaît
à fond. Voilà quarante ans qu'il exerce la charge de secrétaire
d'État. Il l'a remplie sous quatre rois. Ses mérites lui assurent
l'estime et la confiance de Sa Majesté, quoique, cependant, il ait
compté parmi ses ennemis. Aujourd'hui aux affaires d'État, il est
digne de toute confiance. Il n'a peut-être pas 30,000 écus de rente
en tout et pour tout, et il supporte les dépenses très lourdes de sa
charge... Il est âgé de soixante-six ans environ (ceci est écrit
en 1605); de complexion délicate et toujours souffrant, il serait
mort depuis longtemps s'il ne s'était soumis à un régime très ponc-
tuel et très minutieusement observé (1). Cet homme de cabinet, ce

(1) *Relation de* Pietro Duodo (t. I, p. 231).

vieillard valétudinaire avait été le grand exécuteur des volontés
du feu roi. Le recueil des *Lettres missives* renferme les preuves in-
nombrables de son activité : ce sont ces excellentes « instructions
et dépêches d'État », écrites d'un style à la fois ample et sobre,
qui sont les premiers modèles de la belle langue diplomatique
du dix-septième siècle.

J'ai déjà parlé de Sillery, d'abord élève, plus tard rival de Villeroy, qui avait succédé à Bellièvre dans la charge de chancelier,
et dont le savoir-faire ne manquait guère que de probité et de
courage.

Le quatrième des ministres de Henri IV était le président Jeannin. C'était celui auquel le feu roi témoignait le plus de cordiale
confiance (1). Né en Bourgogne, jurisconsulte savant, élève de
Cujas, il avait été, lui aussi, ligueur et chef du conseil particulier du duc de Mayenne. Henri IV sut l'enlever à ses adversaires, et
lui dit, avec sa ronde et adroite bonhomie « que, puisqu'il avait
été fidèle au duc, il serait aussi fidèle au roi ». Il l'employa surtout
dans les négociations. C'était un esprit humain et grave, avec ce
beau langage abondant et fleuri des Bourguignons. Le cardinal
Bentivoglio l'entendit, un jour, parler dans un conseil, et dit que
« la Majesté du Roi rayonnait sur son visage ». Il avait une figure
vénérable, avec une longue barbe, des yeux doux et, dans tout
l'aspect, quelque chose d'étoffé et de chaud, comme les fourrures
parlementaires dont il s'enveloppait. Les dépêches qu'il écrivit,
alors qu'il négociait la trève de Hollande, sont des morceaux remarquables et qui passaient aussi pour des modèles; Richelieu
s'inspira souvent de leur lecture. Henri IV trouvait, pour parler du
« bonhomme », des expressions tendres et gaies qui font honneur

---

(1) Dans une de ses lettres, MALHERBE nous fait connaître exactement la situation
respective des ministres auprès de Henri IV : « Vous aurez su comme, depuis huit jours,
(octobre 1609), les sceaux ont été sur le point de changer de main, et tient-on que
le roi avoit autant d'envie de les donner à M. le président Jeannin comme de les ôter
à celui qui les a; tant y a que les choses ne sont point passées plus avant. Je n'en ai
rien su de bien particulier, sinon que M. de Villeroy ayant demandé plusieurs fois
son congé au roi, il lui dit enfin : « Eh bien, je le vous donne, mais emmenez avec vous
ce larron de chancelier et ce fou de Pisieux. Le président Jeannin est fort bien avec
le roi, et, tous les soirs, le roi l'envoie querir pour lui communiquer ce qui s'est proposé au Conseil et s'en résoudre avec lui. » *Correspond.* (III, p. 109).

à l'un et à l'autre : « Sire, voilà un ministre de notre connaissance », lui dit l'ambassadeur d'Espagne quand il revint à la cour, la paix une fois signée. — « Oui, dit le roi, je puis le montrer à mes amis et à mes ennemis (1). »

Après avoir rappelé le haut mérite que les témoignages presque unanimes des contemporains attribuent aux ministres de Henri IV, il est impossible de ne pas reconnaître qu'après la mort de ce prince, ces personnages vénérables, rendus à leur valeur propre, parurent diminués. C'est que, pour la conduite des grandes affaires, l'intelligence, le bon vouloir et l'expérience ne suffisent pas. Il faut, en outre, l'entrain, le courage, l'esprit de direction naturel et qui incline autour de lui les obéissances. Les hommes d'affaires consommés procèdent ordinairement par la douceur, par la patience, par un habile calcul des circonstances et des prévisions. Ils n'ont rien de cette énergie qui violente parfois les volontés inférieures et qui précipite les événements. Quarante ans de subordination sont un mauvais apprentissage du commandement. Ni les vieux soldats, ni les hommes de cabinet n'ont le coup d'aile brusque qui fond au but et ravit la victoire.

Ces ministres, que le contact de Henri IV avait animés, celui de Marie de Médicis les refroidit soudain. Rendre des comptes à un esprit médiocre est une servitude qui dégrade les plus nobles esprits. La véritable capacité doute d'elle-même, hésite, chancelle et se perd, dans cette lutte obscure, chaque jour renouvelée. C'est ainsi qu'on vit le mérite des illustres ministres de Henri IV se transformer, sous la régence, en une impuissante pusillanimité. Bientôt, ils n'eurent d'autre pensée que de se maintenir aux affaires en allant au-devant des désirs ou des caprices de la reine. Habiles à colorer cette docilité constante, qui devint la règle de leur politique, ils se firent, eux-mêmes, les théoriciens de leur propre faiblesse, et exposèrent, avec un ensemble de raisons d'opportunité ou de spécieux prétextes, un système politique nouveau qui fut, presque de tous points, le contre-pied de celui qu'avait adopté leur défunt maître.

(1) Voir la notice biographique sur le président Jeannin en tête des différentes éditions de sa correspondance.

Dès 1611, aux premiers mouvements des grands et du parti huguenot, Villeroy écrit, de sa plus belle encre, un mémoire où les
paroles énergiques abondent encore, mais qui laisse déjà entre-
voir les prochaines capitulations. On est toujours un peu l'esclave
de son passé, et ces anciens ligueurs avaient présent à l'esprit le
spectre de la Ligue. « Ce qu'il faut mettre par-dessus tout, écrit
Villeroy, c'est la conservation de l'ordre et de la paix publique,
jusqu'au moment où le jeune roi sera en âge de prendre lui-même
la direction des affaires. » Jusque-là, il conseille de louvoyer,
de gagner du temps, de procéder par douceur plus que par force
et de carguer les voiles tandis que le vent souffle. Il énumère,
exagère les dangers que court l'État. Tout l'arsenal de la vieille
politique machiavélique doit être mis en œuvre pour les conjurer.
Il faut dissimuler, diviser les adversaires par l'intrigue, promettre
beaucoup, donner souvent, acheter les consciences : « Encore
qu'il semble que ce soit de la honte d'acheter de nouveau les
sujets et de capituler avec eux comme avec des ennemis, la honte
en est aux sujets et non à Sa Majesté, laquelle sera plus louée de
répandre l'or et l'argent que de répandre le sang de ses parents et
principaux officiers. » Suivent une série de conseils pratiques :
éloigner les grands, les renvoyer dans leurs gouvernements, sauf
M. le Prince qu'il vaudrait mieux garder sous la main; s'assurer
de la fidélité des gouverneurs des villes et des parlements, renforcer les troupes étrangères, mettre les finances dans les mains de
personnes dont on soit sûr, « avoir des gens dans la maison des
princes qui avertissent de tout ce qui s'y passe », et, par-dessus
tout, « conserver les serviteurs et les ministres, s'offenser et se pi-
quer des injures qui leur sont adressées et s'en ressentir comme si
la reine elle-même les avait reçues. » Après cet exposé, plein de
finesses habiles et de savantes réticences, le vieux ministre a beau
s'écrier « qu'il importe à Sa Majesté de faire des actions viriles, de
parler haut et commander de même »; on sent que cette rhétori-
que porte à faux et que le « Débiteur », comme l'appelle de Thou,
a dévié de la voie où Henri IV s'était avancé d'un pas si sûr et
qu'il avait cru pour longtemps ouverte à ses descendants.

Pourtant, dans ce premier mémoire, l'influence du règne précédent reste sensible. Les paroles, sinon les actes, montrent encore une certaine fierté. Au dedans, si les princes ne cèdent pas, il est question « de les châtier ». Au dehors, les alliances espagnoles ne sont pas envisagées comme le but inéluctable; le nom même de l'Espagne n'est pas prononcé; tout au contraire, on parle en bons termes des « alliances avec les princes voisins », c'est-à-dire allemands, et on conseille particulièrement à la reine d'entretenir de bons rapports avec l'Angleterre (1).

A quelque temps de là, les grands, apaisés d'abord, excités bientôt par les premières concessions, reviennent à la charge. Tel est le faible de cette politique; elle les comble sans les satisfaire. Le comte de Soissons, notamment, demande la place de Quillebœuf. Nouveau mémoire de Villeroy. Son avis est toujours le même : tout faire pour sauvegarder la paix jusqu'à la majorité du roi; ménager les princes pour les diviser; refuser d'abord ce que demande Soissons, et finir par céder, si on ne peut faire autrement. Mais, voici que ces alliances espagnoles, ces alliances si chères au cœur de Marie de Médicis, commencent à apparaître et à être glorifiées : « Vous avez encore ajouté à toutes ces amitiés et alliances anciennes, celle du roy d'Espagne de laquelle, quand le feu roi décéda, il était peu assuré (voyez cet euphémisme!) et que vous avez exécutée avec tant de discrétion et de prudence qu'elle ne vous a rien coûté (2). »

Cependant cette politique de prodigalité et de déférence porte ses fruits. Les finances sont épuisées; les grands sont insatiables. En mars 1614, le prince de Condé quitte la cour et lève des troupes. Il demande le château d'Amboise pour faire la paix. Villeroy reprend ses arguments et le ton baisse encore : « Il faut faire la paix à tout prix; quels troubles prévus et imprévus n'amènerait pas la guerre? » On touche au terme; il ne faut rien compromettre et gagner un an, six mois du moins : « Madame, votre but est de conserver l'autorité du roi et le royaume en sa réputation et en

(1) Le mémoire en question est intitulé : « Advis donné à la Reyne Régente, en 1611. » Il est conservé à la Bibl. Nat., Cabinet des Mss. *Cinq cents Colbert* (vol. XVII, f° 28). Voir aussi *Coll. Fontanieu*, Louis XIII (I, pièce 63).

(2) Celui-ci est conservé en manuscrit à la Bibliothèque de l'Arsenal, *Fonds Conrart*, in-f° (t. XVIII, f° 532 et suiv.).

son entier. Votre régence et le titre de mère du roi vous y obligent; de quoi Votre Majesté s'est heureusement acquittée depuis le décès du feu roi, et avait sujet d'espérer de pouvoir, en cette prospérité, achever la carrière de sa régence, si elle n'eût été traversée de ces derniers mouvements... » et plus loin : « ... Cependant Votre Majesté gagnera la fin de sa régence, pourra achever plus commodément les mariages d'Espagne et résoudre ceux d'Angleterre au temps et en la forme que vous jugerez plus à propos pour le bien du royaume et le contentement du roi qui sera alors entré en sa majorité (1). »

En ces quatre années, les ministres de la reine mère avaient vieilli de vingt ans; entre leurs mains, l'administration était frappée d'une sorte de sénilité. La cour, conduite par ces « barbons » peu respectés, était toute turbulence, indiscipline, agitation tapageuse et stérile. « Il n'y avait à la cour, dit de Thou, ni sincérité, ni prudence, ni ordre; il semblait que l'on y combattit à l'aveugle; au lieu d'attaquer l'ennemi, nous portions les coups les plus funestes à nos amis. Ce n'était que dissimulation et fourberie. Tout était confusion et impuissance (2). » Personne n'étant plus digne du pouvoir, personne ne se croyait indigne de l'exercer : « Dans cette cour, dit l'ambassadeur vénitien Contarini, la face des

---

(1) Cet autre mémoire, daté du 10 mars 1614, est également conservé au *fonds Conrart*, in-f⁰ˢ (t. XVIII, p. 565). — Voir aussi Bibliothèque de l'Institut, *fonds Godefroy*, vol. 267. —Sur toute cette politique de la Régence, et en particulier de Villeroy, il faut consulter encore : *Extrait de la réponse d'un ancien Conseiller d'État à la lettre du duc de Bouillon.* MERCURE FRANÇOIS (t. IV, p. 87) : « Le soin principal doit être de conserver le royaume, la paix et l'autorité royale plutôt par prudence en dissimulant et achetant quelquefois l'obéissance... que par les armes qui mettent tout en confusion, coûtent beaucoup plus cher et si n'y est-on pas toujours heureux.... » — Voir aussi FONTENAY-MAREUIL (p. 32.) — DE THOU, dans sa lettre sur la paix de Loudun (6 mai 1616), reproche à Villeroy d'avoir été l'instigateur des mariages espagnols. Il ajoute, d'ailleurs, qu'après avoir tout fait pour préparer l'union, Villeroy désirait la retarder. Voir *Histoire Universelle*, édition française, in-4° (t. X, p. 582). — Voici le jugement porté par RICHELIEU sur la politique suivie par Villeroy et le président Jeannin : «... Cela donne juste sujet de douter si c'est un bon moyen d'avoir la paix de l'acheter avec telles profusions de charges et de dépenses, puisqu'elle ôte le pouvoir de continuer, fortifie la mauvaise volonté des grands et augmente le mal par le propre remède et la précaution qu'on a voulu y apporter. » *Mémoires* (t. I, p. 55).

(2) *Op. cit.* (t. X, p. 591).

choses change à tout moment, par une quantité de petits incidents
qui se succèdent et qui tantôt flattent les espérances des uns, tantôt
celles des autres (1). » Les ministres ne se faisaient plus guère
d'illusion : on se félicitait seulement d'avoir vécu. Mais Villeroy
lui-même reconnaissait, en 1615, qu'on avait épuisé les moyens
dilatoires : « Jusqu'ici, disait-il, on avait gouverné par finances
et par finesse, mais on ne savait ce qui arriverait maintenant qu'on
était à bout de l'une et de l'autre (2). »

Quand les chefs en sont à ce point de découragement, il y a
beau temps que les troupes se sont débandées. Elles erraient à
l'aventure, sans trop savoir à qui se donner. L'opposition de la
haute aristocratie, guidée par des sentiments étroitement égoïstes,
embarrassait les ministres, mais n'était pas assez redoutable pour
les contraindre ou les remplacer : « Les princes voudraient des
réformes dans l'État, dit l'ambassadeur vénitien ; mais l'intérêt des
ministres qui sont au pouvoir est de ne faire aucun changement,
de peur de découvrir leur faiblesse et leur ruine. Aussi ils ne peuvent trouver aucun moyen d'accomplir une seule réforme ni de
chercher à parer aux inconvénients qu'on leur signale (3). »

C'est parmi cette impuissance et cette indignité réciproques du
pouvoir et de l'opposition, qu'on vit se développer tout à coup la
scandaleuse fortune politique des Concini. Elle avait son origine
dans la faveur de Marie de Médicis, elle s'accrut de tout ce qui entravait le développement des forces normales du pays. Elle parut si
puissante, à un certain moment, que des esprits vigoureux crurent
pouvoir s'y attacher et se servir de ce point d'appui pour restaurer
en France l'idée gouvernementale. Mais leur calcul était faux, et la

(1) Lettre du 25 février 1615. Bibl. Nat., Cabinet des Mss., *Fonds Italien* (vol. 1767,
p. 284.) — Voir encore sa lettre du 12 mai 1615 (vol. 1768, fo 15).

(2) *Mémoires de* RICHELIEU (t. I, p. 102). — En janvier 1615, CONTARINI écrit au sénat :
« Les dépenses de l'année précédente ont été très grandes. Malgré l'argent pris dans les
caves de la Bastille et la retenue qui a été faite, d'un quart sur les pensions, la couronne est en dette d'environ 60,000 écus (vol. 1767, p. 264.) -- Cfr. les remontrances
du parlement publiées dans le *Mercure françois* (t. IV, p. 56.) — Voir la discussion de
ce budget des finances de 1615, au conseil de l'Entresol, le 10 janvier : « M. le président
Jeannin lit l'état général des finances; la conclusion est qu'il y a un million d'or de
faute de fonds. » Arnauld propose tout un système d'économies pour parer à ce déficit.
*Journal d'*ARNAULD (p. 31).

(3) *Loc. cit.* (vol. 1768, fo 251)

chute profonde des favoris italiens entraîna la plupart de ceux qui avaient escompté leur crédit.

Jusqu'aux premiers mois de l'année 1615, Concini ne s'était guère appliqué sérieusement qu'à accroître sa fortune particulière. Mais elle était devenue peu à peu si considérable que, pour se maintenir ou pour grandir encore, elle devait dominer l'État. Le roi touchait à sa majorité. L'entourage de Marie de Médicis cherchait les moyens de prolonger, le plus longtemps possible, l'autorité effective de la reine mère. Chacun prenait ses positions en vue d'un lendemain que l'on envisageait comme durable. Concini paraissait si solidement établi qu'on commençait à le respecter : « Son esprit, sa nourriture et plusieurs autres qualités — dit un homme, qui n'est pourtant pas suspect de servilisme, Rohan — le font juger digne de grandes faveurs et même font désirer qu'il se naturalise parmi nous et y établisse une grande maison, ce qui ne peut qu'être honorable à notre nation (1). » Le monde politique, où les espérances et les ambitions sont toujours en mouvement, a pour loi de passer outre au fait accompli. Le vieux Villeroy lui-même avait cru faire un coup de maître en négociant le mariage de son petit-fils avec la fille du Florentin.

Élevé si haut, Concini voulait monter plus haut encore. Il entrait dans la période de folie présomptueuse qui termine généralement la carrière de ces aventuriers : il disait « qu'il voulait savoir jusqu'où la fortune pouvait porter un homme ». Il travaillait à s'assurer une situation personnelle, indépendante, au besoin, de la faveur de la reine et même de l'autorité du roi. On voit cette préoccupation se dessiner à partir de l'année 1614. Il attire, par des générosités habilement répandues, de jeunes gentilshommes ambitieux et avides (2); il s'assure une garde composée d'Italiens et de Suisses entièrement dévoués à sa personne. Nommé maréchal de France à la mort de Fervacques, il acquiert ainsi un titre qui

(1) *Mémoires de* ROHAN, édit. 1646, in 4°, *Discours* (p. 268).
(2) Il les payait, mais n'avait pour eux que du mépris : « Il était libéral et magnifique et il appeloit assez plaisamment ses gentilshommes suivants : *Coglioni di mila franchi.* C'étoient leurs appointements ». TALLEMANT (I, p. 132).

lui permet de s'entourer d'un appareil militaire. Enfin, guidé par les conseils d'un homme expérimenté et énergique, le baron de Lux, il comprend qu'il n'y a de force, en France, que pour celui qui peut disposer d'une grande situation territoriale (1). Aussi ne songe-t-il plus qu'à s'assurer le gouvernement d'une province frontière, de façon à pouvoir, en cas d'accident, s'appuyer sur l'étranger. Tantôt il jette les yeux sur la Bourgogne, d'autres fois sur Sedan; enfin il se décide pour la Picardie. Déjà il disposait de plusieurs places fortes dans cette région. En obtenant le gouvernement de la province, il était admirablement placé, entre la Belgique espagnole et Paris, soit pour menacer la capitale, soit pour s'assurer un asile en cas d'échec (2).

Le gouverneur de la Picardie était alors un jeune homme, de grande famille, borné et opiniâtre, le duc de Longueville. Concini lui fit faire des ouvertures en vue d'échanger le gouvernement de sa province contre un autre que l'on considérait comme plus avantageux, celui de Normandie. Il eut l'idée singulière de charger Villeroy de la négociation. Le ministre comprit tout le danger des projets de Concini, et s'arrangea de façon à faire échouer la combinaison. Le favori, furieux, jura la perte de Villeroy. C'est ainsi que, peu à peu, il en venait à se mêler directement aux affaires de l'État. Il ne pouvait encore avoir la prétention de les conduire lui-même. Il profita des dissentiments qui existaient entre les « barbons », pour les détruire l'un par l'autre. Nous sommes en décembre 1614; le chancelier de Sillery avait vu son influence s'accroître, en raison des services qu'il avait rendus pendant la session des États. Il avait une nombreuse famille à caser; il s'unit au favori. Villeroy, se sentant menacé, fit une fausse sortie : il se retira dans une de ses terres, à Conflans. Il pensait qu'on ne pouvait se passer de lui « et voulait se faire prier (3) ».

(1) Sur le rôle du baron de Lux et sur les habiles libéralités de Concini, voir FONTENAY-MAREUIL (p. 63-66).
(2) Voir MALHERBE (t. III, p. 457-59.) — *Journal* d'ARNAULD D'ANDILLY, *passim*, et notamment p. 16-18. — LEVASSOR, *Histoire de Louis XIII* (t. I, p. 391-392). — *Mémoires de* PONTCHARTRAIN, édit. in-12 (t. I, p. 180).
(3) CONTARINI (vol. 1767, f° 246).

Il n'y a pas d'homme indispensable. Villeroy revint, de lui-même, au bout de quinze jours, et alla visiter, le premier, le maréchal d'Ancre, « ce qu'on trouva indigne de lui (1) ». La reine le gronda amicalement. Mais, au cours de l'entretien qu'elle eut avec lui, Concini, qui se tenait derrière elle, dit à haute voix « que Villeroy n'en était pas à sa première trahison ». Le vieux ministre se tut. Il reprit ses fonctions; mais l'autorité réelle lui échappait. L'ambassadeur vénitien écrit : « Le pouvoir de Villeroy ne se rétablit pas comme auparavant. La reine n'est pas bien disposée pour lui; les grands l'abandonnent. Le chancelier est enchanté de le voir abattu. Le maréchal d'Ancre s'est déclaré contre lui, et celui-ci a un pouvoir absolu (2). » On se servait de Sillery, de son fils, Puisieux, de son frère, le commandeur de Sillery, pour faire marcher les affaires. Ils se croyaient les maîtres. Le bon Jeannin continuait à couvrir de son nom le gaspillage des finances, et laissait le coulage s'organiser, en levant au ciel d'honnêtes regards.

Cette situation ambiguë dura quelques mois; le favori s'habituait à l'exercice du pouvoir. Il songeait à se débarrasser de tout l'ancien personnel qui lui portait ombrage; il était déjà entouré d'un personnel nouveau, composé d'hommes jeunes, actifs, ambitieux et qui, probablement, voyaient plus loin que lui dans son propre jeu. Il semble pourtant qu'au moment de frapper le coup décisif, le maréchal ait douté de la fortune.

C'était le temps où la reine se préparait à conduire le roi en Guyenne pour célébrer les mariages espagnols. Cette union devait mettre le comble à la politique personnelle de la régente. L'idée de passer à l'accomplissement la remplissait de joie et de fierté. Mais Condé comprenait que la consécration du mariage ruinerait ses prétentions et ses espérances. Écarté définitivement du trône, il se confondait dans la foule des princes du sang. Il y eut là une heure critique. Rassemblant dans un manifeste tous ses griefs personnels, agitant tous les sujets de mécontentement de la noblesse et de la bourgeoisie, excitant les passions populaires contre le gouvernement de la régence et surtout contre les

(1) *Journal* d'ARNAULD D'ANDILLY (p. 18).
(2) CONTARINI (vol. 1767. f° 263).

favoris italiens, s'appuyant sur une coterie de jeunes parlementaires, tous fiers d'être invités à ses ballets (1), il prend des airs d'homme résolu à aller jusqu'au bout. Il entraîne dans sa querelle la plupart des princes, les Bouillon, les Mayenne, les Longueville, se retire à Clermont en Beauvaisis, puis à Coucy, dans une place réputée imprenable. Il lève des troupes et tient la campagne. On lui envoie le vieux Villeroy, qui lui est plutôt agréable. Mais il résiste et lance son manifeste, disant que les mariages ne pouvaient avoir lieu tant qu'on n'aurait pas porté des réformes profondes dans l'administration du royaume et tant que le maréchal d'Ancre serait le maître du gouvernement.

Dans ces circonstances, Concini crut prudent de céder au temps et de s'éloigner momentanément de la cour. Les affaires de Picardie ne s'arrangeaient pas. Longueville tenait bon et fomentait contre lui la sédition. Pour se défendre, il avait dû attaquer, et un événement tragique qui avait eu un grand retentissement — le meurtre de Prouville, lieutenant du duc, — l'avait mis en échec devant l'opinion (2). La reine partait pour le voyage de Guyenne. Elle lui offrit le commandement de l'armée qui devait accompagner le roi et le protéger contre l'armée des rebelles. Un homme plus hardi eût accepté : il eût traversé en triomphateur la France entière; il eût couvert, de sa présence, l'alliance des deux couronnes. Mais Concini préféra rester dans le Nord, à défendre ses intérêts personnels, et à guerroyer dans les environs d'Amiens sur les derrières de l'armée des princes. Ce refus donne sa mesure.

(1) On connaît la boutade de Sully au prince de Condé : « Et moi, je tiens vos affaires d'État pour des ballets. » C'est une allusion à ces fêtes où la jeunesse parlementaire était si heureuse d'être invitée. — Sur l'attitude du Parlement, très favorable, dans toutes ces circonstances, à Condé, voir le *Mercure françois* (t. IV, p. 38 et suiv.), et cfr. le document manusc. conservé au fonds Dupuy, vol. 96 : « *Mémoire de l'État du Parlement* (en 1615) *et comme il est divisé.* »

(2) Naturellement, les mémoires contemporains s'étendent très longuement sur ces faits. On en trouvera un récit en quelque sorte officiel, avec les pièces publiques les plus importantes, dans le *Mercure françois* (t. IV, à partir de la page 79). — Le *Manifeste* du prince de Condé est publié à la page 129. Il est daté de Coucy, le 9 août. — Voir aussi, dans ce même ouvrage, un récit complet du meurtre de Prouville. Il faut le comparer avec la brochure de M. Pouy, *Concini, maréchal d'Ancre. Son gouvernement en Picardie*, 1611-1617 (Amiens, 1885, in-8°). Cet auteur, par une réaction assez naturelle contre les pamphlets contemporains, se montre, en général, très favorable au maréchal d'Ancre.

Le commandement de l'escorte qui accompagnait le roi fut confié au duc de Guise, et celui de l'armée destinée à agir contre le prince de Condé fut remis au maréchal de Bois-Dauphin. Léonora Galigaï accompagnait la reine et, en l'absence de son mari, elle veillait à la défense des intérêts communs. Durant ce voyage, l'habile femme sut conserver son influence et, puisque tout était ajourné, préparer les événements décisifs pour l'époque de la rentrée à Paris.

Le voyage s'accomplit beaucoup plus facilement qu'on ne l'avait pensé. L'armée du prince de Condé, conduite cependant avec une grande habileté par le duc de Bouillon, n'était pas assez forte pour en venir aux mains avec les troupes royales. Condé s'était en vain efforcé d'intéresser à sa cause les puissances hostiles à l'Espagne (1). Le parti protestant, qui avait fait mine de s'associer à la révolte des princes, n'avait pas su s'organiser à temps. D'ailleurs, il était divisé et les plus sages blâmaient ces imprudentes et stériles manifestations (2). La campagne militaire se borna à quelques escarmouches insignifiantes et, de la part des troupes de Condé, à des violences infinies qui les rendirent odieuses à tout le monde et notamment aux provinces de l'ouest, où elles séjournèrent le plus longtemps (3).

La cour arriva à Bordeaux le 7 octobre 1615. Elle devait y rester jusqu'au 17 décembre. Au cours de ces deux mois, l'échange des deux princesses — celle qui allait régner en Espagne, Élisabeth,

(1) Voir, notamment, l'importante conversation qu'eurent le prince de Condé et le maréchal de Bouillon avec l'ambassadeur vénitien Contarini, qui la raconte dans sa lettre du 9 avril 1615. Les princes insistent sur ce fait qu'on abandonne tous les anciens alliés de la couronne pour courir aux mariages espagnols. *Dép. de* CONTARINI (vol. 1768, f** 24-31).

(2) Le rôle des protestants et notamment les sages conseils de Duplessis-Mornay et de Lesdiguières sont rappelés avec détail par LEVASSOR (t. I, p. 445-453). — Voir aussi *Mercure françois* (t. IV, p. 214-220). — La sagesse relative du duc de Rohan, à cette époque, s'explique par ce fait qu'il désirait obtenir la survivance du gouvernement du Poitou, qui appartenait à son beau-père, Sully. Cfr. ANQUEZ, *Assemblées politiques*, etc.

(3) Les hommes politiques étaient moins frappés de ces souffrances que des qualités de commandement que Condé, guidé d'ailleurs par le maréchal de Bouillon, avait déployé dans cette marche hardie à travers la France. Elles faisaient contraste avec l'impéritie de Bois-Dauphin qui (lié probablement par les ordres de la cour) avait laissé passer toutes les occasions de combattre avec des forces très supérieures. V. *Journal de* BASSOMPIERRE et *Dépêches de* CONTARINI (vol. 1768, f° 274).

et celle qui venait régner en France, Anne d'Autriche — eut lieu, le 9 novembre, sur la Bidassoa, près de Fontarabie. Le mariage du roi fut célébré, dans l'église métropolitaine de Bordeaux, avec une pompe extraordinaire. Le roi et la reine, nés à huit jours de distance, en septembre 1601, entraient seulement dans leur quinzième année. Ils étaient encore, tous deux, des enfants (1).

La reine mère voyait donc son rêve réalisé, et l'enfance prolongée du jeune roi, son esprit distrait et nonchalant, la vénération mêlée de terreur qu'il gardait pour sa mère, — il n'y avait pas long-temps que, au dire d'Héroard, elle le fouettait encore de sa propre main, — tout lui faisait espérer qu'elle garderait longtemps encore l'autorité consacrée à nouveau par ce coup brillant des mariages espagnols.

Toutes les raisons qui pouvaient emplir de joie l'âme de Marie de Médicis, devaient au contraire déprimer et abattre le prince de Condé et ses partisans. Aussi, quoique le retour du roi et des reines eût lieu dans d'assez mauvaises conditions, en plein hiver, dans un pays ruiné, par des chemins boueux et interminables, quoique les troupes royales, épuisées par les fatigues, décimées par la maladie et les désertions, eussent grand'peine à garder un aspect militaire, Condé, toujours versatile et intéressé, ne songea plus qu'à tirer parti du peu de prestige qui lui restait encore pour traiter le plus avantageusement possible. L'ambassadeur d'Angle-terre, par ordre de son roi, et le duc de Nevers, heureux de sai-sir une occasion de jouer un rôle, s'entremirent, et, le 1er jan-vier 1616, le roi, qui arrivait à La Rochefoucauld, en Poitou, faisait répondre à une première démarche du prince de Condé qu'il consentait à ouvrir une conférence pour régler les condi-tions de la paix.

La reine Marie de Médicis était à l'apogée de son gouvernement. On entrait dans l'année 1616, « dans cette année bissextile qui a été aussi remarquable par les mutations extraordinaires de l'air,

---

(1) Pour toute cette partie si intéressante de la vie de Louis XIII, je ne puis que renvoyer aux *Mémoires* contemporains et aux *Documents* mis en œuvre par M. Ar-mand Baschet, dans son curieux livre : *Le Roi chez la reine;* Paris, Plon, 1866, in-8°.

que par les effets prodigieux qui eurent lieu dans le royaume durant tout son cours (1) ».

II. — Disgrâce des vieux ministres. — Le nouveau personnel.

Au début de cette année 1616, que Richelieu a tant de raisons
de trouver remarquable, puisque c'est elle qui le vit arriver pour
la première fois aux affaires, le royaume était dans un état de
confusion extrême. Le roi s'attardait dans les provinces de l'Ouest,
retenu par les lenteurs d'un voyage d'hiver, dont la rébellion d'un
grand nombre de ses sujets faisait une pénible campagne. Accompagné de sa mère, il ramenait à Paris la jeune reine espagnole,
qui ne savait trop si elle devait s'étonner davantage des rigueurs
du climat ou de la froideur de son jeune et taciturne époux (2).

Celui-ci passait tout son temps à galoper autour du cortège,
chassant les oiseaux et les bêtes par la campagne. Il ne quittait
pas un favori intime, dont les gens perspicaces commençaient à
étudier l'horoscope : Luynes. Nominalement, les vieux ministres,
les « barbons », étaient toujours les détenteurs du pouvoir; mais
ils se disputaient les lambeaux d'une autorité que leurs discordes

---

(1) *Mémoires de* RICHELIEU (t. I, p. 105).
(2) L'hiver fut extrêmement pénible cette année. L'armée souffrit beaucoup et, comme
d'habitude, le Français s'en tira par des chansons :

A peine avons-nous de vue	Lassés de mainte aventure
Cette grande ville (Poitiers) perdue	Combattus de la froidure
Qu'un grand vent et furieux	Nous gaignons Chatelleraut
Se levant devers la bise	Et nous disions l'un à l'autre,
Nous souffla la neige aux yeux.	Compagnon, je n'ai point chaud.
Jamais de telles froidures,	Masques, beguins de Gascogne
Pendant les saisons plus dures,	Cabans, bonnets de Pologne
N'ont vu les peuples du Nord	Peaux de veaux à l'advenant
Et fûmes, plus de quatre heures,	Nous y font faire une entrée
A deux doigts près de la mort.	Comme à Carême-prenant.
Les uns se tenoient à peine,	Le froid s'irrite et s'augmente
Les autres perdant haleine	La reine n'en est exempte
Tomboient de froid tout noircis,	Et parmi tant de travaux
Dont moururent bien soixante,	Nous disions que jamais reine
Sans les amoureux transis.	N'avoit souffert tant de maux.

Voir toute la pièce et les autres détails sur les difficultés du voyage dans *Mercure
françois* (t. IV, 1616, p. 21).

avaient déchirée. Sillery et les siens avaient fatigué la reine elle-
même de leur convoitise et de leur opiniâtre nullité. Villeroy avait
repris une certaine influence, dont il se servait pour détruire ceux
qui l'avaient abattu et pour vendre chèrement une retraite prochaine qu'il sentait devoir être définitive. Le prince de Condé avait
troublé et dévasté la France entière pour aboutir à la plate demande de soumission qu'il venait d'adresser au roi, par l'intermédiaire d'un étranger, l'ambassadeur du roi Jacques. Dans cette
paix de lassitude qui se préparait, chacun, comme dit Richelieu,
« cherchait, par une émulation de vices, à qui prostituerait sa
fidélité à plus haut prix ».

Princes, gentilshommes, soldats, gens de robe, Français, étrangers, catholiques, protestants, tout le monde était agité, sans qu'on
pût distinguer nettement les causes de cette agitation. Chacun cherchait à deviner l'avenir, à prendre une position avantageuse, dans
les camps qui se disputaient le succès. Mais les calculs étaient pleins
d'erreurs, et les plus attentifs n'étaient pas sûrs de leurs déductions.
En gros, cette foule houleuse se divise en deux courants : l'un qui
se porte vers les alliances espagnoles et la politique catholique,
l'autre qui s'en éloigne. Mais des remous particuliers, des dériva-
tions inattendues, des contre-courants cachés troublent sans cesse ce
flot tumultueux. Les sentiments individuels, les passions privées,
une étroite et ardente psychologie de cour excitent les esprits,
échauffent les courages et mêlent les intrigues. Amours et haines,
rivalités et jalousies, points d'honneur et vengeances de famille,
rages froides ou colères éclatantes, coups de tête soudains, longs
desseins raffinés, bravades imprudentes, malentendus, brouilles,
raccommodements, ces impulsions, ces actes et ces gestes s'en-
tre-croisent, se choquent, et l'on voit soudain, dans l'obscure mêlée, surgir, au bout d'un bras, l'éclair d'une épée, sous un panache
une figure tragique, ou un sourire resplendir sur un visage de
femme (1).

(1) Il y a, au travers de tout cela, des aventures très amusantes. Celle-ci, par exemple, où je mêle les deux récits, l'un d'ARNAULD D'ANDILLY, l'autre de TALLEMANT DES
RÉAUX : « Combat de MM. de Montmorency et de Portes contre MM. de Retz et de Vitry.
— Leur querelle fut pour une écharpe chez la Choisy » (fille de Jacques l'Hôpital,
marquis de Choisy, « de bon lieu, dit TALLEMANT, mais très galante »). Montmorency avait

Dans une cour où une reine commande, où la principale actrice
des événements est une favorite, où les Italiens ont apporté leur
sens aigu du jeu des passions intérieures, dans ce milieu où des
prêtres au geste doux, et des vieillards aux paroles ouatées, re-
nouent sans cesse des fils rompus trop souvent par la brutalité des
hommes d'action, il n'est pas étonnant que les femmes aient joué
un grand rôle. On les admettait, à la suite de la reine mère, dans
les réunions où les destinées de l'État se discutaient si futilement.
On s'était étonné, d'abord, de leur présence. On remarquait que
cela n'arrive pas dans les autres pays, « où, les femmes étant plus
particulières et nourries seulement dans les choses de leur métier,
elles en peuvent pas prendre tant de connaissance des affaires publiques ». Mais on se consolait en pensant que, laissées au dehors,
elles feraient encore plus de mal : « car, étant ordinairement am-
bitieuses et vaines et ne se trouvant pas assez considérées tant que
les choses demeurent dans l'ordre, elles font le plus souvent tout
ce qu'elles peuvent pour le troubler » (1).

A partir de février 1616, cette agitation a pour centre la petite
ville de Loudun. Tous les princes rebelles s'y étaient réunis ou y
avaient envoyé leurs représentants. La cour avait délégué ses ministres et ses hommes d'État : Villeroy, Pontchartrain, le maréchal
de Brissac, l'illustre de Thou. Tous les mécontents, tous les ambitieux, tous ceux qui avaient à réclamer, à espérer ou seulement à
se plaindre, étaient accourus. Les intermédiaires, les officieux, les
donneurs d'avis, les inutiles, les agités étaient là. On y rencontrait

dû antérieurement épouser M¹¹ᵉ de Beaupréau que M. de Retz avait pris pour femme
par la suite; aussi Montmorency appelait l'autre, au lieu de duc de Retz, *duc de mon
reste*. Chez la Choisy, on se retrouva rivaux; mais dans le même ordre à ce qu'il semble;
car Montmorency dit, en parlant à son rival : « Vous êtes accoutumé d'avoir mon
reste. » Duel hors des murs : « M. de Montmorency tirant une estocade à M. de Retz pare
si fort que l'épée de M. de Montmorency lui tombe; en même temps, il saisit de la main
gauche l'épée de M. de Retz, se jette sur lui et le passe par terre. Ainsi M. de Retz
étant dessous, et M. de Montmorency n'ayant point d'épée, comme ils virent qu'ils ne
se pouvoient que faire l'un à l'autre, ils s'accordèrent et furent séparer les seconds qui
étoient aux prises. Puis M. de Retz baille son cheval à M. de Montmorency et monte
en trousse, et tous vinrent déjeuner à l'hôtel Montmorency et dîner à l'hôtel de Retz. »
Ainsi, après comme avant, Retz venait toujours par **derrière**.

(1) Je ne me serais pas permis ces réflexions; je les emprunte au judicieux FONTENAY-
MAREUIL, *Mémoires* (p. 104).

des soldats de fortune, des diplomates, des espions, beaucoup de moines. Tout ce monde était aux écoutes de ce qui se faisait dans la salle de la comtesse de Soissons où les princes et les ministres royaux se réunissaient.

Les problèmes qui se traitaient autour de cette table auraient pu donner au débat une haute gravité. Mais l'action se rapetissait à la taille des acteurs et la négociation dégénérait en marché. A ce niveau, elle ne présente pour l'histoire qu'un intérêt restreint, et nous ne retiendrons, des résultats obtenus par la patience et la longanimité des commissaires royaux, que quelques faits précis (1).

Les princes, en somme, étaient vaincus. La rébellion sentait son impuissance, même en présence d'une régence malhabile et d'un gouvernement médiocre. Au contraire, le pouvoir reprenait confiance en lui-même et en ses forces. Le cap était franchi. La reine mère ne considérait plus comme aussi redoutable le péril devant lequel elle avait toujours tremblé, à savoir la coalition de tous les mécontents sous la conduite des grands. Elle commençait à prendre plus de confiance en l'avenir de son gouvernement.

Assurément, ce n'était pas le jeune roi, tout à ses chasses et à ses favoris, qui pouvait songer à disputer le pouvoir qu'on exerçait en son nom. Quant aux vieux ministres, leur temps était fini. Villeroy servait encore à Loudun, mais diminué, grognon, fâcheux aux princes, dont il combattait les convoitises, fâcheux à la cour qu'il soumettait à un régime de concessions de détails et de blessures d'amour-propre plus pénibles peut-être que des sacrifices plus importants. Sillery avait mené, sous main, une intrigue obscure

---

(1) On a beaucoup publié sur cette conférence de Loudun; non seulement les contemporains : PONTCHARTRAIN qui nous a donné un récit complet des négociations auxquelles il prit part, DE THOU qui ne nous ménage ni les minutieux détails, ni les longues réflexions (*Op. cit.*, t. X.); le *Mercure françois*, et tous les auteurs de *Mémoires*; mais aussi les auteurs du dix-neuvième siècle, qui ont considéré comme une bonne aubaine le fatras des documents stériles qu'ils ont rencontré dans les bibliothèques, ne nous ont rien épargné. C'est ainsi que M. BOUCHITTÉ a publié, aux frais de l'État, dans la *Collection des Documents inédits,* un volume in-4° de documents sur cet incident minuscule de notre histoire. — M. FAGNIEZ, après avoir consacré à ce même incident un article dans la *Revue historique* (1888), a repris la question dans son livre sur le *Père Joseph et Richelieu.* — Malheureusement, en ces matières, on n'est jamais complet, et aux amateurs, je signale le numéro 263, t. III du *fonds Godefroy,* où se trouvent encore quelques documents inédits. C'est le cas de dire avec le latin : «. Difficiles nugæ ».

avec les princes. La reine en avait eu vent et elle couvait, en silence, le projet de se débarrasser de lui et de toute sa séquelle. D'Épernon, dépité et malade, restait à bouder dans sa province. Guise n'avait jamais été qu'un nom et une figure. En somme, il ne restait plus personne debout de l'ancien gouvernement. Tel était le résultat de ce voyage et l'œuvre de cette astucieuse Léonora que de Thou, narrateur classique de ces intrigues, accable du surnom de « Canidie ». Elle avait mis à profit l'absence de son mari pour élever à celui-ci un piédestal sur lequel la fatuité de l'Italien n'avait qu'à se dresser (1).

Elle n'était pas seule pour cette tâche. Dès cette époque, elle est entourée d'un groupe d'hommes nouveaux qui la dirigent ostensiblement. On le voit bien à un détail qui marqua l'issue de la conférence de Loudun. Les négociations traînaient, à l'occasion d'une demande des princes, visant directement le maréchal d'Ancre. Condé, qui avait jeté par-dessus bord nombre de ses amis, n'en avait pu faire autant de Longueville. Celui-ci, homme obstiné, avait déclaré qu'il ne ferait sa paix qu'à la condition que la question des places de Picardie fût réglée en sa faveur. On eut beau lui offrir les compensations les plus brillantes; ses amis eurent beau insister et prendre la peine de lui dévoiler ses véritables intérêts; il dit et répéta qu'il y allait de son honneur, qu'il ne voulait pas manquer à ses chers Picards, et il se buta.

Que devait faire le maréchal d'Ancre? On crut qu'il allait tenir bon de son côté. Maître de l'esprit de la reine, fort de la lassitude générale, il l'eût emporté. Mais Léonora quitta la cour en toute hâte. Elle accourut à Paris, fit venir son époux et lui conseilla un habile désintéressement. Par là, elle mettait la dernière main à l'œuvre de captation entreprise depuis si longtemps. La reine mère se montra à la fois touchée et furieuse de l'étendue du sacrifice. Elle s'irrita contre les princes qui, en se montrant si cruellement exigeants, la frappaient dans ses plus chères affections et contre les ministres qui l'acculaient à des concessions humiliantes. Concini adressa à la reine une belle lettre rendue publique où il n'était

(1) Je suis surtout, pour cette période, les récits de DE THOU (t. X, 607), de PONTCHARTRAIN et de RICHELIEU.

question que de la paix et du bien de l'État (1). Il est superflu d'ajouter qu'il reçut, par ailleurs, les plus généreux dédommagements (2).

Tout cela est trop adroitement combiné pour qu'on n'y reconnaisse pas une autre pensée que celle qui, jusque-là, avait réduit les vues de Concini à un simple travail d'enrichissement personnel. Le choix du moment propice qui assurait à la reine une autorité indiscutée, l'adroite mise en œuvre de la fortune politique du favori, tout indique une main plus hardie, une conception plus ferme. C'est le moment, en effet, où l'on commence à distinguer, auprès des Concini, quelques silhouettes encore obscures, mais qui bientôt apparaîtront en pleine lumière; parmi elles, on voit se profiler, dans l'ombre, la barbiche pointue de l'évêque de Luçon.

Dolé, avocat au Parlement de Paris, était, au début, l'homme d'affaires des deux Italiens; il devint bientôt leur confident. Sa compétence s'était étendue des intérêts d'argent aux questions politiques. Marie de Médicis, dès qu'elle devint régente, l'avait choisi pour son fondé de pouvoirs général et lui avait donné une place dans le conseil. En 1612, il avait été compromis, avec un certain Magnat, dans une affaire des plus louches, d'où il parut résulter que le duc de Savoie entretenait avec Concini une correspondance où les secrets de la politique française étaient mal gardés. L'affaire fut étouffée, grâce à un habile avertissement donné par Bassompierre au marquis d'Ancre. Magnat seul paya pour tous

(1) Voici la lettre de Concini, d'après le *Mercure François* (1616, p. 56) : « Madame, il court parmi le peuple le bruit que la conférence qui se tient à Loudun ne se peut terminer en une bonne paix que, préalablement, la citadelle d'Amiens ne soit rasée ou qu'elle change de main... J'offre, par le moyen de la présente, à Sa Majesté Très Chrétienne et à la vôtre de l'abattre moi-même ou de la mettre entre les mains de qui Sa Majesté le commandera... J'ajouterai seulement que Leurs Majestés seront toujours obéies par moi en tout et partout, et sans avoir égard à mon intérêt particulier, me contentant seulement que toute la France reconnaisse cette fidélité en moi que peut-être elle a douté de pouvoir trouver en un étranger et qu'elle-même doit désirer en un bon Français. » La lettre est habile et le coup de patte de la fin, à l'adresse des rebelles, sent son Italien.

(2) « Et afin que le maréchal d'Ancre ne perdît point en cet échange, mais au contraire trouvât son élèvement en l'abaissement qu'on lui avoit voulu procurer, on lui donna la lieutenance du roi en Normandie, le gouvernement de la ville et château de Caen, dont on retira Bellefond, celui du Pont-de-l'Arche, et peu après Quillebœuf. » *Mém. de* RICHELIEU (t. I, p. 110).

et fut pendu en place de Grève (1). Il y avait donc, entre l'avocat et
le favori, un de ces « cadavres » qui sont des liens mystérieux et
terribles pour ceux qui en partagent le poids. Concini avait fait
la fortune de Dolé. En 1612, il l'avait appuyé pour la charge de
procureur général au Parlement de Paris. Le chancelier de Sillery
s'était mis à la traverse et devait, par la suite, payer cher cette intervention. Villeroy s'était également fait un adversaire de Dolé.
En 1614, il l'avait empêché de devenir contrôleur général des finances. Les « barbons » devinaient-ils, dans ces jeunes ambitieux,
leurs futurs successeurs?

Dolé était pour les mesures énergiques et, dès 1615, il avait
conseillé, le premier, l'arrestation de Condé. Dans toute la négociation de Loudun, il s'était montré hostile aux concessions. Il
était au comble de la faveur, en mars 1616, quand il mourut su-
bitement, au moment où il touchait aux plus hautes destinées.
Son caractère et sa courte fortune sont indiqués en quelques mots
par de Thou, quand il parle de ses « emportements et brutalités »,
et par Arnauld d'Andilly, qui écrit dans son journal le 30 mai 1616 :
« Mort de M. Dolé à quatre heures du matin. Il avoit été malade
quatorze jours. Lorsqu'il tomba malade, la reine se confiait en lui
des affaires d'État plus qu'en nul autre... Il était au plus haut point

(1) Magnat fut exécuté le 31 mai 1613. — Cfr. le récit très complet de BASSOMPIERRE
I, p. 316-355), avec celui des *Mémoires de la Régence*, éd. de 1756 (t. I, p. 140) et le
Mercure François. En somme, l'affaire de Magnat reste obscure et je n'ai pas connaissance qu'elle ait jamais été étudiée d'après les documents diplomatiques ou judi-
ciaires. — Les relations secrètes de Concini avec l'étranger n'en ressortent pas moins
de témoignages constants. Le 23 décembre 1614, CONTARINI écrit en chiffres à son gouvernement : « J'ai su que le duc de Savoie a, par de grands présents, gagné à sa cause
la maréchale d'Ancre dont le pouvoir sur la reine est absolu, et il espère en tirer un
grand profit. » (Vol. 1767, f° 245.) — Vers la même époque le duc de Monteleone,
ambassadeur d'Espagne, écrit au duc de Lerme : « Je supplie Votre Excellence de croire
que je n'ai rien négligé pour attirer dans nos intérêts la maréchale d'Ancre que je crois
bien mieux disposée que par le passé... Pour en revenir à la maréchale d'Ancre, je
pense que nous n'avons qu'à continuer les bons rapports dans lesquels nous nous trouvons avec elle, et l'argent que l'on doit m'envoyer arrivera à merveille pour la maintenir dans cette ligne. » Archives de Simancas. Citation empruntée à CAPEFIGUE, *Richelieu, Mazarin et la Fronde*, éd. de 1844, in-12 (t. I, p. 174). — Comme on le voit
Léonora prenait des deux mains. Mais il est juste de reconnaître, qu'à cette époque,
ces sortes de pensions et de cadeaux tiraient peu à conséquence. C'est le cas de
rappeler le propos anecdotique relatif à Talleyrand : « Il reçoit du roi de Prusse pour
qu'on lui donne la Saxe; il reçoit du roi de Saxe pour éviter que ce royaume soit
réuni à la Prusse, et il garde son opinion. »

de sa faveur et de ses espérances. Il se jugea mort le second jour
de sa maladie et fit son bonjour. Il a laissé huit enfants (1). »

Claude Mangot était aussi un avocat, mais d'un autre caractère,
plus doux, plus souple et plus honnête. Le président Gramond dit
de lui : « *vir probus et, quod in aulâ rarum, incorruptus.* » Il appartenait à une excellente famille de robe. Son père était de Loudun et, par cette origine, avait peut-être quelque accointance avec
les Plessis-Richelieu. Ce père était un avocat illustre et dont Loysel parle avec éloge dans son *Dialogue*. Il avait eu un frère aîné,
Jacques Mangot, qui était mort jeune et dont la perte fut pleurée
dans les termes les plus touchants par l'élite de son temps, les
Pasquier, les Loysel, les Du Vair, les d'Espeisses : « Il n'avait que
trente-six ans lorsqu'il décéda et n'eût eu son pareil soit en probité
et intégrité, soit en science et en connaissance de toutes bonnes
lettres, s'il eût vécu... En un corps qui semblait assez frêle, il y
avait des muscles et des nerfs bien forts et un très bon sang. »
Son frère Claude avait de ce même sang dans les veines. Pourtant,
il avait aussi rendu des services au maréchal d'Ancre. Commis-
saire dans ce même procès de Magnat, il avait dirigé la procédure de façon que le marquis et Dolé sortissent indemnes. Le
favori l'envoya en mission en Savoie, puis le fit nommer premier
président au Parlement de Bordeaux; il devait en faire, bientôt,
un secrétaire d'État, un garde des sceaux. Sa capacité ne paraît
pas avoir été suffisante pour ces grands emplois. Après la chute du
maréchal d'Ancre, il devait rentrer au conseil d'État et, dans une
situation plus modeste, rendre, toute sa vie, de sérieux services
à l'homme qui avait été un instant son collègue dans le ministère,
le cardinal de Richelieu (2).

(1) Sur Dolé, comparer : LEVASSOR, *Histoire de Louis XIII* (t. I, p. 139, 190, 227,
415, 429, 515). — FONTENAY-MAREUIL (t. I, p. 108). — DE THOU (t X, p. 598). — ARNAULD
D'ANDILLY (p. 152). — ZELLER, *op. cit.* (p. 29), cite ce passage du secrétaire florentin ANDREA
CIOLI, qui prouve que Dolé avait une grande influence dès le début de la régence : « On
tient, écrit-il le 19 juin 1610, que Villeroy est extrêmement mécontent, parce que la
reine, dit-on, chaque fois qu'elle sort du conseil, a une consultation sur les décisions qui
y ont été prises, avec trois conseillers secrets, à savoir avec Concino, avec Duret, qui est
un de ses médecins, et avec Dolé, son procureur et avocat général... »
(2) Sur Mangot, Voir LOISEL, *Dialogue des avocats*, éd. Dupin (p. 96). — DU VAIR,
Traité de l'éloquence française. — PASQUIER, *Recherches* (liv. IV, ch. 27, p. 409). —
GRAMMOND, *Historiarum Galliae ab excessu Henrici IV, libri XVIII* (éd. 1653, p. 133).

Bullion, autre parlementaire d'origine, était une tout autre espèce d'homme. Bas de jambes, demi-bossu, rabougri, bon vivant, Bourguignon, aimant la table et le bon vin, homme de plaisanterie gauloise et de franche lippée, insinuant, adroit, tout à tous, avec beaucoup de flair, de savoir-faire et de présence d'esprit, c'était, en somme, un drôle assez plaisant, un de ces hommes qui, par les coulisses, finissent par se glisser sur la scène. On le plaisantait ferme. Tallemant nous dit qu'un poète l'avait comparé à un baril bien plein et qu'on l'appelait familièrement « le petit cochon ». Il paraît qu'avec cette sorte de figure, il avait de grands succès auprès des femmes. Il se servait de ce moyen, comme des autres, pour pousser sa fortune. Il était parent de Sillery. Enveloppé dans sa disgrâce, il sut se retourner; c'est vers cette époque qu'il fit la connaissance de l'évêque de Luçon et qu'il se mit à lui rendre des services obscurs que l'autre n'oublia pas. Il resta, toute la vie, un des plus dévoués serviteurs du ministre, souvent son conseiller, souvent aussi son souffre-douleurs, car le grand homme avait la plaisanterie un peu rude. Placé, plus tard, à l'administration des finances, il prouva que, dans cette tête bizarre, il y avait de l'acquis, de la fidélité, une réelle aptitude aux affaires. Il soutint le fardeau des difficultés financières, suite de la politique de Richelieu, avec une capacité pratique qui fit de lui un auxiliaire utile et, au second rang, un bon serviteur de l'État (1).

De ces divers personnages, le plus intéressant, à coup sûr, était Claude Barbin. De tous, il était le plus mince au début, le plus considérable à la fin. Sorti d'on ne sait où, il était, sous Henri IV, procureur du roi à Melun. Quand Léonora venait à Fon-

---

DUPLEIX, *Histoire de Louis XIII*, in-f° (p. 90). — LEVASSOR, *Histoire de Louis XIII*, (t. I, p. 190 et 581). — L'article du *Dictionnaire de* MORERI. — Ne pas oublier une note très dure sur Mangot recueillie par M. ARMAND BASCHET dans les papiers de Richelieu et publiés en l'appendice au *Mémoire d'A. J. Du Plessis*, etc. : « Mangot exerça quelques mois la charge de M. de Villeroy où il parut ridicule. Les sceaux lui réussirent mieux et sa charge fut remplie par l'évêque de Luçon, où celui-ci fit paraître dès son orient quel devoit être le reste de sa journée. » (P. 45.)

(1) Sur Bullion, et sur son rôle dans les affaires de Loudun, voir DE THOU, *loc. cit.* (X, p. 588, 597); — l'*Historiette de* TALLEMANT DES RÉAUX et la *Correspondance de* RICHELIEU, à l'*Index*

tainebleau, il lui portait des fruits de son jardin, lui donnait
la collation et la gagnait par mille petits soins. Puis, il avait
quitté la magistrature, s'était jeté dans les affaires des partisans,
avait manié l'argent et les hommes, s'était approché peu à peu
des grands, enfin s'était introduit, par son ancienne amie, dans la
faveur de Marie de Médicis. On le trouve, vers 1611, intendant
des finances de la reine mère. Il devait l'aider, elle et son entourage, dans les placements d'argent et dans ces espèces de spécula-
tions dont les Italiens, gens âpres et imaginatifs, ont toujours
eu le goût. Une fois dans la place, il avait pris, par les qualités
de son esprit et de son caractère, un grand empire sur les deux
femmes. Il n'y a qu'un avis sur lui. Amis et adversaires, le reconnaissent pour un homme énergique, intelligent et probe. Au
milieu de toutes les tentations de la vie de cour et parmi les chemins tortueux qu'il avait dû suivre, il avait conservé de la droi-
ture dans l'esprit et dans le cœur; comme on disait en ce temps-
là, il avait « les mains nettes ». Brienne dit : « Quoique d'une
naissance très basse, il avait l'esprit fort relevé. » Arnaud d'Andilly dit : « Il n'avoit point d'acquis, mais c'étoit un homme de
très grand sens et très judicieux, qui avoit les mains très nettes et
qui ne se prévenoit point, ce qui est une qualité si rare que je l'ai
remarquée en peu de personnes. » Richelieu dit à son tour : « Barbin, homme de bon sens, mains nettes et courageux. » Ce sont là
des éloges! Barbin les méritait; nous le verrons à ses actes. Il fut,
pendant quelque temps, un des hommes les plus considérables
du royaume : « Son logis était ordinairement plein de financiers,
partisans, solliciteurs de pensions et de gens qui avaient besoin
d'intervention près des puissances souveraines. Il n'exerçait pas
seulement la charge de surintendant des finances sous le nom de
contrôleur général, il était plus puissant que nul autre dans les
affaires. »
    Cette autorité, il paraît bien avoir eu le dessein de l'employer à
la réalisation d'une conception politique mûrement délibérée. Il était
l'âme de la petite cour qui s'était servie de l'influence des Concini pour s'emparer de l'esprit de la reine mère. Une fois maître
de la place, il voulait, en inspirant confiance, restaurer l'idée gou-

vernementale, réagir contre la politique de déférence et d'abandon, mater les princes et les rebelles, au besoin par la force, assurer au pouvoir un lendemain. Il se trompait dans ses calculs, puisque ni la reine ni Concini ne lui offraient des appuis assez résistants et qu'il n'avait pas vu qu'au moment où on développait l'autorité monarchique, il fallait, avant tout, tenir compte de la volonté personnelle du monarque. Mais l'attitude qu'il prit et les indications qu'il laissa eurent, du moins, pour résultat de préparer aux mêmes idées et de former, pour des entreprises analogues, un homme dont son amitié allait bientôt faire un ministre, le jeune évêque de Luçon.

Les relations de Barbin et de Richelieu sont un des épisodes les plus curieux et les plus obscurs de la vie du « grand cardinal ». Ils s'étaient connus chez Denys Bouthillier, quand Barbin était encore procureur du roi à Melun. Leurs ambitions chassaient donc ensemble depuis fort longtemps. Les esprits et les caractères se plaisaient. L'intimité fut telle entre eux que Richelieu aurait voulu faire de Barbin son beau-frère. Barbin eut, le premier, une réelle autorité à la cour. Il prit l'évêque par la main et le présenta à Léonora d'abord, puis à Marie de Médicis. A la première occasion, il fit, de son ami, un ministre. Il ne jalousait ni ne craignait l'incontestable valeur de celui qu'il introduisait ainsi dans les hauts emplois. A la mort du maréchal d'Ancre, Barbin, étant le véritable chef du ministère, fut le plus frappé. On le mit à la Bastille et il perdit tout. Richelieu, moins compromis et plus souple, tomba d'une chute amortie, puis inspira une demi-confiance à Luynes et resta près de la reine mère. Barbin, délivré seulement en 1623, fut envoyé en exil. Louis XIII ne lui pardonna jamais le rôle qu'il avait joué près du maréchal d'Ancre.

Richelieu, redevenu ministre, resta-t-il fidèle à son ami? Les paroles et les protestations, de sa part, ne manquent pas. A diverses reprises, il intervint auprès du roi. Mais on sent, dans son attitude, une sorte de gêne et d'embarras. C'est que la différence entre les deux destinées était grande : l'un pauvre, banni, réclamant, avec une sorte de fierté hautaine, des services que l'autre n'osait ou ne voulait lui rendre. L'hostilité persistante de Louis XIII était-elle le seul motif de ses hésitations? Richelieu craignait-il seulement de se compromettre? Cette explication, à la rigueur, peut suffire. Il est inutile de rechercher s'il n'y avait pas, tout au fond, dans cette âme soupçonneuse, comme une sorte de méfiance et d'inquiète ingratitude à l'égard d'un homme dont l'esprit supérieur avait peut-être, au début, étonné le génie de l'élève devenu maître à son tour (1).

III. — L'évêque de Luçon, de mars 1615 à décembre 1616.

Dans le groupe politique qui se pressait autour de Marie de Médicis et de Concini, l'évêque de Luçon lui-même n'apparaît qu'assez tardivement; il faut dire, maintenant, en quelles circonstances il s'y était fait une place.

A la clôture des États, qui avait eu lieu le 21 mars 1615, Richelieu était resté sur son beau succès oratoire et sur les éloges qu'il lui avait valus, notamment dans le monde épiscopal. C'était une force, à cette époque, que l'adhésion du haut clergé. Richelieu en conçut un juste sentiment de fierté, une confiance nouvelle en sa valeur et en son avenir. Mais il semble qu'il éprouva, en même temps, comme une sorte de surprise du peu d'empressement que mirent la cour et les ministres à recourir à lui. Le monde politique apprécie mal le genre de mérites dont Luçon se targuait alors : les petites besognes et les petites passions l'absorbent presque toujours; les grands talents ne l'intéressent que quand ils consentent à se mêler à ses jeux. Une fois les États terminés, personne à la cour ne songea plus à l'évêque de Luçon.

Une de ces crises de fatigue et d'abattement qui accompagnent

---

(1) Voir *Correspondance de* Richelieu (t. I, p. 699, t. VII, p. 422, p. 472 et surtout p. 521 et p. 931). — *Mémoires de* Brienne (éd. de 1721, t. I, p. 65). — *Journal d'*Arnauld d'Andilly (p. 167) et *Mémoires* du même (p. 369). — *Mémoires de* Richelieu (t. I, p. 66, 72, 188). — De Thou, *loc. cit.* (t. X, p. 598). — *Relation de* Dupuy dans l'*Histoire des Favoris* (p. 75-76). Les détails les plus complets sont dans les *Mémoires de* Montglat. — Aubery, qui est un apologiste, relève un trait assez curieux de la reconnaissance que Richelieu aurait gardé pour Barbin : dans son testament, il aurait légué une somme de trente mille livres au baron de Broye, héritier de son ancien ami. Cela a presque l'air d'une restitution. *Histoire de Richelieu* (p. 10).

généralement en lui les grands efforts, l'éloigne alors de Paris. Il
va chercher un refuge dans son prieuré de Coussay (1).

C'est là que viennent le trouver les protestations de ses admirateurs, — presque tous ecclésiastiques, — et des offres de concours, où il devait pourtant discerner les premiers indices d'une
autorité naissante.

Ce sont, d'abord, des lettres de Duvergier de Hauranne, qui,
dans un style où le siècle et la théologie se confondent, lui écrit :
« Je vous prie bien humblement, Monsieur, de croire que je n'ay
point de plus grand dessein que de vous faire paroître que je parti-
cipe autant de l'immobilité des anges en la volonté que j'ay de vous
servir, que je confesse avoir un esprit subordonné au vôtre (2)... »
C'est ensuite le propre frère de Richelieu, Alphonse, qui, d'un ton
un peu maussade, se joint au concert : « Un de vos amis m'a fait
voir la harangue qu'avez faite à la clôture des États. Je loue Notre-
Seigneur qu'elle vous ait réussi à votre contentement, ayant été
assuré qu'elle a été fort agréée d'un chacun (3). » C'est l'évêque de
Nantes, qui, venu à Paris pour prendre part aux travaux de l'assemblée du clergé, soumet avec empressement à son collègue les
résolutions vigoureuses prises par un grand nombre d'évêques sur
une matière des plus importantes, et qui avait été traitée dans le
discours prononcé devant les États : la réception en France du
concile de Trente. « Nous ne faisons, dit l'évêque, que suivre, en
tout, la trace de l'assemblée des États... Nous avons fait résoudre

(1) Il quitte Paris après le 16 mars 1615 (*Correspond.*, I, p. 142). Il est à Coussay le
17 mai (p. 143-146); il profite de son absence de Paris pour faire faire des réparations à
sa maison.
(2) Lettre de Duvergier de Hauranne, du 19 mai 1615 : « Il reconnaît que l'évêque a
un esprit très supérieur au sien. Il n'a pas d'autres desseins que de l'imiter; il loue sa
circonspection en toutes ses actions... » Aff. Étrang., *Mém. et Doc.* (t. 770, f° 19). —
La note où Sainte-Beuve essaye d'expliquer l'origine des relations entre Duvergier de
Hauranne et Richelieu est bourrée d'erreurs. Le passage des *Mémoires de* Lancelot qui
s'y trouve cité n'est qu'un ouï-dire d'après lequel l'illustre auteur de *Port-Royal* a écha-
faudé des hypothèses contredites par les faits. Comme nous l'avons prouvé déjà,
comme nous le rappelons ici, Duvergier de Hauranne et Richelieu se connaissaient dès
le début de leurs carrières, et notamment par Chasteigner de la Rocheposay; sur un
point seulement Lancelot a raison : c'est quand il assure que « Saint-Cyran savait
quelques particularités fort secrètes de la vie de Richelieu et qui n'étaient pas des plus
belles ». V. *Port-Royal*, édit. in-12 (t. 1, p. 307).
(3) Aff. Étr. (t. 770, f° 41), 29 mai 1615.

entre nous qu'au cas que le roi nous refusât la publication du concile sur laquelle nous insistons, nous la ferions en nos conciles provinciaux et tâcherions de la faire observer en nos diocèses. Mais il s'y trouve bien des difficultés... Je vous écrirai par le menu tout le progrès qu'aura pu faire cette affaire, la plus grande et la plus importante qui soit pour le rétablissement de la gloire de Dieu en ce royaume. » Dans cette même lettre, l'évêque de Nantes témoigne à celui auquel il rend compte « du désir qu'a toute la compagnie de vous gratifier et testifier l'estime qu'elle fait de vos actions, »... « M. de Bourgueil et moi, ajoute-t-il nous sommes vos petits disciples. » Et enfin, il fait l'allusion la plus délicate à l'intimité qui lie l'évêque d'Orléans, l'Aubespine, à l'évêque de Luçon. Nous allons voir comment celui-ci en usait avec cette amitié (1).

Vers cette même époque, en effet, il recevait une lettre qui émanait encore d'un ecclésiastique, mais qui devait avoir, pour lui, une tout autre saveur. Le signataire était Bertrand d'Eschaux, évêque de Bayonne. Il avait avec lui des relations déjà anciennes. Très lié avec Duvergier de Hauranne, avec Jansenius, avec La Rocheposay, Bertrand d'Eschaux appartenait à cette étroite intimité des amis de la première heure que nous avons vus se grouper autour des deux évêques de Poitiers et de Luçon. Il avait un pied à la cour. Béarnais, de très bonne souche, il était aumônier du roi. C'était un esprit cultivé, mais original, avec des manières et un langage gascons qui prêtaient un peu au ridicule. Il allait être nommé bientôt à l'archevêché de Tours, et ne devait manquer, plus tard, le chapeau de cardinal que par suite de l'opposition qu'il rencontra chez son ancien ami, Richelieu. Il vécut très vieux et resta jusqu'au bout très amoureux des belles-lettres et des belles personnes (2). Or, c'est lui, dans les circonstances que nous allons dire, qui ouvrit à l'évêque de Luçon le chemin des grands emplois.

(1) Aff. Étr. (t. 770, f° 42). Sur les questions relatives au concile de Trente, traitées dans l'assemblée du Clergé, voir *Dépêches de* Contarini, Biblioth. Nat., *fonds italien* (vol. 1768, f° 175).

(2) Sur Bertrand d'Eschaux, voir l'*Historiette de Mme de Chevreuse* dans Tallemant des Réaux, et la *Mme de Chevreuse* de V. Cousin, édit. in-12 (p. 115); Tamizey de Larroque, *Lettres inédites de Bertrand d'Eschaux au secrétaire d'État, Villeroy.* Extrait de la *Revue de Gascogne*, 1864. — Cfr. *Mémoires du P.* Rapin (t. I, p. 32).

Celui-ci reçut, en effet, à Coussay, dans les premières semaines du mois d'août 1615, une lettre où le bon évêque de Bayonne se perdait d'abord en compliments infinis : « Si ma plume était autant diserte pour vous extoller selon votre mérite que vous êtes bien puissant pour, par une profonde humilité et grande modestie, vous rabattre vous-même jusqu'au centre de la plus grande inanition que l'on peut imaginer, l'odeur de vos rares et singulières qualités serait plus répandue, à tout le moins en notre France... Mais, n'étant pas de ceux que le sort a voulu produire pour éloquens, il faut que je me contente de vous dire, sans cajolerie quelconque, que vous êtes autant aimable qu'estimable... et que tout ce que vous croyez trouver de bon en moi sera toujours employé uniquement à vous témoigner de mon amour et de mon estime... »

Puis, il en venait au fait, et le fait était au moins des plus curieux. Il n'était question à la cour que de la prochaine conclusion des mariages espagnols. La reine mère se préparait à partir pour Bordeaux On prenait les dispositions nécessaires pour l'arrivée prochaine de la jeune reine : on montait sa maison; on pourvoyait au personnel qui devait l'entourer; il fallait, tout d'abord, nommer son aumônier. On avait mis en avant le nom de l'évêque d'Orléans, Gabriel de l'Aubespine, homme instruit, distingué, appartenant à une excellente famille et soutenu probablement par les Villeroy, ses amis et alliés. Les choses avaient été très loin, puisque le brevet avait été préparé et remis entre les mains de la reine mère. C'est ici qu'il faut laisser parler l'évêque de Bayonne, en débarrassant un peu son langage des aspérités béarnaises : « Vous avez pu reconnaître par une précédente lettre que je ne voudrais, en aucun temps, vous suggérer des persuasions au préjudice de vos amitiés et habitudes, et que je ne serais jamais, si je ne perds le sens, auteur à qui que ce soit de commettre une lâcheté : mais là où, sans crime et sans reproche, je pourrai veiller pour le bien et avancement de mes amis, je serai loué d'une voix commune. Quand je vous écrivis dernièrement en quel état étaient les affaires de cour pour le regard de M. d'Orléans, notre commun ami, c'était lorsque, contre mon avis, l'on tenait ses affaires (c'est-à-dire sa candidature) pour ruinées et du tout perdues, et c'était pour cela que je désirais que vous approchiez de Leurs Majestés pour voir si l'on ne serait pas autant aise de se servir de vous que de toute autre personne de notre robe et condition... Assez tôt après ma lettre, ses affaires furent en bon et désirable train ; on lui expédia même et lui délivra le brevet de retenue du grand aumônier de la reine qui vient. Mais quelle sorte de fortune maligne préside à ses destinées ! Car la reine, avec une vivacité non pareille et colère extraordinaire et bien contraire à sa débonnaireté habituelle, s'est fait rendre le brevet... Or, moi seul et M. de Loménie, qui avait expédié et délivré le brevet, nous avons pu constater la grande satisfaction et, s'il est loisible de le dire, l'apaisement de colère avec lequel elle le fourra dans sa pochette avec un changement de visage et un mouvement si prompt qu'il ne peut y en avoir d'autre cause que ce que dit le poète : *Tantæ ne animis cœlestibus iræ.* »

Au récit de cette scène animée, dont la divulgation n'allait pas sans quelque péril pour un courtisan, l'évêque ajoute que le marquis de Richelieu et lui-même ont pensé qu'il y avait là une occasion à saisir pour frayer le chemin à la candidature de l'évêque de Luçon, et il termine par cette phrase, qui est une preuve de la profonde dissimulation dont Richelieu s'enveloppait même à l'égard de ceux qui travaillaient pour lui : « Monsieur de Richelieu et moi, l'un par nature et l'autre par une ferme résolution de ne mettre jamais à nonchaloir votre service, nous sommes résolus, *contre votre humeur par trop, à l'aventure, stoïque,* de faire la guerre à l'œil pour voir si nous pourrions donner quelque atteinte utile et honorable pour vous. Et ne m'alléguez pas votre bâtiment de Luçon : *nous savons mieux que vous-même, ne vous déplaise, ce qui vous convient pour cette heure.* »

Deux mots suffiront pour faire connaître l'issue prochaine de cette intrigue. L'Aubespine fut écarté, et Richelieu nommé aumônier de la jeune reine. Il devait se servir de cette situation pour pénétrer auprès de Marie de Médicis et pour prendre sur elle l'ascendant qui régla le cours de leurs destinées. Mais ce sont là des conséquences que le bon d'Eschaux, évidemment, ne pouvait prévoir (1).

(1) Aff. Étrang. *Mém. et Doc.* (t. 770, lettre du 30 juillet 1615). — Sur Gabriel de

Cependant Richelieu persévérait dans sa retraite. Il écrivait peu, sauf aux ecclésiastiques et à des personnes édifiantes; il était plongé dans de vastes travaux théologiques; il demandait à son libraire, Cramoisy, des livres d'étude : « J'ai apporté deux livres de Parœus contre Bellarmin, l'un *De amissione gratiæ et statu peccati,* l'autre *De libero arbitrio;* il en reste un troisième du même auteur *De justificatione contra Bellarminum.* » Il lui faut ces livres, d'autres encore, tout ce qui paraît sur ces matières. C'est un docteur grave, penché sur ses papiers, et qui ne relève pas la tête. S'il se déride parfois, c'est toujours en compagnie peu frivole et sur un ton qui sent son évêque résident. Il écrit à Zamet, évêque de Langres : « Je m'imagine que, maintenant, vous ne respirez que sainteté et que tous vos ragoûts sont spirituels... Je souhaite tous les jours que vous soyez si bon courtisan qu'allant à Bayonne, je puisse vous attraper au passage; mais je crains bien que le zèle d'un bon pasteur vous arrête. Si Mgr le nonce fait ce voyage, je perdrai mon latin ou je le régalerai, non selon son mérite, mais selon la portée d'un misérable pays où je m'assure pourtant qu'il trouvera quelque divertissement (1). »

Ou bien encore c'est un terrible coup de boutoir envoyé à quelque officieux intempestif, futur pamphlétaire à ses ordres, qui lui avait donné on ne sait quel sujet de mécontentement. Voyez comme le caractère se découvre et devient brutal avec les inférieurs : « Monsieur, vous auriez raison de vous plaindre de moi et de me comparer aux amis de Job si vous étiez innocent et patient comme lui; mais n'ayant ni l'une ni l'autre de ces qualités, n'appelez pas persécution ce qui n'est que remontrance charitable et fraternelle... Vous n'ignorez pas l'opinion, téméraire je le veux bien, qu'un certain nombre de courtisans ont eue de vos actions, estimant que

l'Aubespine, ses publications et querelles théologiques, voir TAMIZEY DE LARROQUE, *Correspond. de Peiresc* (t. I, p. 25).

(1) Lettre à Cramoisy, mai 1615 (*Correspondance,* t. 1, p. 144); à Zamet, évêque de Langres, juillet 1615 (*Ibid.,* p. 147). — Dans toute cette partie de sa publication M. AVENEL a confondu les lettres provenant du marquis de Richelieu et celles de l'évêque. Il y a là une source d'erreurs qui vient du manuscrit (Bibl. Nat., fonds Sorbonne, 1135), où ces documents ont été conservés en copie par un secrétaire (probablement Le Masle), qui n'a pas su distinguer les lettres des deux frères, probablement parce que les minutes n'étaient pas signées.

ce fut maquerellage d'être ambassadeur du roi Henri IV vers la marquise (de Verneuil), ou de vous entremettre entre lui et Mme de Moret au temps de ses plus fortes passions... Quoi qu'il en soit, l'opinion que l'on a de votre esprit et les charges dont il a plu à la reine m'honorer me défendent d'entreprendre aucune sorte de commerce avec vous, ni de vous en donner avec M. des Roches; mais, usant de charité avec vous, comme j'ai toujours fait, et connaissant que l'humeur peccante qui vous dominait lorsque vous étiez ici abonde encore par trop en vous, je vous conseille de prendre une dose d'ellébore et d'user quelque espace de temps de lait clair pour tempérer cette grande chaleur et rabattre les vapeurs que vos viscères vous envoient au cerveau. » La raillerie est vraiment charmante, et le correspondant de Richelieu devait en goûter tout le sel (1).

La cour cependant s'acheminait vers Bordeaux. Elle venait d'elle-même au-devant de l'évêque volontairement confiné dans sa province. Il boude encore; il attend l'effet de certaines « promesses », auxquelles il devait faire allusion un peu plus tard quand elles furent réalisées. Cependant, il se décide à quitter son prieuré de Coussay et à venir saluer le roi et la reine, quand ils passent tout près de lui, à Poitiers. C'est là, probablement, vers la mi-septembre 1615, qu'il reçut de la reine mère des paroles décisives pour la charge d'aumônier de la future reine. La cour avait été obligée de s'arrêter assez longtemps dans cette ville, en raison d'une légère maladie survenue à la jeune princesse qui allait vers la frontière pour devenir la femme de l'infant. Le roi et la reine prirent même les devants et laissèrent la convalescente à Poitiers. C'est Richelieu qui donne à la reine mère des nouvelles de sa fille, et il le fait dans des termes qui témoignent d'une certaine intimité dans la famille royale (2).

Mais il n'accompagne pas la cour à Bordeaux, et aussitôt qu'elle

(1) *Correspondance* (t. I, p. 137).
(2) La lettre du t. I, p. 148, est, à tort, datée de juillet, par M. AVENEL; elle est du milieu de septembre, ainsi que l'indique la mention de la maladie de Madame. — « Madame retomba malade, à Poitiers, d'un flux de sang. » Cfr. *Journal* d'ARNAULD D'ANDILLY, 14 septembre (p. 116); RICHELIEU lui-même, dit : « Le 27 novembre, Madame eut la petite vérole, à Poitiers. » *Mémoires* (t. I, p. 102).

a quitté Poitiers, il rentre à Coussay ; des correspondants assidus
le tiennent au courant très exactement de tout ce qui se passe dans
le royaume. Son frère était mestre de camp dans l'armée de Bois-
Dauphin (1). Un de ses amis de Poitiers, M. de la Vacherie, réunissait les nouvelles et les lui transmettait, au besoin « par courrier
exprès ». — « Je vois, lui écrit-il, le 15 octobre, par celle dont il
vous a plu m'honorer, que vous êtes en la même inquiétude à la
campagne sur l'état des affaires présentes que nous sommes ici de
quel événement on peut espérer ou craindre. » Puis, ce sont des
détails sur la marche de Condé, sur les protestants, sur M. de Sully,
sur les amis de Richelieu, soit ceux qui se trouvent à la cour, soit
ceux qui sont à Poitiers, comme Duvergier de Hauranne, dont le
nom se retrouve dans ces lettres. Un autre correspondant donne,
de Paris, des nouvelles intéressantes sur les événements qui se pro-
duisent en Angleterre (2).

Vers le début de novembre, Richelieu est toujours mal satisfait.
Il attend avec une visible inquiétude des nouvelles de la cour.
Celle-ci est à Bordeaux, depuis le 1er novembre. Le 4 novembre, le
fidèle La Vacherie lui écrivait encore, répondant à sa pensée :
« Vous me mandez que je sais les raisons qui vous empêchent de
venir ici, que vous demeurez en votre solitude pour être inutile
au public. Je me figure les raisons que vous me dites, et ces mêmes
raisons me feraient hésiter davantage (à vous conseiller de venir),
vu que les affaires ont changé de face depuis votre départ, si d'autres raisons que vous pouvez avoir, plus particulières, ne me faisaient acquiescer à votre solitude... Je dis ceci, Monsieur, pour
savoir ce que vous valez et non que je veuille, par mon insistance,
heurter la solidité de vos résolutions... » Cependant des nouvelles

---

(1) *Mercure françois* (t. IV, p. 211).

(2) AFF. ÉTRANG., vol. 770. Lettre du 29 septembre, adressée à « Monsieur, Monsieur
l'Evesque de Lusson » à Coussay, signée « Lavacherie » ; lettre du même, du 8 octobre ;
lettre du même du 15 octobre ; autre lettre du même jour, détails sur l'attitude de Sully ;
autre lettre du 28 octobre 1615; autre du 29 octobre ; lettre d'un correspondant de Paris
du 1er novembre ; lettre de La Vacherie du 4 novembre 1615 ; du 15 décembre ; lettre de
Duvergier de Hauranne du 25 décembre ; de La Vacherie du 26 décembre, etc. — Cette
correspondance, qui donne la mesure de l'activité d'esprit de Richelieu, pendant cette
retraite affectée de Coussay, contient des détails intéressants sur l'histoire de la campagne des princes et, notamment, sur ce qui se passe en Poitou.

de la cour sont arrivées directement à Richelieu. Il a obtenu enfin
ce qu'il désire : c'est la charge d'aumônier de la jeune reine. La
décision a été prise à Bordeaux, dès le début de novembre. Le
6 novembre, l'évêque écrit à la reine mère; il lui donne force détails sur tout ce qui se passe autour de lui; puis sa reconnaissance
éclate, rejetée avec une indifférence affectée à la fin d'une lettre
d'affaires : « Cependant, je supplierai Votre Majesté de me permettre de lui faire voir en trois lignes que, n'ayant point de paroles
assez dignes pour lui rendre grâces de l'honneur non mérité qu'il
lui a plu encore me faire en mon absence, résistant de son propre
mouvement à ceux qui me voulaient priver du fruit de ses promesses, je dédie toutes les actions de ma vie à cette fin, suppliant
Dieu qu'il accroisse mes années pour allonger les vôtres; que, sans
me priver de sa grâce, il me comble de misères pour combler Votre
Majesté de toutes sortes de prospérités (1). » Que ces paroles sont
ardentes, que ces engagements vont loin, et que tout ce travail
serait admirable, si les succès de l'ambition valaient une pareille
dépense d'effort sur soi-même, de volonté soutenue, et d'artifice !

Le résultat acquis, rien n'est changé, en apparence, dans la vie
de Richelieu. Cette charge ne lui donne, pour le moment, aucune
autorité politique. D'ailleurs, la cour est toujours par monts et par
vaux, empêtrée dans les difficultés du voyage de retour. Le royaume
est dans le plus grand désordre. Toutes les provinces sont en proie
aux hommes de guerre : Rohan n'a pu résister à la tentation; les
protestants soulevés occupent tout le Midi; Condé a passé la Loire,
et Bois-Dauphin n'a pas su l'empêcher de pénétrer dans la région
de l'Ouest, d'où il peut donner la main aux protestants. Le frère
de Richelieu, officier dans l'armée royale, trouve, pour qualifier
la conduite du maréchal, des accents où l'on croirait reconnaître le
vigoureux langage de l'évêque : « J'ai eu tant de honte et de déplaisir d'avoir vu M. le Prince passer la rivière de Loire à la vue de
notre armée, que, depuis cette heure-là, je n'ai pas eu le courage
de vous écrire... sachant bien qu'il ne peut y avoir d'excuse valable
pour justifier cette action et, qu'en telles occasions où il s'agit du

(1) *Correspondance* (t. VII, p. 9).

salut d'un État, de la réputation des armes d'un grand roi, et de
la gloire qu'on y eût particulièrement acquise, les trop grandes
et prudentes considérations doivent être mises sous les pieds...
Malheureusement, les conseils de plusieurs autres aussi bien que les
miens ont toujours été combattus d'une autorité souveraine, et la
volonté que tous avaient de combattre, retenue par ses commandements absolus (1). »

« Autorité souveraine,... commandements absolus, » ces mots
visaient les ordres venus de la cour. Les vieux ministres ne voulaient
pas livrer au hasard d'une bataille le sort de leur politique d'a-
termoiement et de longanimité. Le roi marié, l'opposition des
princes du sang, et notamment du prince de Condé, perdait de ses
chances et de sa force. Ainsi, au début de l'année 1616, les esprits
et les intérêts, tout se portait vers la paix. Les premières propositions du prince de Condé étaient parvenues au roi à Verteuil, chez
un ami de Richelieu, La Rochefoucauld. Les conférences s'étaient
ouvertes à Loudun, à quelques lieues de Richelieu et de Coussay.

L'évêque est évidemment très agité. Les grands intérêts de
l'État se débattent autour de lui, si près ! et pourtant il n'y est pas
mêlé directement. Il cherche une entrée, une voie d'accès près
de ces chambres secrètes où vont se partager les situations, l'influence ; il ne la trouve pas. Ce sont toujours les vieux ministres
qui tiennent la place et qui barrent la route. Villeroy, Pontchartrain, de Vic, de Thou, ont la charge des négociations ; et ils s'occupent bien des ambitions inquiètes de l'évêque, qui, si récemment nommé aumônier de la nouvelle reine, n'est encore un personnage qu'à ses propres yeux !

Avant d'entrer dans le fond du débat, on avait eu beaucoup
de peine à régler les conditions de la trêve. Les troupes de Condé
campées dans le pays se livraient à tous les excès. La mère de
Richelieu, restée dans son château, n'était pas épargnée (2). « Il y a

_____

(1) Lettre à M. Duperron, *Correspond.* (I, p. 153). — M. Avenel lui-même hésite à
l'attribuer à l'évêque. La première phrase semble indiquer qu'elle émane d'un des officiers de l'armée, c'est-à-dire du marquis de Richelieu.
(2) Lettre publiée par l'abbé LACROIX, *Richelieu à Luçon* (p. 139).

quarante ans que je suis dans cette maison, écrit-elle à sa belle-fille, et j'y ai vu passer toutes les armées ; mais je n'ai jamais ouï parler de telles gens ni de telles ruines qu'ils font. A la vérité, j'ai trouvé cela fort rude, car ils n'en avaient jamais logé en ce qui m'appartenait. Encore, quand ils n'eussent fait que vivre honnêtement, l'on ne se fût presque pas plaint ; mais ils rançonnent chacun son hôte et veulent prendre les femmes par force. Je crois bien que la plupart de cette armée-là pensent qu'il est un Dieu, comme font les diables. » Les biens personnels de Richelieu sont également mis au pillage. Il saisit cette occasion, et il écrit aussitôt à Louis Potier de Sceaux, secrétaire d'État, pour se plaindre, pour demander qu'on l'autorise à venir lui-même défendre ses intérêts à Loudun : « Je vous supplie très humblement m'obliger tant que de savoir de Leurs Majestés s'ils ne trouveront point mauvais que j'aille trouver, à Loudun, MM. de Brissac et de Villeroy, pour leur représenter toutes les contraventions aux articles de la trève et faire en sorte que, par leur entremise, je puisse être rétabli en mon bien. »

C'était se glisser par une porte bien étroite : on ne la laissa même pas s'ouvrir devant lui. Il y avait à la cour tout un parti qui commençait à se défier de lui et qui faisait surveiller ses démarches (1). Aussi, en fut-il réduit à envoyer à Tours, où le roi et la reine se trouvaient maintenant, Charpentier, son secrétaire, qui, sous le prétexte de s'occuper des mesures de protection réclamées par l'évêque pour ses terres et pour celles de Mme de Richelieu, devait se mêler aux intrigues et le renseigner, jour par jour, sur les chances d'arriver aux affaires. « Vous qui êtes sur les lieux, lui écrit Luçon, en langage convenu, souvenez-vous que, avant de partir, il faut faire le plus d'efforts que vous pourrez... Je sais que

(1) Voir, dans le tome 770 des Affaires étrangères, la courte correspondance avec de Vic. — Lettres de celui-ci du 6 mars et du 14 mars 1616. On voit bien que Richelieu profite de l'occasion qui lui est fournie pour poser des questions au secrétaire d'État. Mais celui-ci, après s'être étendu sur l'affaire particulière, répond évasivement pour ce qui touche à la politique générale. — Voir aussi la lettre à Sillery, du 8 décembre. *Correspond.* (t. I, p. 157). Mais celle-ci est probablement du marquis. Si elle émanait de l'évêque, elle serait curieuse à rapprocher de la lettre à Charpentier, du 1er février, où la chute des ministres et notamment celle de Sillery est déjà prévue et escomptée.

l'on fait une enquête sur les raisons de votre séjour. Mais vous
en avez une plausible qui doit paraître satisfaisante... On vient de
m'écrire qu'il est question de m'établir en la place d'un grand
colosse froid comme marbre (peut-être Sillery, peut-être Villeroy). Il faut surveiller cela de très près. » Richelieu fait aussi allusion à des amis qui travaillent pour lui : « l'abbé » (probablement
l'abbé de la Cochère) et un personnage très influent « qui peut me
donner grande consolation en mon attente... S'il m'écrit aussi chau-
dement qu'il le fit de Bordeaux, je tiendrai véritablement l'affaire assurée, sachant qu'ils la peuvent, s'ils veulent... » Il s'agit
peut-être de Concini, ou peut-être aussi de Brienne, jeune ministre
qui avait été son correspondant à Bordeaux. Il est aussi question
d'un autre personnage qu'on appelle, assez irrévérencieusement,
« la Lunette » ou encore « cette barbe », et qui « poursuit le patriar-
cat du lieu où vous êtes ». Il me paraît difficile de ne pas reconnaître, à ces indications, Bertrand d'Eschaux qui, dès cette époque,
postulait le siège archiépiscopal de Tours. Richelieu n'a pas l'air
de faire fonds sur l'amitié de ce grand donneur d'eau bénite de
cour (1).

Les vieux ministres étaient condamnés dans l'esprit de la reine
mère, et il n'est pas étonnant que Richelieu, renseigné par ses
amis, se donnât tant de mal pour attirer l'attention sur lui. Mais
l'heure n'était pas encore venue. Villeroy était utile pour mettre
le sceau à la négociation de Loudun. Les princes, disposés à en
finir, discutaient sur deux ou trois points pour vendre plus chèrement leur adhésion finale : c'était la fameuse question de « l'article
du tiers », qui traînait toujours, depuis la session des États généraux, et à laquelle Condé avait attaché une importance théorique,

_____

(1) Voir *Correspondance* (t. I, p. 164). Il faut se méfier de l'annotation de M. AVENEL
qui, au moment où il commençait sa publication, était peu au courant des circonstances
historiques ambiantes et se trompait souvent. — Cfr. *Mémoires de* BRIENNE «... Celui-ci
oublia pour lors ce qu'il m'avoit souvent protesté qu'il vouloit être de mes amis et l'expérience qu'il avoit fait de ma bonne foi, en m'adressant les lettres qu'il adressoit à la
Reine pendant le voyage de Guienne... » Édit. de 1721 (t. I, p. 64.). — Sur Bertrand
d'Eschaux, voir *Mém. du* P. RAPIN, *loc. cit.* — Quant à la petite affaire de la protection
de ses domaines et de ceux de sa mère, elle ne fournit guère qu'un « prétexte plausible » à la présence de Charpentier à Tours. Richelieu la régla directement avec les
chefs des rebelles, Bouillon, Nevers, Condé, auxquels il écrit à ce sujet. Voir *Correspondance* (t. I et t. VII).

destinée à couvrir uniquement ses réclamations d'ordre plus posi-
tif. On parla beaucoup autour de cette question avant de trouver
un terrain d'entente. Enfin le prince, poussé, dit-on, par le Père
Joseph, adhéra à un compromis qui donnait satisfaction au nonce
du pape (1).

Nous avons dit comment une autre question non moins débat-
tue, celle des places de Picardie, fut arrangée par l'habile désintéressement des Concini. Le prince de Condé était malade, dégoûté; son armée se débandait; ses partisans menaçaient de faire
leur paix, l'un après l'autre. Bouillon, satisfait de ce qu'il avait
obtenu, n'avait cure de la foule des réclamants qu'il avait engagés
dans la querelle et qui frappaient à sa porte en désespérés. Condé
signa, le 3 mai : « Que ceux qui m'aiment fassent comme moi! »
s'écria-t-il. Tous ceux qui l'avaient suivi n'avaient pas les mêmes raisons de conclure. Quoiqu'on eût distribué, en dons et gratifications,
plus de six millions de livres, le nombre et l'exagération des demandes étaient tels qu'il fallut renoncer à satisfaire tout le monde (2).

Sur les conseils de Villeroy, la reine avait, une fois encore, cédé
à toutes les exigences personnelles du prince de Condé. Il obtint
la ville et le château de Chinon; en échange de son gouvernement
de Guyenne, celui de Berry, bien plus proche de Paris, avec la
Grosse Tour de Bourges, qui passait pour une forteresse imprenable, plusieurs places à sa convenance et quinze cent mille livres
d'argent comptant. Mais surtout, — grand succès moral pour lui,
— un article secret disposait qu'il aurait effectivement la direction
du conseil royal et le droit de signer. Pour décider la reine, hési-
tante, à faire ce sacrifice qui touchait à l'autorité royale et à l'honneur de la régence, Villeroy lui avait dit : « Que vous importe de
laisser la plume en main à un homme dont vous tenez le bras (3)! »
Elle avait cédé. Mais cette concession et celle qui avait été imposée

---

(1) Cet incident, qui avait passé jusqu'ici inaperçu, a été mis en lumière par
M. FAGNIEZ dans un article paru dans la *Revue historique* et reproduit dans son livre :
Le P. Joseph et Richelieu. Peut-être, le rôle de Richelieu dans cette intrigue de confes-
sionnal a-t-il été un peu exagéré. Cfr. *Mémoires de* RICHELIEU (t. I, p. 107).

(2) « Ils se plaignoient tous que M. le prince avoit pris tout l'avantage pour lui. »
Mémoires de RICHELIEU (p. 110).

(3) DE THOU (t. X, p. 598).

au maréchal d'Ancre à l'occasion des villes picardes l'avaient touchée au cœur. Elle avait soupçonné une connivence entre ses ministres et les princes. Dans le trouble des esprits et des consciences,
ces arrangements étaient habituels.

D'ailleurs, l'attention de la reine était tenue en éveil par des
hommes qui lui donnaient des conseils tout différents. Dolé, il
est vrai, venait de mourir; mais Barbin l'avait remplacé dans la
confiance de la reine et des Concini. On commença par exécuter
Sillery. La chute du pauvre homme fut lamentable. Ayant appris
qu'on faisait venir, de Provence, Du Vair qu'on lui donnait pour
successeur, il avait demandé quelque répit; mais il dut obéir et
remettre les sceaux au roi, en présence de la reine, à Tours, le
28 avril. « Il entra si étonné et si tremblant qu'il fut contraint de
s'appuyer sur Mlle Catherine, femme de chambre de la reine; il se
mit à genoux, pleura et fit, en somme, toutes les actions qui peuvent témoigner un extrême défaut de résolution (1). » On le remplaça par ce fameux Du Vair, foudre d'éloquence, grande vertu,
grande barbe, et capacité médiocre, qui réservait à ses protecteurs
actuels de promptes désillusions. Pour les autres ministres, on attendit encore. Richelieu, qui était aux écoutes, écrit : « L'éloignement du président Jeannin et de M. Villeroy était déjà aussi résolu,
mais ce dessein n'éclatait pas encore, Barbin, à qui la reine avait
donné la charge du premier, ayant cru devoir différer de la recevoir jusqu'à ce que Leurs Majestés fussent de retour Paris et la paix
bien assurée (2). »

Cette période d'incertitude, imposée par la prudence et le sang-
froid de Barbin, dut paraître bien longue à l'évêque de Luçon. La
cour s'éloignait lentement des provinces de l'Ouest. Léonora Galigaï était, depuis plusieurs semaines déjà, rentrée à Paris. Luçon
n'y tint plus : quoique malade encore, il quitta Coussay et vint
à son tour s'installer à Paris, en son domicile de la rue des Mauvaises-Paroles, qu'il avait fait aménager pendant son absence
pour une installation définitive (3).

(1) Cfr. *Journal* d'Héroard (1er mai), et *Journal* d'Arnauld d'Andilly (p. 161).
(2) *Mémoires de* Richelieu (t. I, p. 109).
(3) La rue des Mauvaises-Paroles est mentionnée dans la *Correspondance*. Cette rue

C'est de là que, à peine arrivé, il adresse à la reine mère une
lettre où, pour qui sait lire entre les lignes, apparaissent les divers
sentiments qui l'agitent. Sûr déjà d'une sorte d'intimité, sachant
qu'on apprécie et qu'on recherche ses conseils, il se plaît à les
faire attendre, tout en s'excusant, dans les termes les plus hum-
bles, de ne pouvoir être près de la reine mère et en alléguant des
prétextes de santé : « Le déplaisir que j'en ai est indicible; mais
ce qui me console est la connaissance que j'ai de ne lui être pas
seulement nécessaire (à la reine), mais qui plus est utile, le secours
que Votre Majesté tire en ses affaires de sa propre tête étant plus
que suffisant et le meilleur qu'il puisse y avoir pour les faire
réussir (1). »

IV. — Le ministère Concini-Barbin. — L'Évêque de Luçon devient secrétaire d'État.

Jamais, au contraire, la reine n'avait eu davantage besoin d'être
dirigée.

Par la loi fatale de son intimité avec les d'Ancre, elle était ame-
née à leur abandonner le pouvoir. Mais, en revanche, elle sentait
que, partout, la résistance s'organisait sourdement contre ses favoris. Ce n'était plus seulement le parti aristocratique, vieil adversaire
dont l'inépuisable prodigalité des deniers publics finissait toujours
par avoir raison : c'était l'opinion publique, très montée et dont
l'excitation se traduisait par une véritable grêle de pamphlets;
c'était le peuple, dont les sentiments naturellement hostiles aux
étrangers étaient surexcités par les bruits de magie et de sorcellerie qui circulaient sur les Concini et sur leur entourage, et par une
sorte de campagne mystérieuse où se confondaient la haine du
pouvoir, celle des juifs et celle des Italiens (2).

où a habité Richelieu rejoignait la rue des Lavandières et la rue des Bourdonnais. Elle
a été démolie, lors de la construction de la rue de Rivoli. On peut se rendre compte
de son aspect ancien en visitant aujourd'hui l'étroite rue des Orfèvres et les rues
voisines, qui ont conservé la plupart des vieilles constructions contemporaines des règnes
de Henri IV et de Louis XIII.

(1) *Correspondance* (I, p. 85).

(2) Sur la campagne « antisémite », très vive alors et qui prenait surtout à partie les

Un incident assez peu important en soi, mais grave par l'état d'esprit qu'il révèle, avait découvert, au moment même où Concini touchait à l'apogée de sa fortune, ces dispositions fébriles et nerveuses du peuple de Paris. Le 2 avril, quelques jours après le retour du maréchal d'Ancre, comme il se rendait en carrosse à sa maison du faubourg Saint-Germain, la garde de la porte de Buci l'arrêta, l'ordre étant de ne laisser sortir personne sans passeport. Les gentilshommes de la suite se récrièrent et dirent que c'était le maréchal. Mais la garde tint bon, et le sergent du quartier, un cordonnier nommé Picard, lui dit assez insolemment qu'on ne le connaissait pas et qu'il n'avait qu'à se conformer à la consigne. Concini et ses gens le prirent d'abord de très haut; mais la foule s'ameuta : elle soutint le cordonnier, et le maréchal dut se retirer dans une maison voisine. Richelieu fait observer avec raison « qu'un seigneur français, né dans un climat plus bénin », eût oublié cet incident. Concini, lui, garda au cœur le souvenir de l'affront et le désir de la vengeance. A quelque temps de là, le cordonnier Picard fut attaqué par deux estafiers du maréchal, qui le rouèrent de coups et le laissèrent pour mort sur la place. Les deux hommes furent arrêtés. Le maréchal eût voulu les sauver. Mais le peuple s'émut; les magistrats tinrent bon, et les coupables furent exécutés en place de Grève, le 2 juillet. Depuis cet événement, entre le favori et le peuple de Paris il y avait hostilité déclarée (1).

Des symptômes plus graves encore se produisaient en un point plus dangereux. La reine avait cru reconnaître à de vagues indices que le roi, son fils, n'était plus le même à son égard. Affectueux, il ne l'avait jamais été. Mais il semblait que, de jour en

médecins et les astrologues et, notamment, Montalto, médecin de la reine mère et de Léonora Galigaï, et Côme Ruggieri, leur astrologue, voir *Mercure françois* (t. IV et suiv.). — BAYLE au mot *Dacquin* (I, 278 A). — Cfr. un curieux passage des *Dépêches de* CONTARINI (vol. 1768, f° 3). — Les Juifs étaient visés dans les remontrances du parlement d'avril 1615 et dans le manifeste du prince de Condé. Des lettres patentes du 23 avril 1615, leur enjoignirent de « vuider le royaume un mois après la publication de ces lettres ». Quant à la haine contre les Italiens, elle était si vive, qu'on inséra un article contre les étrangers dans la paix de Loudun. LEVASSOR (I, p. 505.) — Cfr. *Mercure françois* (t. IV, p. 120).

(1) L'incident est très connu. Voir notamment *Mémoires de* RICHELIEU (t. I, p. 113), et *Journal* d'ARNAULD D'ANDILLY (p. 153).

jour, il perdit quelque chose de son respect et de sa déférence. Il grandissait. L'enfant taciturne devenait un adolescent dissimulé et froid.

Pourtant, on avait, avec une application soutenue, écarté de lui tout ce qui pouvait l'inciter à exercer prématurément son métier de roi. Saint-Simon, écho des souvenirs de son père, traduit en quelques lignes, peut-être un peu trop énergiques, l'impression que cette éducation avait laissée à Louis XIII lui-même : « Il fallait, à cette régente, un fils qui n'eût que le nom de roi et dont la majorité ne troublât point la puissance de ses favoris. Aussi fut-il élevé avec les précautions les plus convenables à remplir leurs vues et conséquemment les plus nuisibles au prince. On le laissa croupir dans l'oisiveté, dans l'inutilité et dans une ignorance si parfaite de tout, qu'il s'est souvent plaint à mon père, dans la suite, en parlant de son éducation, qu'on ne lui avait même pas appris à lire. On eut soin d'écarter toute cour de lui. C'était un crime si connu et si redouté d'approcher seulement de son appartement, qu'il ne s'y voyait que quelques valets bien choisis par ceux de sa mère et qu'on changeait dès l'instant que les inquiétudes de ceux qui gouvernaient la reine prenaient le plus léger ombrage (1). »

Comme gouverneur et comme précepteur, le roi avait eu, en quelques années, le maréchal de Souvré, vieux soldat loyal et droit, mais qui paraît avoir été de peu de moyens et d'influence médiocre; un poète bel esprit, Vauquelin des Yveteaux, renvoyé de bonne heure; un vieil helléniste qui lui faisait expliquer l'*Institution de l'empereur Basile,* et un autre savant modeste, M. Fleurance. Tout ce monde avait reçu un seul mot d'ordre : laisser le jeune roi s'abandonner à des divertissements qui prenaient tout son temps.

Sa principale occupation était la chasse. Il chassait le lundi, le mercredi et le samedi; « et s'il n'y avait point d'empêchements importants, il chassait aussi les autres jours », dit naïvement le

(1) *Parallèle entre les trois premiers rois Bourbons,* publié par P. FAUCÈRE; Hachette, in-8° (p. 8). — TALLEMANT dit que Marie de Médicis n'avait pas embrassé son fils une seule fois pendant toute la Régence. — Voir, en sens contraire, ZELLER, d'après les ambassadeurs florentins, *Minorité de Louis XIII* (p. 126-130). — Cfr. *David Rivault de Fleurance et les autres précepteurs de Louis XIII,* par l'abbé ANIS; Picard, 1893.

narrateur des hauts faits de sa fauconnerie, le sieur d'Esparron.
Ses oiseaux au poing, ou galopant derrière ses meutes, il battait,
par tous les temps, les plaines et les forêts des environs de Paris.
Nous pouvons en croire encore le sieur d'Esparron, quand il affirme
que « jamais on ne chassa si bien au vol en France, et que jamais
roi n'eut de si bons oiseaux, que, de toutes parts, on lui apporte, sachant comme il les aime ». Dès 1610, Louis, encore dauphin et âgé
seulement de neuf ans, écrit à sa petite sœur, Madame, ce billet
vraiment bourbonien : « *Ma sœur, je vous envoie deux piés, l'un*
de loup et l'autre de louve, que je pris hier à la chasse. Je courray
après dîner le cerf, et j'espère qu'il sera malmené, et demeurerai
vostre bien affectionné frère : Louis. » Nous verrons qu'il en écrivait de tout semblables à Richelieu trente ans plus tard (1).

Quand il ne chassait pas, le roi se divertissait à d'autres exercices
non moins importants : il attelait ses chiens à de petits canons, il
faisait des massepains ou d'autres pièces de cuisine. Nous parlons
toujours, bien entendu, du roi majeur et âgé de seize ans. Pour les
temps de pluie, il s'était fait organiser tout un vol de petits faucons
et de pies-grièches, dressés à prendre les petits oiseaux qu'on
lâchait dans les appartements et galeries. On sait que ce fut l'origine de la faveur de Luynes. Il faut laisser parler encore Saint-
Simon : « M. de Luynes fut l'unique courtisan qui put avoir leur
attache (des Concini) pour amuser l'ennui du Dauphin, toujours
enfermé dans son appartement, et qui eut assez d'adresse pour se
maintenir dans la liberté de l'approcher. Ils ne craignaient ni ses
alliances ni ses établissements; il eut la souplesse de les rassurer
sur son esprit et sur l'usage qu'il en pourrait faire; il fut ainsi très
longtemps l'unique ressource du jeune prince dans sa réclusion
et les duretés sans nombre qu'il éprouvait. »

Dans cette enfance prolongée, le roi conservait une douceur, une
docilité, une soumission qui eussent trompé des esprits moins prévenus que ceux de la reine et de son entourage, si l'on n'eût déjà
vu percer en lui deux qualités royales, que ce système d'éducation
avait plutôt contribué à développer : le secret et la dissimulation.

----

(1) Voir surtout le *Journal* d'Héroard, *passim*, et Armand Baschet, *le Roi chez*
la Reine (p. 71). Cfr. *Mémoires de la Régence* (p. 17) et Zeller (p. 130).

On ne savait pas au juste ce qu'il y avait dans ces longues bou-
deries qui éclataient parfois en des crises de colère allant jusqu'à
l'épilepsie.

Vers la fin de 1615, l'ambassadeur vénitien résumait sa propre
impression dans ce tableau vigoureux où tous les traits sont habilement ramassés : « Quant au roi, on s'applique à le porter le moins
qu'il se peut aux affaires; avec des apparences contraires, les
ministres le laissent se perdre dans des jeux d'enfants, oiseaux,
chiens et autres frivolités; on lui laisse tout le loisir d'aller à la
chasse, qu'il adore... Aussi on remarque qu'il ne favorise que les
gens de basse extraction... Tous ceux qui l'entourent dépendent
entièrement de la reine mère, qui les choisit, autant que possible, de capacité médiocre et de peu d'esprit, crainte qu'ils ne
suggèrent au roi des pensées viriles. Aussi, il reste dans l'obéissance et le respect; l'autorité de la reine est entière et va plutôt
croissant. Son fils ne parle, n'agit, ne commande que par elle.
Le roi n'est, d'ailleurs, pas sans mérite; il a de la promptitude, de
la vivacité. Il promettrait beaucoup si son éducation avait été meil-
leure, et s'il eût eu l'esprit plus enclin aux choses sérieuses (1)... »

Cependant, cette éducation qui avait été si négligée, cette pro-
longation de l'enfance ménagée avec tant d'art, cette incapacité
de s'appliquer aux choses sérieuses dont on se réjouissait dans
l'entourage de Marie de Médicis, abandonnaient le jeune roi à des
influences qui, négligées tout d'abord, formèrent bientôt l'écueil
sur lequel devait échouer la fortune politique de la reine mère et
de Concini. Depuis quelque temps déjà, on se rendait compte que
les conseils de Luynes s'étendaient au delà de « la petite volerie »
et des pies-grièches.

Cette histoire des Luynes est un véritable conte de fées. Luynes,
Brantes et Cadenet, trois frères provençaux, avaient hérité de
leur père, brave capitaine dans les troupes du roi Henri, trois
choses : une petite seigneurie, située entre Aix et Marseille, nommée
Luynes, « et elle était si petite qu'on disait qu'un lièvre la franchissait d'un bond, plusieurs fois par jour » ; une métairie chétive

(1) Vol. 1768, f° 4.

nommée Brantes, « assise sur une roche et où le père avait fait
planter une vigne » ; enfin une île nommée Cadenet « que le
Rhône avoit quasi toute mangée et qui disparaissait, de temps à
autre, par le cours du fleuve, pour être remplacée par une autre
qu'on appelle Limen. » A la mort de leur père, les trois frères se
partagèrent ce fantastique héritage et vinrent à la cour. Ils étaient
très adroits aux exercices, jouaient bien à la courtepaulme et au
ballon. L'aîné fut page du comte de Lude, puis introduit auprès
du roi Henri IV par un favori propre à tous les services, La Varenne.
Il plaisait par sa jolie figure, sa tenue modeste, son esprit discret
et mesuré. Il obtint une pension de quatre cents écus, sur laquelle
il nourrit ses deux frères : ils étaient unis, tous trois, d'une amitié
si tendre qu'on ne pouvait s'empêcher de les admirer et de les
aimer (1).

Après la mort de Henri IV, quand le nouveau roi vint à grandir, on commença à s'occuper de ses relations journalières ; il
les choisissait généralement assez mal : un soldat nommé Haran ;
un « plat pied » de Saint-Germain en Laye, nommé Pierrot « qui
lui faisoit passer le temps et lui fournissoit des moineaux ». Puisque
le roi décidément n'avait de goût que pour cet ordre d'amusements,
on pensa qu'il fallait en confier le soin à quelqu'un de plus relevé. M. de Vitry, capitaine des gardes du roi, songea à placer là une
de ses créatures, un soldat des gardes, nommé La Coudrelle, « qui
entendait fort bien la fauconnerie ». Mais le gouverneur du roi,
M. de Souvré, averti à temps, contrecarra cette intrigue, et, pour
mettre en cet endroit un homme qui lui aurait toute l'obligation,
il jeta les yeux sur Luynes (2). Le roi avait déjà paru s'attacher à
lui. En raison de la grande disproportion des âges, de l'origine
modeste, des relations et des moyens médiocres, le personnage
ne paraissait point dangereux (3).

---

(1) *Mémoires de* Richelieu (t. I, p. 74). Cfr. Victor Cousin, *le Duc et connétable
de Luynes*, dans le *Journal des Savants*, 1861 et suiv., et Mme *de Chevreuse*, Didier,
in-12°.

(2) Montpouillan, dans ses *Mémoires*, imprimés dans le tome IV des *Mémoires de*
La Force, donne une version un peu différente des origines de la faveur de Luynes, à
laquelle il prétend avoir eu la plus grande part (t. IV, p. 20 et suiv.).

(3) Fontenay-Mareuil.

Or, justement, les qualités qui avaient dicté le choix de l'entourage de Marie de Médicis furent celles qui gagnèrent le cœur du roi. Ce tempérament calme, prévenant et doux, cette maturité indulgente convenaient à l'enfant qui n'avait pas été élevé et dont la nature, à la fois peu communicative et faible, avait besoin d'être soutenue et dirigée. Il trouvait donc quelqu'un à qui parler, sans avoir à rougir de son bégaiement, qui voulût bien s'amuser de ses amusements, une épaule où s'appuyer tandis qu'il s'acheminait, d'un pas si hésitant, vers la virilité. Il s'abandonna, en toute âme et confiance, à ce seul ami qu'on lui laissait. Son inexpérience ne lui permettait pas de découvrir le calcul qui pouvait se cacher sous ces apparences charmantes. Bientôt, il ne put plus se passer de Luynes. Il l'adorait. La nuit, il rêvait de lui; il en avait la fièvre : *Luynes! Luynes!* criait-il, à la grande surprise d'Héroard, qui se penchait sur le lit de l'enfant pour suivre, jusque dans le sommeil, les progrès de cette étrange affection (1).

Bientôt ce fut une question pour la reine mère de voir s'il était préférable d'engager la lutte contre Luynes et de le briser avant qu'il fût devenu plus fort, ou bien s'il valait mieux le combler, pour gagner sa gratitude. On prit ce dernier parti; c'est celui des âmes faibles, et il vient d'une connaissance bien incomplète du cœur humain : les bienfaits nourrissent les ingrats (2).

En 1614, Luynes reçut le gouvernement de la ville et du château d'Amboise, qui fut retiré au prince de Condé. Pendant le voyage de Guyenne, le roi ne le quittait pas; il marchait, par les chemins, avec ce seul compagnon, galopait et chassait avec lui. Il l'envoya au-devant d'Anne d'Autriche, avec mission de présenter à celle-ci, « comme son confident serviteur », les hommages du jeune mari. Au retour, Louis XIII avait plus d'yeux pour son ami que pour sa femme. Il voulut s'arrêter trois jours, chez Luynes, à Amboise; il y parut satisfait et ravi de tout. « Le 9 février, il faisait un extrême froid; le roi chassait le héron, et tant qu'il était

(1) *Journal* d'HÉROARD. — Voir aussi ARMAND BASCHET, *le Roi chez la Reine.*
(2) Je suis le récit de Richelieu, renseigné journellement par les confidences de Barbin (t. I, p. 117). Il est, d'ailleurs, presque toujours confirmé par ARNAULD qui prenait part aux conseils et qui écrit au jour le jour.

à Amboise, la campagne a été sa chambre et son cabinet (1). »

Après la rentrée à Paris, l'intimité fut plus grande encore, constante. L'habile favori jouait un jeu très couvert, poli, obséquieux auprès de tout le monde. On le voyait, dans les coins, parlant à voix basse avec le roi. Le soir, il restait seul près de son lit et l'entretenait longtemps. Pourquoi ces interminables tête-à-tête? Que se disaient-ils? Autour d'eux, des confidents peu nombreux, les deux frères Brantes et Cadenet, des amis très sûrs, s'ils savaient quelque chose, gardaient bien le secret.

Ainsi, au moment où la reine se croyait le plus assurée de son autorité, au moment où Concini admis, recherché, entouré, mettait la main sur le gouvernement, au moment où les adversaires de l'un et de l'autre prenaient le parti de désarmer, on sentait remuer dans l'ombre quelque chose de nouveau qui entretenait l'inquiétude dans les âmes. La reine, incapable de dissimuler ses sentiments, étouffait.

Ses amis, ses confidents, parmi lesquels Richelieu apparaît dès cette époque, lui conseillaient d'en avoir le cœur net (2). Elle alla donc trouver son fils et lui mit le marché à la main : « Elle avait fait de son mieux pour le conduire jusqu'à sa majorité; maintenant qu'il était majeur, marié, elle se considérait comme hors de charge; elle demandait au roi de venir avec elle au parlement pour lui donner, en séance solennelle, à la fois le quitus de l'administration du royaume et le congé dont elle voulait jouir pour terminer ses jours dans le repos. » Elle avait même fait traiter l'achat de la principauté de la Mirandole où elle disait vouloir se retirer. De la part de la reine, cette offre était un jeu; elle savait bien « que le roi ne la recevroit pas et qu'elle feroit, en son esprit, l'effet qu'elle désiroit qui étoit de lui ôter la créance qu'elle eût un désir démesuré de continuer son gouvernement, quoique au fond, elle y fût portée par ambition particulière, non pour le bien du service, ou que la nécessité publique le requît. » Mais le fils fut plus habile que la mère : « Quelque insistance qu'elle pût faire, il ne voulut jamais lui accorder de quitter le gouvernement des affaires; » en revanche,

(1) ARNAULD D'ANDILLY (p. 166-175).
(2) *Mémoires de* RICHELIEU (t. I, p. 170).

« il ne s'ouvrit pas à elle du mécontentement qu'il commençait à
avoir du prodigieux élèvement du maréchal d'Ancre; il l'assura
qu'il était très satisfait de son administration et il ajouta, en forme
de réponse aux reproches indirects qu'elle avait adressés à Luynes,
que personne ne parlait d'elle qu'en des termes convenables à sa
dignité. » Luynes était présent à l'entretien et le roi lisait ses paroles dans les yeux de son ami. La reine ne sut pas pousser à fond
son attaque. Au point où en étaient les choses, il eût fallu chasser
Luynes.

Après s'être découverte, Marie de Médicis ne sut que se plaindre et verser des larmes. Elle fut trop heureuse de se prêter
à une réconciliation feinte et de ressaisir cette autorité que le
roi, d'autre part, n'osait pas encore lui retirer.

Vers le milieu de l'année 1616, tous les personnages du drame
qui allait se dérouler étaient présents à Paris. La reine mère y
était arrivée le 11 mai; elle avait fait sa rentrée, à la nuit tombante, sans bruit. Le roi et la jeune reine, au contraire, avaient été
reçus avec pompe et au milieu d'un grand concours de peuple,
le 16 mai. Les Concini étaient revenus dès le mois de mars et, si
le maréchal s'était absenté quelques jours pour se rendre vers
ses places de Picardie, il devait regagner Paris le 6 juin. Luçon
était parti, en avril, de son prieuré de Coussay et s'était installé
dans son domicile de la rue des Mauvaises-Paroles. Quant à Luynes,
il ne quittait pas le roi.

Avec cette rentrée générale, coïncide la disgrâce des vieux ministres, si longtemps suspendue, maintenant arrêtée définitivement. Comme nous l'avons vu, on avait commencé par Sillery.
Le 16 mai, jour même de la venue du roi à Paris, le président
Du Vair avait reçu les sceaux. Huit jours après, ce fut le tour du
président Jeannin. On lui laissa sa place dans le conseil et le titre
de surintendant; mais il fut remplacé dans la direction effective
des finances par Barbin, qui prit le titre de contrôleur général et
qui fut mis à la tête des intendants. Avec Villeroy, ce fut un peu
plus difficile; sentant sa disgrâce approcher, décidé à faire tête
et à ne céder que devant un ordre formel, il s'était retiré dans sa
maison de Conflans. La reine le fit venir. Il lui représenta « qu'il

y avait cinquante-quatre ans qu'il faisait sa charge, qu'il avait
encore assez de force et de courage pour la faire aussi bien que
jamais, que c'était sa charge, qu'il n'était nullement en humeur
de se départir. » Mais la reine lui dit, en son italien : *Lo voglio*. Il
répliqua encore très fermement; puis il partit. Mangot lui succéda;
Villeroy refusa d'entrer en relations avec lui (1).

Le ministère ainsi reconstitué était entièrement dévoué à Marie
de Médicis et au maréchal d'Ancre. Jamais la reine et son favori
n'avaient joui d'une autorité plus absolue. Il ne restait plus qu'une
difficulté sérieuse : savoir sur quel pied on traiterait avec le prince
de Condé et ses adhérents qui, la paix de Loudun une fois signée,
étaient restés à bouder dans leur province. On pouvait hésiter entre
deux procédés : ou se maintenir dans l'esprit de la convention de
Loudun, les traiter doucement, les attirer à la cour, tâcher d'obtenir leur adhésion aux transformations qui venaient de se produire; ou user de rigueur, profiter de leur faiblesse actuelle et de
la dispersion de leurs troupes pour en finir une bonne fois avec
cette opposition toujours renaissante. Parmi les hommes énergiques qui entouraient la reine, plus d'un s'était déjà prononcé
pour ce dernier parti. Cependant les conseils pacifiques l'empor-
tèrent et on résolut d'user, encore une fois, des voies de la douceur.
L'évêque de Luçon fut envoyé vers M. le Prince, qui était allé en
Berry prendre possession de son gouvernement, pour négocier son
retour à Paris. Ce fut la première affaire d'État qu'eut à traiter
Richelieu.

Quelle que fût sa fidélité, et notamment à l'égard de la reine
mère, l'évêque s'était toujours ménagé certaines intelligences
du côté de M. le Prince. Au début de l'année 1616, alors que les
troupes de celui-ci menaçaient ses domaines et ceux de Mme de
Richelieu, il lui avait écrit sur le ton le plus déférent et lui
avait demandé sa protection pour ceux qui « n'ayant que des
prières pour armes, n'ont que des armes de paix ». Aussitôt la
paix de Loudun signée, Richelieu avait encore écrit au prince
pour le féliciter des avantages que lui avait rapportés sa rébel-

(1) *Journal d'*ARNAULD D'ANDILLY.

lion : « Je ne puis que vous témoigner la part que je prends au contentement qu'il a plu au roi de vous procurer; je vous prie de croire que nul n'en a été touché plus profondément que moi, l'affection que j'ai à votre service ne me pouvant permettre de céder à qui que ce soit le titre que je me conserverai soigneùsement toute ma vie de votre très humble serviteur. » Il entretenait aussi, avec certaines personnes de l'entourage de Condé, des relations destinées probablement à lui concilier l'esprit de celui-ci. Quoiqu'il paraisse avoir été, en ce moment, en rapports moins intimes avec le Père Joseph (1), peut-être recourait-il parfois à l'intermédiaire de Du Tremblay, frère du capucin et confident de M. le Prince. En tout cas, son ami La Vacherie s'était abouché avec un certain Vidard de Saint-Clair, Poitevin, homme besoigneux et quémandeur que Richelieu tenait en haleine par des promesses de place et d'argent.

On pouvait donc penser que l'évêque serait bien accueilli à Bourges, quand il viendrait y apporter non seulement les paroles de la reine mère, mais aussi les offres de service des Concini. Luçon, en effet, avait reçu mandat de parler au nom du maré-

(1) Ce fait résulte de la lettre par laquelle Richelieu a repris ses relations avec le P. Joseph, après la disgrâce qui suivit la mort du maréchal d'Ancre, et aussi des positions différentes prises par les deux amis : l'évêque de Luçon très dévoué à la reine et aux Concini, les du Tremblay, au contraire, attachés au prince de Condé et au duc de Nevers. Voici le passage de la lettre en question : « Mon père, je veux vous témoigner par cette lettre que j'ai de la confiance en vous, puisque, bien qu'il y ait *plus d'un an et demi* que nous ne nous soyons vus, je veux vous écrire avec la même franchise que si nous n'avions bougé d'ensemble. » Plus d'un an et demi. Cette lettre étant écrite en septembre 1617, cela reporte la dernière entrevue et, probablement, les dernières relations entre les deux amis, en février ou mars 1615. Cette date est antérieure à celle du retour de Richelieu à Paris. C'est la période où il se morfondait dans son prieuré de Coussay. Or, vers le début de mars 1615, le P. Joseph était à Loudun. On peut fixer à peu près sûrement à cette date l'époque du dernier entretien qui avait dû laisser, des deux parts, une impression assez pénible, puisqu'ils restèrent plus de dix-huit mois sans s'écrire et, qu'en reprenant la correspondance, l'évêque de Luçon dit : « Je veux témoigner la confiance que j'ai en vous, etc. » Il convient d'ajouter, cependant, qu'au moment où Luçon alla à Bourges, il se servit, ainsi qu'il est dit au texte, comme intermédiaire auprès du prince de Condé, d'un certain Vidard de Saint-Clair à qui il écrit : « Je ne veux pas oublier à vous dire que quelques-uns sont fâchés de l'entremise bâtie par le bon Père pour l'intelligence et union de Leurs Majestés et de Mgr le prince. » AFF. ÉTRANG. (t. 770, f° 148). La main du P. Joseph se retrouve ici, parce qu'il s'agissait d'un rapprochement qui, d'ailleurs, ne fut pas durable; les deux amis se séparèrent de nouveau jusqu'à l'époque où Luçon, tombé du pouvoir, crut devoir recourir à l'intervention du capucin.

chal d'Ancre et de sa femme. Ceux-ci, guidés probablement par
Barbin, pensaient qu'au moment où ils éloignaient les vieux ministres, ils avaient tout intérêt à se rapprocher des princes et à les
satisfaire, du moins momentanément, pour donner à la France,
fatiguée des dissensions de cour, le spectacle de la paix et de l'u-
nion autour du gouvernement de la reine mère.

Dès l'époque du retour de la reine, Luçon avait commencé, par
lettres, cette négociation où il servait d'intermédiaire entre les
deux parties : « J'ai communiqué le contenu de vos lettres à la reine
et lui ai représenté de nouveau autant qu'il m'a été possible la sincérité de votre affection, » écrivait-il au prince. « Madame la
maréchale ne s'oublie pas de solliciter le règlement des affaires
restées en suspens, désirant comme elle le fait, avec passion, votre
présence à la cour... » « Je vous dirai, Monseigneur, sans crainte
de m'avancer trop, que vous trouverez Leurs Majestés mieux dis-
posées que vous ne sauriez vous l'imaginer, et vous avouerai
que Mme la maréchale vous y a soigneusement et fidèlement servi,
comme sans doute elle désire le faire en toute occasion (1). » Sur
ces premières indications, Condé se décida à envoyer à Paris sa
mère, la princesse de Condé douairière, et son favori Rochefort,
pour tâter le terrain. Cependant les choses traînaient en longueur.
Les lettres qu'écrivait le prince étaient contradictoires; « ce qui fit,
nous dit Richelieu lui-même, que, pour démêler ces fusées, la
reine me dépêcha vers lui, croyant que j'aurais assez de fidélité et
d'adresse pour dissiper les nuages de la méfiance que de mauvais
esprits lui donnaient d'elle contre la vérité (2). »

Dans ce rapide voyage, Luçon aborda avec le prince toutes les
questions restées pendantes. Il parla au nom de la reine d'abord et
donna les assurances nécessaires sur sa bonne foi, son désir sincère
de voir le prince revenir à la cour; il insista sur l'autorité que la
présence du premier prince du sang apporterait aux résolutions du
conseil. Il parla ensuite au nom de la maréchale d'Ancre, et dit
que celle-ci promettait solennellement d'employer l'influence
que son mari et elle pouvaient avoir sur la reine à maintenir le

_____

(1) *Correspond.* (t. VII, p. 319).
(2) *Mémoires* (t. I, p. 112).

prince en ses bonnes grâces; il exposa les motifs qui avaient décidé le renvoi des vieux ministres. Le prince de Condé, en demandant seulement quelques compensations pécuniaires pour Villeroy, approuva le changement et le choix de Mangot et de Barbin. On régla enfin la question de la présence du prince dans les conseils. Celui-ci s'engagea à garder le secret sur les affaires de l'État; en échange, on promit de les lui soumettre sans réticence.

Toutes les objections de Condé furent écartées ou satisfaites. Il se laissa gagner par ce flux de protestations, de flatteries et de promesses verbales. Sans même consulter ses amis et conseillers habituels, du Maine et Bouillon, il s'engagea à regagner la cour, et, le 17 juillet, il rentrait à Paris (1).

Maintenant on le tenait. Fidèle, il ajoutait, par sa présence, à l'autorité restaurée de la reine mère; insoumis ou seulement incertain, on n'avait qu'à lever la main pour le réduire à l'impuissance. Les nouveaux ministres inauguraient, par ce coup d'adroite politique, l'ère dans laquelle entrait le gouvernement de Marie de Médicis. Quant à l'évêque de Luçon, il gagnait d'emblée ses éperons d'habile négociateur et de politique prévoyant.

Une fois Condé à Paris, l'incompatibilité des situations et des caractères apparut, et le duel s'engagea rondement. Le prince réunissait autour de lui toutes les forces de l'opposition. Les concessions qu'on lui avait accordées à Loudun lui donnaient une autorité qui tenaient en haleine tous les esprits insoumis. Il était admis dans le conseil et le dirigeait effectivement. Le garde des sceaux Du Vair le secondait sous main : « Le Louvre étoit une solitude, sa maison étoit le Louvre ancien. On ne pouvoit approcher de sa porte pour la multitude du monde qui y abordoit. Tous ceux qui avoient des affaires s'adressoient à lui. Il n'entroit jamais au conseil que les mains pleines de requêtes et mémoires qu'on lui présentoit et qu'il faisoit expédier à sa volonté. »

Plein de son triomphe, Condé se montrait arrogant, bavard, présomptueux; mais il avait près de lui un compagnon autrement redoutable pour la cour, un homme qui le modérait, le calmait

(1) *Mémoires de* RICHELIEU (t. I, p. 115).

et donnait quelque fermeté à son cœur toujours vacillant : c'était Bouillon, conspirateur tenace, esprit adroit et ingénieux, qui passait sa vie à exciter la discorde et qui nageait dans la rébellion (1). Le duc de Mayenne, le duc de Longueville, étaient, bien entendu, de la partie. Si le chef des protestants, Rohan, se tenait coi, en revanche on avait trouvé moyen de détacher du parti de la reine jusqu'au duc de Guise.

Nevers, toujours fou, se trouvait offensé de l'intérêt poli, mais froid, qu'on portait à son rêve de croisade et se mettait aussi à bouder. Tous les anciens ministres, y compris Sully, fomentaient la discorde et attaquaient le pouvoir qu'ils avaient si longtemps servi. L'opposition avait d'autres appuis non moins redoutables : le Parlement, où des esprits bilieux comme le président Le Jay échauffaient les jeunes têtes; le peuple de Paris, qui était en train de se faire un héros du cordonnier Picard. Ces dispositions hostiles à l'égard du gouvernement de Concini se répandaient jusque dans les provinces, et, le 15 août, à Péronne, le peuple, chassant le gouverneur, avait remis la cité aux mains du duc de Longueville. Du dehors, les princes étrangers, engagés contre la maison d'Espagne, soutenaient les réclamations de Condé (2).

Ainsi, de toutes parts, venaient vers celui-ci des encouragements et des secours qui exagéraient sa confiance en ses forces et exaspéraient ses ambitions. Il était le vrai roi de Paris, vivait d'une vie, à la fois désordonnée et crapuleuse, qui ne lui laissait ni le temps de réfléchir, ni la liberté d'esprit nécessaire pour agir au moment opportun. Autour de lui, ses compagnons de débauche criaient à l'étourdir. Dans un de ces banquets, un mot fut pro-

(1) Voir LAUGEL, le Duc de Bouillon, d'après les documents inédits. Revue des Deux-Mondes (déc. 1876, janvier 1877).

(2) Le récit circonstancié de toutes ces intrigues encombre les Mémoires du temps. Il faut être au courant des moindres détails pour goûter l'admirable page de psychologie politique qui se trouve dans les Mémoires de RICHELIEU (t. I, p. 114). Comme force d'analyse et comme pénétration, cela dépasse de beaucoup ce que l'on vante le plus dans la Chartreuse de Parme; le passage commence par ces mots : « Car, première-ment, ils ruinaient le service de Leurs Majestés... » Je crois devoir ajouter que cette indication n'est pas à l'adresse du lecteur superficiel. — Cfr., d'ailleurs, Journal d'AR-NAULD (p. 188), FONTENAY-MAREUIL (p. 83-85, 103), et la Correspondance de CONTARINI pendant toute cette période. — Pour l'affaire de Péronne, voir Une Révolte à Péronne sous le gouvernement du maréchal d'Ancre, par ALFRED DANICOURT, 1885, in-8°.

noncé qui, sous une apparence énigmatique, pouvait cacher un
sens redoutable : *Barrabas*. Chacun l'interpréta à sa façon, les uns
se contentant d'y voir une insulte à l'adresse du ministre Barbin,
selon le mot de l'Évangile : « *Erat autem Barrabas latro;* » mais le
plus grand nombre affirmaient qu'il fallait dire « barre à bas », et
que ces mots visaient la suppression de la « barre » qui, dans les
armes des Condé, est le signe de la branche cadette : la branche
aînée écartée, l'écusson aux fleurs de lys devait appartenir uniquement au prince. Condé lui-même disait sans mystère « qu'il ne
lui restait plus qu'à ôter le roi du trône et à se mettre à sa
place » (1).

Cette agitation, ces violences et ces ambitions avaient un point
de mire avoué et commode : les Concini. Ceux-ci avaient échoué
dans la tentative de rapprochement qui avait suivi la paix de
Loudun. De part et d'autre, les haines s'étaient exaspérées. Dans
l'entourage de Condé, on parlait couramment de l'assassinat du
maréchal d'Ancre (2). On vivait dans une atmosphère de délations
et de menaces réciproques. On s'habituait à l'idée qu'on était à la
merci d'un coup de main; on s'apprivoisait avec le péril. Un
jour que le maréchal alla visiter seul le prince de Condé, qui recevait l'ambassadeur d'Angleterre, les hommes du prince vou-
lurent faire le coup. Ils attendaient un signal que leur maître n'osa
donner. Concini, averti, se tira promptement du piège et sortit
en narguant assez crânement ceux qui le menaçaient (3).

Au fond du cœur, pourtant, lui et sa femme étaient troublés.
Vers le milieu du mois d'août 1616, « ils dirent à Barbin qu'ils
étaient désespérés, qu'ils voyaient bien que tout était perdu pour
le roi et pour eux; qu'ils voulaient l'un et l'autre se retirer à
Caen, et de là, par mer, s'en aller en Italie; que plût à Dieu!
fussent-ils dans une barque au milieu de la mer pour retourner
à Florence ».

Barbin lui remonta un peu le cœur. Mais, peut-être commençait-

(1) Voir *Mémoires de* RICHELIEU (p. 120) et FONTENAY-MAREUIL (p. 106). *Journal
d'*ARNAULD (p. 191).

(2) Sur toute la série des complots pour tuer Concini vers le milieu de 1616, voir
LEVASSOR (t. I, p. 534-537).

(3) Cfr. RICHELIEU et ARNAULD (p. 191).

il à vouloir se dégager du poids énorme dont l'impopularité du
favori entravait sa politique. Il conseilla au maréchal et à sa femme
de s'absenter pour quelque temps, « afin que les princes ni les
peuples ne pussent prendre leur prétexte accoutumé sur eux ». Le
départ fut donc décidé, au moins pour la Normandie. Mais, au moment de monter en litière, la maréchale, — comédie ou faiblesse,
— fut prise d'un évanouissement. Il fallut surseoir au voyage. Le
maréchal voulait partir quand même; sa femme le retint et ne lui
permit qu'une courte absence. Ils restèrent en France.

Parmi toutes ces difficultés, les conseillers de la reine n'avaient,
pour se soutenir, que leur courage. Mais leur âme ne faiblit pas un
instant. Comme le dit Richelieu, qui était au courant de tout,
« le conseil était composé de personnes portées, avec passion, à l'af-
fermissement du pouvoir ». Ils étaient résolus à faire tête jusqu'au
bout. Barbin se multipliait, adroit et ferme, avec les princes, tenace et attentif auprès de la reine, rude parfois avec les Concini,
l'œil tourné du côté de Luynes, sentant que le péril pouvait venir
de là. La violence ne lui faisait pas peur. Il se voyait dans une
de ces positions désespérées où la sagesse consiste à jouer froidement le tout pour le tout.

Une scène étrange fit une grande impression sur la reine. Le
vieux Sully vivait, depuis sa disgrâce, dans une demi-retraite où
il attendait toujours le signal qui devait le rappeler aux affaires.
Quoiqu'on eût pour lui des égards apparents, il affectait une
bouderie muette qui, si on lui en eût prêté l'occasion, n'eût demandé qu'à se déverser en plaintes abondantes et amères : en
somme, la cour le négligeait et le considérait plutôt comme un
adversaire. Or, un beau matin, on le vit arriver aux appartements
de la reine, vêtu, comme d'ordinaire, à la mode surannée du roi
Henri. Sa figure sévère était plus sombre que jamais. Il demanda
à voir la reine. On lui dit qu'elle avait pris médecine. Il insista,
disant que le sujet était trop important pour qu'il pût admettre le
moindre retard, qu'il y allait de la vie de Leurs Majestés. On le
fit entrer. Barbin et Mangot étaient là. Le jeune roi survint. Le
vieillard fit le tableau le plus effrayant de la situation. Il affirma
que tout allait périr et que le roi et le royaume étaient menacés.

Barbin lui demanda d'indiquer le remède. Sully fut interloqué. Il n'osait pas dire le fond de sa pensée, qui était de changer les ministres et de le rappeler lui-même aux affaires. Mais il reprit ses prédictions funestes et, comme il partait, revenant sur ses pas, une jambe avec la moitié du corps dans la chambre, il dit : « Sire, et vous, Madame, je supplie Vos Majestés de penser à ce que je viens de dire; j'en décharge ma conscience. Plût à Dieu que vous fussiez au milieu de 1.200 chevaux; je n'y vois d'autre remède »; puis il s'en alla(1).

La reine ne pouvait plus se contenir. Elle allait de l'un à l'autre, prenant tous les seigneurs de la cour à témoin de sa conduite, de sa longanimité à l'égard des princes. Est-ce que personne ne l'aiderait à défendre l'autorité du roi? Puis, elle se retournait du côté de Louis XIII, le suppliait encore de la décharger du fardeau du pouvoir. Tout cela était public. Les hostilités étaient déclarées. On se demandait seulement lequel des deux partis oserait faire le premier pas : celui-là était sûr de la victoire.

Condé, au lieu d'agir, perdit du temps à braver ses ennemis en paroles. Il eut, avec Barbin, une conversation qui commença par des caresses réciproques et qui finit par une rupture. Le ministre avait pris son parti depuis longtemps. Il entraîna la reine. Elle fit prêter un serment particulier de fidélité par les dix-sept seigneurs. On donna des ordres au maréchal de Thémines. Des préparatifs furent faits presque publiquement. On porta des pertuisanes par caisses, chez Barbin, en guise d'étoffes de soie d'Italie et, le 1er septembre, comme le prince de Condé se rendait chez la reine pour assister au conseil, Thémines, lui mettant la main sur l'épaule, l'arrêta. Le jeune Louis XIII, qui avait assisté au début de l'opération, montra une force de dissimulation qui eût dû ouvrir les yeux à ceux qui, ce jour-là, agissaient en son nom (2).

(1) 3 septembre 1616. — Voir RICHELIEU, *Mémoires* (p. 119) et ARNAULD D'ANDILLY (p. 207).

(2) *Mémoires de* PONTCHARTRAIN (t. II, p. 239). *Journal d'ARNAULD D'ANDILLY* (p. 205). — M. le prince se trouva être malade de... qu'il avoit gagnées chez un m... nommé Chercaut, lequel tient des femmes chez lui, et traite en festins... M. le prince avoit été averti, par diverses fois qu'il y avoit un dessein de l'arrêter, et encore le mercredi au soir, allant au b... avec un seul gentilhomme près Saint-Martin-des-Champs, il en eut avis, et répondit : « La bête est trop grosse. » *Journal d'ARNAULD D'ANDILLY* (p. 197).

Le coup fait, tout ce qui hésitait courut en foule à la cour pour
se montrer et donner des assurances de fidélité. Les plus compromis
ne songèrent qu'à se mettre en sûreté. Mayenne, Bouillon, Guise,
Vendôme et leurs complices s'enfuirent par toutes les portes. Il
n'y eut que la princesse de Condé, mère du prisonnier, qui songea
à organiser la résistance. Elle comptait sur le peuple de Paris.
Elle sortit de sa maison et s'en alla jusqu'au pont Notre-Dame,
criant partout : *Aux armes*. « Chacun l'écoutait avec étonnement et
pitié ». Mais personne ne bougeait. Ce brave cordonnier Picard put,
seul, produire une certaine émotion. Un gros de peuple qui le suivit se porta sur la maison du maréchal d'Ancre, près du Luxem-
bourg, et la mit au pillage ainsi que celle de son secrétaire, Cor-
binelli. La dévastation fut complète et dura deux jours. On trouva,
dans la maison du favori, des robes de la reine, dont l'une valait
plus de cinquante mille écus.

Ce fut tout. Le prince de Condé trembla tout d'abord pour sa
vie. Bientôt rassuré, il prit assez philosophiquement son parti.
On le laissa au Louvre pendant quelque temps ; puis on le trans-
féra, sous bonne escorte, à la Bastille. Il put s'y reposer de ses
débauches et y cuver tout à loisir ses ambitions. La reine, les
favoris, les ministres triomphaient. Il avait suffi de vouloir. Qui
pouvait maintenant leur résister ? La haute noblesse était frappée
à la tête. Les protestants ne bougeaient pas. En province, les princes échappés essayaient en vain d'organiser la résistance. La plupart d'entre eux finirent par accepter le fait accompli. Le 5 octobre,
ils signèrent une déclaration qui fut considérée comme un acte
de soumission et qui passait outre à l'emprisonnement du prince.

Au fond, pourtant, les grands se sentaient atteints et cherchaient une occasion de témoigner leur mécontentement. Nevers,
qui faisait toujours tout à contretemps, la leur fournit. Il apprit
l'arrestation de Condé, au moment où il allait en Allemagne pour
recruter des adhérents à son fameux projet de conquête de la Terre-
Sainte. Il n'était pas content de la cour de France, qui le payait
de bonnes paroles et qui, au fond, ne cherchait qu'à se débar-

En lisant ces détails, on comprend le mot de Bouillon sur Condé, lorsqu'il apprit l'arrestation : « Ce petit brouillon nous a tous perdus. » (*Ibid.*, p. 200.)

rasser de lui et de ses encombrantes sollicitations. Saisissant une
occasion de faire sentir sa mauvaise humeur, heureux peut-être
aussi d'une circonstance qui retardait un voyage voué d'avance
à l'insuccès, il écrivit au roi une lettre fort insolente et se mit à
lever des troupes dans sa province de Champagne. Il essaya de
s'emparer de Reims, dont La Vieuville lui refusa l'entrée. De plus
en plus mécontent, il se mit en relation avec son voisin Bouillon,
qui s'était renfermé à Sedan, et qui de là attendait que quelque
mauvais vent soufflât.

La cour comprit que l'incendie allait se rallumer. On envoya à
Nevers plusieurs émissaires chargés de bonnes paroles de la reine.
Ils le trouvèrent exaspéré. On recourut alors à l'homme de confiance qui avait eu part aux actes vigoureux qui venaient de s'accomplir, Luçon. On savait que, par le Père Joseph, il avait eu
des relations assez intimes avec Nevers. On comptait que son
sang-froid et son autorité épiscopale auraient facilement raison
de la pieuse et faible imagination du rebelle attardé

Richelieu s'y trompa lui-même. Il crut qu'il réussirait, en pro-
mettant au bon duc, dont il flattait la manie, le concours du
roi pour la croisade. La reine, conseillée par l'évêque, écrivait :
« Pour vous faire paraître combien j'affectionne ce qui peut vous
apporter du contentement, je veux embrasser plus que jamais le
dessein pieux que vous savez, et écrire de nouveau, pour cet effet,
au pape et au roi d'Espagne par le chartreux dont vous m'avez
parlé plusieurs fois. » Précisément à cette époque, le Père Joseph
postulait à Rome pour la cause sainte. Les deux amis, séparés
pour l'instant, travaillaient donc momentanément dans le même
sens, mais avec des vues bien différentes.

Richelieu, muni de ces bonnes paroles, alla trouver Nevers. Il
crut l'avoir gagné après quelques heures d'entretien et revint à
la cour plein de confiance. Mais dès qu'il eut le dos tourné, Nevers
lui échappa, et l'évêque, sans s'attarder à d'inutiles tentatives,
conseilla lui-même d'employer la force. Il pensait qu'on aurait
facilement raison de cette résistance isolée (1).

(1) On peut reconstituer tout l'incident de la négociation avec Nevers en rapprochant
les documents suivants : *Mémoires de* RICHELIEU (t. I, p. 66 et p. 130); ARNAULD D'AN-

Cependant, à la cour, Nevers trouvait un secours inattendu. Le garde des sceaux, Du Vair, était resté, au fond, l'ami des princes. Il supportait mal le reproche que lui faisaient ses amis et surtout les parlementaires d'être, au pouvoir, le prisonnier et l'instrument des favoris et des ministres.

Cette longue barbe crut bien choisir son moment en faisant un éclat sur l'affaire de Nevers. En plein conseil, Du Vair dit à Barbin « qu'il se trompoit s'il pensoit le rendre ministre de ses conseils violens ». Barbin ne répondit rien sur l'heure; mais, le lendemain, le garde des sceaux fut congédié. Il prit, d'ailleurs, la chose en philosophe et en honnête homme. En remettant les sceaux à la reine, il lui adressa un discours du genre stoïque, où il disait, un peu longuemeut, des choses excellentes et qui furent généralement approuvées. On nomma à sa place Mangot, qui laissait ainsi vacante la place de secrétaire d'État, où il avait d'ailleurs paru insuffisant.

C'était le moment de payer les services, déjà nombreux, rendus par l'évêque de Luçon. On ne pensa à nul autre. Laissons-le s'expliquer lui-même sur cet événement : « Peu de jours auparavant, j'avois été nommé pour aller en Espagne ambassadeur extraor-

DILLY (p. 214), et surtout la correspondance manuscrite, inédite jusqu'ici, de Louis XIII, de Marie de Médicis, du duc de Nevers et de l'évêque de Luçon pendant cette période, conservée à la Bibliothèque Nationale, *Cabinet des Mss.* (f. fr. vol. 3797, f⁰ˢ 45 et suiv.). En vue de cette négociation, Richelieu écrivit de sa main un court canevas des principales raisons à développer devant Nevers et, après sa première entrevue, un exposé des plaintes du duc de Nevers. A ce moment, il croyait encore que Nevers se rangerait à son devoir; mais le 23 décembre, il ne conservait plus d'illusions et il écrit à M. de Tresnel, d'un ton où on sent l'homme maître du pouvoir... « Véritablement Leurs Majestés désirent avec passion que mondit sieur de Nevers se reconnaisse et leur donne sujet de n'employer point leurs forces contre lui. Mais s'il ne le fait, ils sont obligés, par raison d'État, de le mettre à la raison. » On remarquera que, dans cette négociation, Richelieu, flattant la manie du duc de Nevers, parle beaucoup du projet de croisade, délivrance du Saint-Sépulcre, voyage de Hongrie, entreprise dans laquelle le duc de Nevers, poussé par le père Joseph, mêle ses aspirations pieuses et ses ambitions terrestres. Dans ses *Mémoires*, Richelieu s'explique durement sur cette chimère : « Bien que cette entreprise fût mal fondée et sans apparence à ceux qui étoient tant soit peu versés en la connaissance des affaires du Levant... » etc. Voir toute la page (t. I, p. 116). — Rapprocher *Mémoire sur une tentative d'insurrection organisée dans le Mogne de 1612 à 1619, au nom du duc de Nevers*, lu à l'Académie des Inscriptions et Belles-Lettres, le 9 juillet 1841, par M. BERGER DE XIVRAY. (*Bibl. de l'École des Chartes,* juillet-août 1841.)

dinaire pour terminer plusieurs affaires... Par mon inclination, je désirois plutôt la continuation de cet emploi, qui n'étoit que pour un temps, que celui-ci, la fonction duquel étoit ordinaire. Mais outre qu'il ne m'étoit pas honnêtement permis de délibérer en cette occasion où la volonté d'une puissance supérieure me paroissoit absolue, j'avoue qu'il y a peu de jeunes gens qui puissent refuser l'éclat d'une charge qui promet faveur et emploi tout ensemble. J'acceptai donc ce qui me fut proposé en ce sujet par le maréchal d'Ancre, de la part de la reine, et ce d'autant plus volontiers que le sieur Barbin, qui étoit mon ami particulier, me sollicitoit et m'y poussoit extraordinairement (1). »

Ceci se passait à la fin de novembre 1616 (2). Il y avait dix-huit mois que Luçon avait prononcé son discours aux États généraux, huit mois qu'il avait quitté son prieuré de Coussay pour venir s'installer à Paris. En ce court laps de temps, il était devenu successivement aumônier de la reine régnante, conseiller d'État (3), secrétaire des commandements de la reine mère (4); il avait été chargé de plusieurs missions importantes, s'était fait attribuer une pension de six mille livres, chiffre considérable pour l'époque (5); avait

---

(1) *Mémoires* (t. I, p. 131).

(2) La commission est du 30 novembre. Elle est publiée dans le *Recueil d'*Aubery (édit. de 1660, in-f°, p. 6), d'après les Mss. de Dupuy, vol. 92. Cependant Arnauld d'Andilly dit que Mangot et Luçon prêtèrent serment le 26 novembre, et que Luçon prêta de nouveau serment le 2 décembre (*Journal*, p. 242).

(3) Je n'ai pas pu déterminer, jusqu'ici, à quelle date il reçut le brevet de conseiller d'État. On doit supposer que c'est au même moment où il fut nommé aumônier de la reine régnante. Ce fut, en effet, avant la disgrâce de Sillery, si nous en croyons ce renseignement donné par Aubery : « Il fut fait conseiller d'État et, la première fois qu'il fut prendre séance au conseil et possession de cette charge, le chancelier de Sillery le reçut et le traita avec beaucoup plus de civilité et d'honneur qu'il n'avoit coutume de faire aux autres. Ce qui, ayant surpris quelques-uns de Messieurs du Conseil, il ne leur céla pas la bonne opinion qu'il avoit d'abord conçue de ce nouveau conseiller d'État... Il fut bientôt après destiné ambassadeur extraordinaire en Espagne. » *Histoire du cardinal-duc de Richelieu*, édit. de 1760, in-f° (p. 10). — Il convient d'ajouter, pour ne rien oublier, qu'en sa qualité de conseiller d'État, l'évêque de Luçon touchait une pension de 2.000 livres. (Voir le texte de la commission de secrétaire d'État publiée dans le *Recueil d'*Aubery (*loc. cit.*).

(4) On ne sait pas non plus à partir de quelle date il remplit ces fonctions. C'est, en tout cas, avant septembre 1616, probablement en juillet, peu après la rentrée de la reine mère à Paris. *Correspondance* (t. I, p. 177, note).

(5) Voir le brevet de la pension « en considération des bons et recommandables ser-

été désigné comme ambassadeur en Espagne (1), et, sans même en
avoir rempli les fonctions, devenait secrétaire d'État. Sauf le court
intérim de Mangot, il succédait ainsi à ce « grand colosse froid
comme marbre », à ce Villeroy qui, pendant si longtemps, avait
été l'homme politique le plus autorisé de la cour de France. Il
y avait là de quoi satisfaire et combler ses juvéniles ambitions;
mais il y avait aussi de quoi surprendre tous ceux qui ne le connaissaient pas, de quoi inquiéter ses protecteurs et lui-même
sur les conséquences d'une si prompte et si audacieuse ascension.

Le souvenir des services rendus par son père avait préparé à
l'évêque ses premières entrées à la cour. Son frère, le marquis de
Richelieu, son beau-frère Pont-Courlay, étaient, depuis longtemps,
admis dans l'intimité de la reine mère. Le marquis, séduisant,
brave et généreux, ne se contentait plus de sa charge de mestre
de camp du régiment de Piémont; il se croyait appelé, lui aussi, à
un autre avenir : « se voyant en état de penser à des choses plus
grandes », il vendit son emploi à Fontenay-Mareuil, qui nous donne
lui-même ce détail (2).

Dans les relations de sa famille, Richelieu avait trouvé encore
d'autres appuis sûrs, des protecteurs influents, notamment Mᵐᵉ de
Guercheville, née Antoinette de Pons, sa parente éloignée, femme
de haute vertu, dont l'amitié fournissait pour lui caution de bonne
race et de bonnes mœurs (3). Il avait su se créer, de lui-même, des

vices qu'il a rendus ci-devant et qu'il continue chaque jour », daté du 29 août 1616,
dans *Correspondance* (t. I, p. 189).

(1) « Il fut bientôt après destiné ambassadeur extraordinaire en Espagne, sur le sujet
de la guerre d'Italie et des différends entre le duc de Savoie et le roi catholique... Cet
emploi, lui eût été agréable dans le dessein qu'il a toujours eu de contribuer de tout
son pouvoir à l'affaiblissement de la monarchie d'Espagne, émule depuis un siècle ou
environ de celle de France; d'autant qu'il lui eût été facile, étant sur les lieux, de remarquer avec soin les défauts ou le foible de leur État, et de juger ainsi plus assurément de l'endroit où on le pouvoit attaquer avec succès. » (AUBERY, p. 11.) — AVENEL a
cité une minute, en date du 3 novembre 1616, ainsi libellée : « Minute d'ordonnance de
6.000 fr. pour l'entretènement de M. de Luçon : ce qu'il lui faut pour les frais du voyage
qu'il va faire par commandement en Espagne, en qualité d'ambassadeur extraordinaire. »
C'est la seule trace officielle que l'on ait rencontrée jusqu'ici de cette désignation (*Corresp.*, t. I, p. 189).

(2) *Mémoires* (p. 111).

(3) Sur Mᵐᵉ de Guercheville, voir *Recueil S* (page 47), *Mémoires de* SAINT-SIMON,
édit. *Cheruel*, in-12 (t. IX, p. 391); l'abbé LACROIX, *Richelieu à Luçon* (p. 202);

amis et des admirateurs; on se rappelait ses succès dans la chaire,
son discours à l'assemblée des États en 1615, ses vastes études, la
bonne administration de son diocèse, ses premiers livres d'édifica-
tion et de piété. Tout le haut clergé lui était favorable. Du Perron,
Sourdis, Chasteignier de la Rocheposay, Gabriel de l'Aubespine,
Charles de Bourgueil, Zamet évêque de Langres, chantaient ses
louanges. Le Père Joseph qui restait, au fond, son ami avait su glisser, à l'oreille des grands, le mot qui tournait leur attention vers
ce jeune homme si sage et si bien doué; ses amis l'aidaient, mais
l'amitié ne l'embarrassait guère; il savait, au moment opportun, la
déposer comme un fardeau gênant.

Une correspondance active, engagée de bonne heure avec les principaux ministres, donnait la mesure de son zèle un peu inquiet et de
sa capacité. Il ne manquait aucune occasion d'étendre ses relations,
d'entr'ouvrir les portes, de se montrer à une heure propice, de
rendre un petit service habilement placé, et il cultivait, avec des
termes empressés, très polis, jusqu'aux relations les plus banales.
Les voies détournées ne le rebutaient pas non plus. Le petit-fils de
l'avocat Laporte avait trouvé, dans l'héritage, des accointances
bourgeoises qu'il ne reniait pas, pourvu qu'elles lui fussent utiles.
Mme de Bourges achetait sa vaisselle et montait sa maison. Les Bouthillier, parmi tant d'autres services inappréciables, lui avaient fait
connaître Barbin, robin comme eux, leur confrère de Melun, devenu, par la faveur des Concini, un si grand personnage dans
l'État. Ce fut Barbin qui, à son tour, le recommanda à la maréchale
d'Ancre.

Sur l'origine de ces relations et sur leur nature, les derniers voiles ne sont pas levés. Il est probable qu'on ne les déchirera jamais
tous. Un pamphlet contemporain, parlant de la conduite de Léonora, dit qu'elle avait publiquement pour amants « un prêtre onctueux » et deux autres qu'il désigne moins clairement (1). De Mor-

Journal d'ARNAULD D'ANDILLY (p. 299) et une note intéressante dans le *Journal de* BAS-
SOMPIERRE (t. I, p. 172). — DE MORGUES dit, en parlant de Richelieu : « Les lettres ont servi
pour subtiliser davantage son esprit et pour le faire entrer dans la cour ; à quoi quelques
prédications et les recommandations de Mme de Guercheville servirent beaucoup; elle
en a été récompensée depuis comme chacun sait. » *Diverses pièces* (p. 24).

(1) *Catholicon françois* (f° CII v°).

gues, ennemi juré de Richelieu, mais qui écrivait, en quelque sorte, sous les yeux de la reine mère, dit en 1631 : « Il a, en sa jeunesse, aimé les voluptés qui lui ont fait faire des choses non seulement indignes de sa profession, mais tout à fait ridicules. On ne les publie point en cet écrit qui ne doit coter que les imperfections et les fautes préjudiciables à l'État (1). » Nous avons une lettre de l'évêque de Luçon à Léonora dont il est bien permis de remarquer le ton quand on pense qu'elle est adressée à une femme peû séduisante et cela au moment où l'évêque venait de perdre sa mère : « C'est savoir obliger vos serviteurs de les traiter selon leur appétit, comme vous m'avez fait cette fois ; car, désirant sur toutes choses l'honneur de votre souvenir, vous m'en avez gratifié... c'est une faveur d'autant plus grande qu'elle m'est départie *par une belle dame*, au milieu de mes infortunes lesquelles finiront quand il plaira à Dieu (2). » Pour ce genre de compliments, le moment est, tout au moins, bien mal choisi. Dans la *Relation de la mort du maréchal d'Ancre*, publiée par Dupuy et dont la valeur historique est indéniable, un passage précise encore le genre d'action, en quelque sorte physique, que l'évêque exerçait sur la nerveuse Italienne : « Léonora disoit qu'elle ne vouloit pas qu'on la regardât, disant qu'on lui faisait peur quand on la regardoit et qu'on la pouvoit ensorceler en la regardant... Sur la fin de sa faveur, elle avoit même banni de sa chambre, pour ce sujet, MM. de Luçon et Feydeau (3). » Le regard perçant de l'évêque remuait donc cette femme jusqu'à l'importunité.

Par la femme, Luçon touchait au mari. Sa correspondance avec l'Italien, pendant toute cette période de sa vie, donne l'idée de ce que l'ambition peut faire faire aux hommes fortement doués quand ils mettent leur énergie dans leur avilissement. Ce favori que Richelieu devait juger bientôt si sévèrement reçoit de lui les lettres les plus plates. Ce ne sont que protestations, flatteries, serments d'éternelle gratitude : « Cette lettre est un titre authentique de la reconnaissance que je vous dois et de mon affection inviolable à votre service... Je ne prétends pas pouvoir jamais me décharger de

(1) *Recueil de diverses pièces* (p. 23).
(2) *Correspond.* (t. I, p. 183).
(3) A la suite de l'*Histoire des Favoris* (p. 84).

la moindre des obligations que vous avez acquises sur moi, mais
bien de vous faire paroître par la suite de toutes mes actions que
j'aurai perpétuellement devant les yeux les diverses faveurs que j'ai
reçues de vous et de Mme la maréchale (1)... » L'Italien se payait-
il de cette monnaie? Il était assez fin pour en savoir le prix. Cependant, conseillé par Barbin, poussé par sa femme, sachant qu'il avait
besoin de créatures dont la fortune dépendît uniquement de lui, il
se vantait de son choix. Richelieu dit lui-même : « Je lui gagnai
le cœur et il fit quelque estime de moi dès la première fois qu'il
m'aboucha. Il dit à quelques-uns de ses familiers qu'il avoit un
jeune homme en main capable de faire la leçon à *tutti bar-
boni* (2). »

L'amitié des Concini mit l'évêque en relations constantes avec
Marie de Médicis. De bonne heure, la correspondance qu'il adresse
à la reine témoigne d'une sorte d'aisance et de familiarité. Dans
les conciliabules des deux femmes, la présence du secrétaire des
commandements paraissait toute naturelle. Il est facile de s'imaginer la nature des entretiens entre ces trois robes : la reine,
lourde, massive et boudeuse, cherchant toujours une distraction,
un conseil, une impulsion extérieure capable de la tirer de son
indolence; la maréchale, fine, inquiète, mobile, toujours partagée entre ses convoitises insatiables et les terreurs de sa folle imagination; l'évêque, insinuant, adroit, égoïste, menant déjà les
deux femmes au gré de sa froide volonté et les tenant sous le feu de
son pénétrant regard (3).

En sortant de ces conciliabules, il pouvait se croire arrivé à

(1) *Correspond.* (t. I, p. 194). Voir aussi ce que dit Victor Cousin sur d'autres lettres
tout aussi obséquieuses qui auraient été trouvées chez le maréchal d'Ancre après sa
mort et versées au procès. (*Journal des Savants,* 1865, p. 280, note).

(2) *Mémoires de* RICHELIEU (t. I, p. 131).

(3) Cette sorte de pouvoir de sorcellerie ou de fascination que Richelieu avait su
prendre sur Léonora, s'exerçait aussi sur Marie de Médicis. Cfr. ces deux passages du
Journal de RICHELIEU, si curieux comme traits de mœurs et de caractères : « M. de Bullion m'a dit, écrit Richelieu lui-même, que, du temps de la maréchale d'Ancre, Montalte,
médecin juif, avoit tellement empiété non seulement l'esprit de la maréchale, mais
encore celui de la reine, qu'il leur avoit persuadé qu'on les pouvoit ensorceler par
les yeux en les regardant... » (Édit. de 1665, p. 48.) « La reine interrogea un moine,
qui passait pour « grand prophète », sur plusieurs choses dont la première fut ce que le
cardinal deviendroit et s'il n'avoit point de charmes pour se faire aimer. » (*Ibid.,* p. 44).

ses fins. Il ne manquait guère à son autorité que ce fini, cet achevé qui accompagne l'expérience et qui récompense les grands services... Il y manquait autre chose, à quoi il est vraiment extraordinaire que cet homme si éveillé et si prudent n'ait pas songé : je veux dire l'adhésion du roi lui-même, de Louis XIII. Cette ambition hâtive, absorbée par le présent, ne sut pas deviner l'avenir, un avenir si proche! Luçon ne paraît pas s'être préoccupé de savoir si ce prince de seize ans, que tout le monde négligeait, ne se réveillerait pas bientôt pour parler en maître. La compagnie et la faveur des femmes lui avaient paru d'accès plus facile et de commerce plus agréable. Il s'en tint là. Son sourire, qui ne négligeait personne, négligea celui qui commandait à tous. Aussi, Louis XIII ne l'aimait pas. Ce prêtre à la fois anguleux et souple, ce scrutateur de conscience, cet homme froid, déplaisait à la nature timide et violente du roi. Richelieu allait bientôt se repentir de sa faute : son impatience du pouvoir devait payer, par huit années d'attente, l'erreur commise par elle en débutant.

En somme, sauf par le parti des vieux ministres, la nouvelle de l'avènement de Luçon fut, en général, bien accueillie (1). Ses adversaires eux-mêmes écrivent : « Plusieurs personnes le connaissaient d'un esprit subtil, qu'on ne peut aisément surprendre, parce qu'il est toujours en garde, qu'il dort peu, travaille beaucoup, pense à tout, est adroit, parle bien et est assez instruit des affaires étrangères (2). » Le *Mercure françois*, enclin, il est vrai, à l'apologie, dit aussi : « Celuy qui a été fait secrétaire d'État est un prélat si plein de gloire pour l'innocence de sa vie, pour l'éminence de son savoir et pour l'excellence de son esprit, que tous ceux qui savent quel est son mérite avoueront aisément que Dieu l'a destiné pour rendre de grands et signalés services à Leurs Majestés au milieu des tempêtes de leur État (3). »

---

(1) Pontchartrain dit « qu'on se plaignoit... de l'éloignement des affaires de tous les anciens ministres de l'État et de l'établissement de deux ou trois qui n'ont d'autre mérite et expérience aux affaires sinon d'être ministres des passions du maréchal et de sa femme (qui étoient MM. Mangot, Barbin et Richelieu-Luçon) ». (T. II, p. 268.) — Voir aussi le passage des *Mémoires de* Brienne cité plus loin.

(2) *Recueil de diverses pièces*, etc.

(3) *Mercure françois*, 1617 (p. 44).

Des contemporains moins suspects, les diplomates portent aussi des appréciations qui font plus d'honneur à leur confiance qu'à leur perspicacité. Voici d'abord l'avis des ambassadeurs vénitiens : « La charge de secrétaire d'État qu'avait Mangot fut offerte à Barbin; mais celui-ci n'a pas voulu quitter le ministère des finances, où il y a plus de profit et moins de fatigue. La secrétairerie a donc été confiée à l'évêque de Luçon, désigné antérieurement pour aller en Espagne. A notre avis, ce ministre ne peut être considéré comme favorable aux intérêts de Vos Seigneuries. Il nous revient en effet qu'il est du parti espagnol; d'ailleurs, il est grand aumônier de la reine régnante. Il fréquente habituellement à l'ambassade d'Espagne ; on dit même que l'Espagne lui paie pension (1). » Le 2 décembre, le nonce du pape, Bentivoglio, qui, il est vrai, n'avait pas encore pris possession de son poste, écrivait de Lyon à la cour pontificale : « A la place de Mangot on a mis l'évêque de Luçon, prélat qui, quoique jeune, est, comme le sait Votre Sainteté, un des plus éminents de la France par ses connaissances, son éloquence, sa vertu et son zèle pour la religion. Nous pouvons espérer que ce changement nous sera favorable; car le garde des sceaux, quoiqu'il fût très instruit et très intègre, n'était pas très attaché aux choses de la religion; et comme secrétaire d'État, on ne pouvait rien désirer de mieux que l'évêque de Luçon (2). » Il n'est pas jusqu'au duc de Monteleone, ambassadeur de Philippe III, qui ne fasse à son tour l'éloge de l'évêque : « C'est mon ami intime, écrivait-il : il n'en existe pas deux, je crois, en France aussi zélés pour le service de Dieu, de notre couronne et du bien public. Et quand il n'aurait pas toutes ces qualités, son zèle pour le service de la reine infante nous permet de tout attendre de lui. D'ailleurs, j'ai les preuves les plus formelles de son dévouement à notre cause. » Le nouveau secrétaire d'État allait avoir beaucoup de peine à se donner pour détruire la trop bonne opinion qu'on avait de lui dans certaines ambassades étrangères (3).

(1) Dépêche des deux ambassadeurs vénitiens, OTTAVIANO BON et VICENZO GUSSONI, du 29 novembre, Bibl. Nat. f. Ital., vol. 1770 (f° 140).
(2) La Nunziatura di Francia del card. GUIDO BENTIVOGLIO, édit. de 1863 (t. I, p. 14).
(3) Cfr. les citations de CAPEFIGUE, Richelieu, Mazarin, etc. (p. 177), et AVENEL, Correspond. (t. I, p. 192).

Richelieu fut désigné pour le poste de secrétaire d'État le 25 novembre. Sa mère était morte, à Richelieu, le 14 novembre, âgée seulement de soixante ans (1). Aussitôt que le marquis de Richelieu apprit la triste nouvelle, il écrivit de Paris à sa sœur Nicole, qui avait assisté aux derniers moments de Madame de Richelieu, pour faire retarder les obsèques : « Je vous prie, écrivait-il, de mettre le corps de ma pauvre mère dans la chapelle, le plus honorablement que faire se pourra, jusqu'à ce que M. de Luçon puisse venir, afin que nous le puissions porter en terre tous ensemble... M. de Luçon ne pouvant s'en aller que dans quinze jours, je partirai dans huit, afin de donner quelque ordre à nos malheureuses affaires (2). » Luçon écrivait de son côté à Alphonse de Richelieu une lettre pleine d'une émotion profonde et sincère : « J'ai bien du regret qu'il faille que vous appreniez par cette lettre la perte commune que nous avons faite de notre pauvre mère... En sa mort, Dieu lui a départi autant de grâces, de consolation et de douceurs qu'elle avait reçu, en sa vie, de traverses, d'afflictions et d'amertumes... Pour moi, je prie Dieu qu'à l'avenir ses bons exemples et les vôtres me puissent si utilement toucher que j'en amende ma vie. Bien vous dirai-je que sa mort, jointe aux circonstances d'icelle, m'ont cruellement touché (3)... »

Le corps de la mère attendit près de trois semaines, dans la chapelle de Richelieu, la venue de l'évêque. Mais la carrière de celui-ci se précipitait. Dès le 29 novembre, il avait pris en main la conduite des affaires du dehors. « Outré de douleur », ce sont ses propres expressions, il dut renoncer à son voyage. Dans le tumulte des affaires, sa pensée, du moins, put-elle s'isoler et se reporter vers ce passé déjà si lointain, vers cette province, vers ce château où s'était écoulée son enfance, vers cette modeste église de village, où reposaient les corps des Du Plessis et où sa mère fut déposée, à son tour, le 8 décembre, par les soins du curé de la paroisse de Braye?

(1) Voir l'acte mortuaire dans notre tome premier (p. 60).
(2) Correspond. (p. 181, note).
(3) Le reste de la lettre fait défaut. Correspond. (t. I, p. 180-182).

CHAPITRE TROISIÈME

LE PREMIER MINISTÈRE.

I. — Le ministère Concini-Barbin. — La politique d'autorité.

« Il semblait que l'on entrât dans un nouveau règne », écrit un contemporain au moment où, par l'influence du maréchal d'Ancre, l'évêque de Luçon arrivait aux affaires. En effet, la première phase de la régence de Marie de Médicis était définitivement close. Les « barbons », Villeroy, Sillery, Jeannin, étaient remplacés par les « jeunes », Barbin, Mangot, Luçon (1).

Les nouveaux ministres avaient des vues, du courage, et de la capacité. Mais leur fortune politique, qui dépendait de la faveur de Concini, était précaire comme elle; leur action était affaiblie d'avance par l'insécurité. Il avait fallu de la souplesse pour arriver au pouvoir dans ces conditions : il eût fallu de la bassesse pour y rester longtemps et pour se plier aux projets et aux caprices du maréchal. Il était le véritable maître du ministère, maître inconsistant, ombrageux, gonflé outre mesure et enivré jusqu'à la folie par la docilité que sa prodigieuse ascension rencontrait parmi les Français.

Marie de Médicis, jusque-là craintive et timorée entre les mains des Villeroy et des Sillery, paraissait excitée par le contact de ses nouveaux conseillers : c'étaient plutôt les parties irritables de son

(1) Ces changements fréquents de ministres étonnaient l'opinion. L'ambassadeur Vénitien écrit : « On parle encore de changements dans le ministère. Cette fois, il s'agirait d'écarter Phélypeaux, Sceaux et Loménie. Il y a quelques jours, Mangot a dû perdre sa charge, en raison de sa parfaite inaptitude aux affaires de l'État. Ces changements constants des ministres sont habituels maintenant et nuisent aux affaires. » *Amb. Vén.* (t. 1770, f° 184).

caractère qui se manifestaient maintenant. Elle s'arrachait à son ancienne indolence pour se répandre en crises de dépit et de larmes, où elle accusait tout le monde des fautes qu'elle avait commises, et de celles qu'elle se sentait prête à commettre. Agée de quarante-deux ans, elle entrait dans cette période de la vie des femmes où les regrets sont encore plus insupportables que les remords : le spectacle de leur beauté qui s'effeuille fait de la maturité des veuves le plus lugubre des automnes. Un portrait de Halueeh dessine brutalement les carnations pâlies et empâtées du visage, le nez proéminent, les yeux amortis, et les plans graisseux des joues et du menton. Le corps seul pouvait tenir encore ce que la figure ne promettait déjà plus (1).

On avait perdu pour la reine tout respect. Les pamphlétaires ne se gênaient pas pour incriminer son origine étrangère, ses faiblesses pour les deux Concini et le je ne sais quoi de suspect qui s'affirmait dans les relations avec le mari. Les diplomates ne s'adressaient à elle que par égard pour les prérogatives déjà effacées d'une régence arrivée à son terme. Même ceux qui comptaient sur elle pour la défense de leurs idées ou de leurs intérêts la jugeaient sévèrement : « La reine est, par nature, pauvre de paroles, et encore plus pauvre d'idées, écrivait le nonce Bentivoglio ; dans les affaires importantes, on ne peut rien tirer d'elle, quand elle n'a pas eu le temps de conférer avec ses ministres (2). »

Concini était le véritable souverain, et les ministres désignés par lui étaient à ses ordres. Il les considérait tous, Barbin, Luçon, Mangot, Brienne, comme des valets et les traitait comme tels. Quand il était à la cour, les conseils se tenaient chez lui (3). Quand il était absent, on lui écrivait tous les jours pour le tenir au courant des décisions prises. La politique générale du ministère se subordonnait à ses vues particulières (4).

Il se montrait, d'ailleurs, de plus en plus décidé à affirmer et

---

(1) C'est le portrait que nous reproduisons dans le présent volume.
(2) *Correspond. de* Bentivoglio (t. I, p. 124).
(3) Sur la façon de tenir les conseils, voir un passage du *Journal* d'Arnauld (p. 244).
(4) Voir la *Correspondance de* Richelieu, t. Ier, sous l'année 1617, et t. VII, notamment, p. 924 ; remarquer les formules : « permette », « ordonne ».

à exercer l'autorité gouvernementale. C'est la tendance ordinaire
des favoris : maîtres de la volonté du souverain, ils veulent
qu'elle soit obéie. En poursuivant les « grands », toujours en état
de rébellion, il se posait en défenseur de la tranquillité publique et
de l'ordre. C'était, pour son gouvernement, une chance sérieuse
de succès. Les intérêts sont pusillanimes; ils se rallient vite à
ceux qui parlent haut et qui frappent fort, puisqu'en somme l'énergie dans le gouvernement tourne au profit de ceux qui ont quelque
chose à défendre.

Pour l'action, le ministère était bien composé : des hommes
pauvres et maigres, n'ayant rien à ménager, non de ces gras personnages qui tremblent sans cesse pour leur bourse ou pour leur
peau, — « de basse naissance et des faquins », dit du Vair. Plutôt
intègres, mais ambitieux d'honneurs et de pouvoirs, sur la carte
que le hasard avait mise entre leurs mains, ils jouaient leur va-
tout. Seul, peut-être, dans ce conseil, l'évêque de Luçon était tenu à
quelque ménagement pour la classe à laquelle il appartenait par
sa naissance et par son rang épiscopal; les diplomates contemporains le distinguent finement en cela de ses collègues (1). Mais il
n'était pas le chef du ministère. N'eût-il pas subordonné sa fortune
à la faveur du maréchal, qu'il eût dû s'incliner devant la volonté
de l'homme qui l'avait poussé aux affaires : c'était Barbin.

Tout le monde considérait celui-ci comme le premier ministre (2) : « Le maréchal m'a parlé des trois ministres comme de
ses créatures, écrit le nonce dès son arrivée à Paris; il fait beaucoup de cas de Mangot et de Luçon. Mais il me dit que celui qu'il
estime le plus, c'est Barbin, qui, par sa pratique des grandes
affaires, peut vraiment passer pour le maître des deux autres. Ce
Barbin est celui qui a, en ce moment, le plus d'autorité; c'est lui
qui a provoqué la chute du président du Vair ». Dans les audiences c'est bien l'attitude que prenait Barbin : « Je l'ai trouvé
homme résolu, parlant librement, et avec autorité. Nous avons
parlé des choses du dedans, et des choses du dehors. Il me dit

(1) Bentivoglio (I, p. 72).
(2) Pontchartrain dit : « Barbin que je nomme le premier, comme étant celui qui
conduisait toutes les affaires » (t. II, p. 306).

qu'il avait bon espoir de sortir d'affaires, au besoin par la force, si la douceur ne suffit pas; en tout cas, il assure qu'il ne ménagera rien de ce qu'il faut pour réussir (1). »

Après l'avoir fréquenté plus longtemps, le même nonce, de sa plume élégante, fait de Barbin le portrait suivant : « C'est un homme de basse naissance, mais d'esprit vif et subtil. Il a une longue pratique des questions de finances; en maintes circonstances, il a montré, en ces sortes d'affaires, un esprit inventif et ingénieux qui l'a introduit dans la faveur des Concini et qui lui a fait obtenir la charge de contrôleur général. Maintenant, tant par son titre que par leur faveur, il a le maniement de toutes les finances du royaume. C'est un homme d'aspect rigide, dur en affaires, haï autant à cause de sa puissance que parce qu'il la tient de ce qui est haï de tout le monde. Il passe pour homme de bien et bon catholique; d'ailleurs, pour les choses ecclésiastiques, il s'en rapporte à l'évêque de Luçon. Il montre du jugement et de la résolution. Il parle avec fermeté et autorité et c'est lui qui a la plus grande part dans tout ce qui se fait actuellement (2). »

Luçon était le bras droit de Barbin : l'ami, le protégé, le confident. Tout ce qui s'est fait pendant ce court ministère a été décidé en commun par ces deux hommes, souvent contre leurs collègues, parfois contre le maréchal d'Ancre. De cette action commune, Luçon, par la suite, n'a jamais rien désavoué. Après la chute du ministère, il écrivait dans un mémoire intime qu'il préparait en manière d'apologie : «... faudra mettre la défense de Barbin, mains nettes et courageux » (3). Barbin, d'autre part, avait en Luçon une confiance absolue. Il semble qu'il prenait plaisir à satisfaire les ambitions de son jeune ami. Il y mettait même de la rondeur et lui faisait, au grand émoi de ses collègues, attribuer, en vertu du rang épiscopal, la préséance sur les autres secrétaires d'État (4). La commission qui nomma l'évêque au secrétariat

(1) Lettres du 15 déc. 1616 et du 17 janvier 1617 (t. I, p. 32).
(2) Lettre du 28 mars 1617 (t. I, p. 165).
(3) *Caput apologeticum* (Correspond., t. VII, p. 422).
(4) Voir l'incident très vif raconté dans les *Mémoires de* BRIENNE (édit. de 1721, t. I, p. 62). Brienne contesta la préséance accordée à Luçon, disant que sa qualité d'évêque, que l'on invoquait, l'obligeait à *résider :* « Nous trouvâmes dans le cabinet de la

d'État l'associe au vieux Villeroy, qui reste titulaire de la charge, « pour en faire la fonction et jouir des honneurs, pouvoir, autorité, prérogatives, privilèges et franchises appartenant à ladite charge, et office de secrétaire d'État et de nos commandements, tout ainsi et en la même forme qu'en a ci-devant joui ledit sieur de Villeroy ; pour avec lui, conjointement ou séparément, en la présence ou l'absence l'un de l'autre, faire, signer et délivrer toutes les lettres et autres expéditions concernant nos affaires tant au dedans qu'au dehors notre royaume ». En outre, par une innovation importante, la commission de Richelieu, étendant singulièrement les pouvoirs du nouveau ministre, lui confie dans les termes suivants l'administration de la guerre : « également en ce qui concerne l'ordinaire et l'extraordinaire de la guerre et toutes les autres fonctions qui dépendent de ladite charge et office ». Les « gages et entretenemens » étaient fixés à 17 000 livres tournois (1). Dans les circonstances critiques que l'on traversait, un évêque ministre de la guerre, voilà qui prêtait aux criailleries des partis et notamment des protestants ! Mais cela témoigne aussi de l'extraordinaire confiance que ses protecteurs avaient en ce jeune homme qui n'avait encore rempli aucune fonction publique.

Jusqu'ici, il n'avait été, en effet, qu'un évêque zélé et un courtisan habile. La dignité épiscopale qui l'avait approché de la reine lui donnait seule une sorte d'autorité. Le maréchal d'Ancre eût désiré le voir renoncer à son diocèse pour le tenir tout à fait. Mais Luçon, par une première méfiance, refusa de se démunir ; il consentit seulement à se défaire de sa charge d'aumônier de la reine

Reine l'évêque de Luçon et Richelieu, son frère. Barbin s'adressant à l'évêque lui dit ce qui s'était passé entre nous, en présence de Sa Majesté. Celui-ci oublia pour lors ce qu'il m'avoit souvent protesté qu'il vouloit être de mes amis, et l'expérience qu'il avoit fait de ma bonne foi, en m'adressant les lettres qu'il écrivoit à la Reine, pendant le voyage de Guienne : car il me dit, d'un ton fier, qu'il y avoit longtemps qu'il savoit que plusieurs personnes (et moi particulièrement) qui approchaient le Roi, avoient peu de considérations pour l'Église. Ma réponse fut modérée et je me contentai de lui repartir que le regardant comme évêque et le trouvant dans la maison de Sa Majesté, je n'avois rien à lui dire, mais que je ne conseillais pas à son frère, vers lequel je me retournai de me tenir un pareil langage... » Il fallut bien céder devant les injonctions du maréchal d'Ancre et de Barbin, et Luçon eut la préséance.

(1) Voir les deux commissions, celle qui nomma l'évêque et celle qui lui accorde la préséance dans le *Recueil* d'AUBERY, in-f° (t. I, p. 6 et 7).

régnante qu'il céda bientôt à Zamet, évêque de Langres (1).

Cette même dignité épiscopale lui assurait, de prime abord, la confiance des catholiques. Le nonce se louait beaucoup de lui au début, vantait ses vertus, son dévouement, sa piété; le pape l'accablait d'éloges, de faveurs, de bénédictions (2). En revanche, les huguenots étaient mécontents (3). Au dedans et au dehors, tous ceux qui étaient engagés dans la politique anti-espagnole partageaient la même méfiance. Il semble même qu'autour de l'évêque on appréhendât de le voir succomber sous le poids des lourdes charges qu'il avait assumées; car on lui adjoignit pour les affaires militaires un vieux commis nommé Beaucler, chargé de lui « faire leçon (4) ». Mais il montra bientôt qu'il n'avait de leçon à recevoir de personne.

Cet homme était fait pour gouverner. Jusque-là, il avait marché, contraint et courbé, dans les avenues de l'ambition et de l'intrigue. A peine au pouvoir, sa taille se redresse : il est encore tout vibrant de jeunesse : sa sagesse même a quelque chose de passionné. Il ne faut nullement se représenter ici le futur cardinal, l'homme d'État de grand poids et de physionomie grave que la tradition, par un procédé de simplification trop aisé, ramène à un type unique et consacré. Le nouveau ministre est beaucoup plus près de ce qu'a été le marquis de Chillou. C'est à peine s'il a perdu l'aspect de l'adolescence, ses habitudes physiques et son ton cavalier. Il ne paraît en évêque que dans les cérémonies publiques. Dans le cours de la vie, c'est un jeune courtisan maigre et grêle, à l'aspect sérieux et intelligent. C'est ainsi, par exemple, qu'il apparaît à l'abbé de Marolles, mandé du collège pour recevoir une semonce sur la conduite de son père, mêlé à la révolte de Nevers; au milieu de l'algarade, le collégien eut le

---

(1) *Mémoires de* RICHELIEU (t. I, p. 132). — LE CLERC dit qu'il céda sa charge à l'évêque de Langres et « qu'il en tira une bonne somme d'argent dont il paya quelques dettes de sa maison et se mit en état de vivre avec plus de splendeur à la cour ». *Vie du Cardinal.* édit. de 1753 (t. I, p. 20).

(2) Le pape approuve le choix de Luçon comme ministre et prescrit au Nonce de remercier le maréchal d'Ancre de cette nomination : BENTIVOGLIO (t. I, p. 61).

(3) *Ibid.* (p. 83), et *Correspond.* (t. VII, p. 377).

(4) *Recueil de diverses pièces* (édit., de 1637, p. 27).

temps de jeter un coup d'œil autour de lui : « Là, dit-il, était
M. de Luçon, en habit noir, renversé sur une chaise de cuir,
tandis que le garde des sceaux était debout en me parlant sur ce
sujet... (1). »

On rencontre aussi l'évêque aux bals de cour, même aux bals
masqués (2). Dans les audiences, il est empressé, affable, donne
sa foi « de cavalier et de gentilhomme », parle abondamment,
mêlant, au besoin, le français et l'italien (3). Il écrit vite et bien.
Il écrit beaucoup. Parfois, il dicte à ses secrétaires de courts résu-
més qu'ils n'auront qu'à développer. Mais, le plus souvent, il
prend lui-même la plume et s'applique avec un réel souci de la
forme et même une pointe de prétention à ce sujet.

En tout, il a la coquetterie des débutants, l'entrain des
jeunes, une confiance dans le succès que l'expérience n'a pas
encore atteinte. Ignorant encore de la force des petits obstacles,
il va devant lui, court et galope avec une gaîté, une allure où
il y a du fond et de la race, mais aussi une étonnante impres-
cience des événements qui, pourtant, s'approchent déjà, et de la
catastrophe qui va bientôt l'envelopper. C'est de ce contraste que
naît le drame de ce court et tragique premier ministère.

Le duc de Nevers, ayant rompu avec la cour après l'arrestation du prince de Condé, avait allumé un incendie qu'il ne
fut plus question d'éteindre. C'était un singulier esprit que ce
Nevers, et Guez de Balzac nous a laissé de lui un portrait que
Saint-Simon ne désavouerait pas : « Je ne vis jamais d'imagination
si fertile et si chaude que la sienne. Il ne se pouvoit voir de
raisonnement plus vite, ni qui courût plus de pays, ni qui revînt
plus difficilement au logis. Mais cette fertilité et cette étendue
ne faisoient que fournir matière à l'extravagance et donner
plus d'espace à des pensées folles... Il péchoit surtout en subti-
lité ; il avoit trop de ce qui élève et qui remue et trop peu de ce
qui fonde et qui affermit. Son repos même étoit agité : il dictoit

(1) Cité dans *Correspond.* (I, p. 513, note).
(2) Lettre de Montelcone, citée dans CAPEFIGUE, *Richelieu, etc.*, 1844 (t. I, p.177).
(3) « Il viscovo rispose in italiano : « Signori, vi giuro da cavalier e gentilhuomo,
che il Re vuole che habbiate il passo... » *Ambass. Vénit.* (vol. 1770, f° 154).

ses dépêches en dînant. Il dormoit les yeux ouverts, et l'un de
ses domestiques m'a dit que, de ces yeux ouverts, il sortoit des
rayons si affreux que, souvent, il en eut peur et ne s'y accoutuma
jamais bien (1). » Ce bon duc, très excité depuis l'arrestation du
prince de Condé agitait tout, dans la province de Champagne. Il
traitait insolemment les envoyés du roi ; il levait des troupes ; il
jetait du monde dans les villes frontières ; il vendait la coupe de
ses bois pour faire de l'argent ; il était sans cesse en relation avec
Sedan et avec cet infernal Bouillon (2).

Celui-ci, esprit caustique et rebelle expérimenté (3), jetait l'huile
sur le feu et excitait le pauvre Nevers qui n'avait pas besoin
d'être mis hors de sens. Après l'arrestation de Condé, Bouillon
avait dit en s'échappant : « Notre procès ne peut se vider qu'à
huis ouvert ; que ceux qui ont accoutumé d'en juger à huis clos
aillent à Paris, s'ils veulent s'y enfermer ; je tiens que le chemin
de Soissons est le plus assuré que nous puissions tenir. » Et, en
effet, Soissons et les provinces de l'Est devaient être le champ de
cette nouvelle rébellion. Terrain bien choisi, puisqu'il commandait la capitale, coupait ses relations avec le dehors, et assurait,
par les Flandres, la Belgique et l'Allemagne, la venue des troupes
étrangères destinées à renforcer les armées des princes. « Je suis
contraint de me sauver sans bottes, aurait encore dit Bouillon,
mais pour un bas de soie qu'on me fait gâter, je ferai user par
centaines les paires de bottes (4). » Sa prédiction se réalisait,
toute la France de l'Est était à cheval et bottée.

Les nouveaux ministres ne s'en étonnaient nullement. Luçon
lui-même, oublieux de ses bonnes relations avec le Père Joseph
et avec le duc de Nevers, répondit sur un ton ferme et moqueur
qui dut exaspérer le rebelle, à une lettre de plainte que celui-ci
avait publiée.

---

(1) *Aristippe*, Discours quatrième, dans l'édit. des *Œuvres de* Balzac publiée par
Moreau, 1854, in-12 (t. II, p. 203).

(2) Le 27 novembre, on avait appris que Bouillon renforçait la garnison de Sedan.
Le 1er décembre, on a nouvelle à la cour que Nevers a surpris Sainte-Menehould, et y
a mis une forte garnison.

(3) Richelieu appelle Bouillon « le démon des rébellions ». (*Mémoires*, I, p. 130).

(4) *Journal* d'Arnauld (p. 200).

D'ailleurs, les grandes résolutions étaient prises. Une des premières lettres de notre évêque donne tout de suite le ton : « Reste maintenant l'affaire de M. de Nevers, qui, s'étant assuré force gens, ayant actuellement levé un assez bon nombre, grossi ses garnisons, muni ses villes, et écrit en fort mauvais termes, a donné par ce procédé, de grands et justes sujets de plainte à Sa Majesté qui, par la grâce de Dieu, est en état de se faire obéir. On ne sait pas encore comment cette affaire se terminera, si doucement ou par les armes. Tout ce que je vous en puis dire est que véritablement Leurs Majestés désirent avec passion que mondit sieur de Nevers se reconnaisse et leur donne sujet de n'employer point leurs forces contre lui. S'il ne le fait, Elles sont obligées, par raison d'État, de le mettre à la raison et s'y sont résolues, comme tous autres qui voudraient s'élever contre leur autorité (1). »

Pour soutenir ce langage, il fallait des forces et il fallait de l'argent. L'argent, c'était affaire à Barbin de le trouver. Ses prédécesseurs avaient laissé la caisse vide : l'avarice des grands avait épuisé le royaume, et maintenant qu'on voulait « châtier leur insolence », on était ruiné (2). On dut donc recourir à ces moyens fâcheux, usités sous l'ancien régime dans les grands besoins. On décréta, par voie d'édits, qu'une taxe supplémentaire serait perçue par les élus (3). C'était une mesure arbitraire. La cour des aides refusa d'enregistrer les nouveaux édits. Mais les présidents furent convoqués au Louvre, et là, une algarade assez vive se produisit entre leur chef, le président Chevalier, et le garde des sceaux, Mangot. Celui-ci représenta la nécessité des finances, les excessives dépenses que le roi était contraint de supporter, l'urgence de recourir à des moyens extraordinaires pour y subvenir. Chevalier, en bon parlementaire, tonna contre le gaspillage et le désordre régnant dans les finances de l'État. Mangot répondit que les reproches en question portaient sur l'administration précédente, qu'il était dans les intentions du nouveau contrôleur général de porter remède aux abus signalés; mais que, pour le moment, il fallait

---

(1) Lettre du 23 déc. 1616. *Corresp.* (t. VII, p. 327).
(2) Voir *Correspond. des Ambass. Vén.* (t. 1770, f⁰ 291).
(3) Pontchartrain (t. II, p. 267) et *Ambass. Vén.* (f⁰ 300).

de l'argent à tout prix, et il enjoignit à la cour des aides d'enregistrer les édits (1). Quelques jours après, on envoya auprès d'elle
le comte de Soissons assisté d'un maréchal de France et de trois
des plus anciens du Conseil, et il fallut bien s'exécuter. Les ministres se procurèrent ainsi quelques ressources.

Barbin était, d'ailleurs, disposé à s'appliquer sérieusement à
ses fonctions, et à mettre un peu d'ordre dans le bourbier suspect
où la bonhomie de son prédécesseur, le président Jeannin, avait
fini par se perdre. Assisté d'un homme expérimenté, Arnauld,
l'intendant, il fit préparer un relevé complet de tous les états de
ressources et de dépenses du Trésor pour l'année 1617. Il voulut
que ce travail fût prêt le 1er janvier; ainsi, pour la première fois
depuis Sully, et pour la dernière fois, peut-être, jusqu'à Colbert, on
vit, au début de l'année, un budget complet de « l'exercice » dans
lequel on allait entrer. Ce travail permit de relever de grosses irré-
gularités. On s'aperçut, par exemple, que, rien que dans la solde
des Suisses, il y avait des manquants montant à près de 300 000 livres. Arnauld d'Andilly, qui nous raconte ce détail, fait observer
simplement que M. de Castille, gendre du président Jeannin, était,
en même temps, ambassadeur en Suisse, et était chargé, par conséquent, à la fois de conclure les traités et de verser les sommes qui
lui étaient remises par son beau-père. De telles insinuations visant
des personnes qui passaient pour honnêtes, s'expliquent par les
mœurs du temps. Personne ne s'étonnait de voir des particuliers
s'enrichir aux affaires. On demandait seulement qu'ils y missent
quelque mesure (2).

Dans l'affaire des élus, sur laquelle s'était expliqué le président
Chevalier, on fut également obligé de convenir, après vérification,
que l'affermage était fait dans des conditions fâcheuses pour les
intérêts du roi. La corruption, la faiblesse des gouvernements précédents pesaient ainsi sur la nouvelle administration. Mais celle-ci

---

(1) *Journal* d'ARNAULD (p. 246). — Cet incident a frappé Richelieu. Car il en fait
mention dans ses notes intimes. Voir *Maximes d'État et fragments politiques...* dans
Collect. des Documents Inédits (p. 729).

(2) Voir tous ces faits dans les *Mémoires* d'ARNAULD D'ANDILLY, qui collabora, avec
son oncle Arnauld, l'intendant, à la confection de ce travail (édit. de 1734, p. 110). —
Voir aussi *Journal* d'ARNAULD (p. 252).

eut à peine le temps de se reconnaître et de pourvoir au plus pressé.

On avait réuni quelque argent; il fallait des armées. On songea d'abord à s'assurer des chefs dévoués et autorisés. La puissance royale était si diminuée que l'investiture du commandement de la part du prince n'eût pas suffi pour donner à un général l'autorité nécessaire. Il fallait qu'il eût, par lui-même, une grande situation et qu'il entraînât, en quelque sorte, tout un parti derrière lui dans le service du roi. Quelque temps avant l'arrivée de Richelieu au pouvoir, on avait fait sortir de la Bastille un homme de grande naissance, qui avait la réputation d'un bon officier général; c'était le comte d'Auvergne, fils naturel de Charles IX et de Marie Touchet, emprisonné par Henri IV lors du complot de Mme de Verneuil, et qui avait cuvé l'esprit de rébellion dans les loisirs d'une longue détention à la Bastille. Par un retour de confiance, où se peint toute une époque, on le délivra pour lui confier le commandement d'une armée. On s'assura aussi du duc de Guise, qui, un instant, s'était engagé avec les princes; en s'y prenant adroitement, on put le ramener à la cour, et le réconcilier avec le maréchal d'Ancre. Enfin, on avait sous la main un vieux soldat, vaniteux mais brave, Montigny. Tels furent les chefs qu'on destina aux armées qu'il s'agissait maintenant de rassembler.

Ceci était l'affaire particulière du nouveau ministre de la guerre; mais il se heurtait à de grandes difficultés. L'armée n'existait plus : ni cadres, ni troupes. Pour la refaire, il fallait, de toute nécessité, s'adresser aux gentilshommes et aux capitaines qui opéraient le recrutement par le système des commissions. Mais, par ce temps d'indiscipline universelle, ils se montraient très exigeants. Le moindre d'entre eux marchandait longuement et faisait payer chèrement un concours toujours mal assuré.

Le mieux était de recourir aux troupes étrangères : la Suisse avait, depuis longtemps, le privilège de fournir aux armées françaises leur plus solide noyau; l'Allemagne avait été la grande « matrice des hommes » durant les guerres du XVIe siècle; la Hollande était l'école des officiers et des ingénieurs. Pour s'assurer les ressources en hommes que ces pays voisins pouvaient fournir, la politique du nouveau cabinet dut donc s'orienter sans retard vers les questions extérieures (1).

D'ailleurs, les princes rebelles avaient pris les devants. On n'ignorait pas que Bouillon, familier de tous les souverains, agissait auprès des puissances hostiles à l'Espagne, décriait partout le nouveau gouvernement, et réclamait des secours pour les rebelles français, en invoquant l'intérêt général de l'Europe. Il parlait, en somme, le langage traditionnel de la politique française, celui de Henri IV, celui qui devait servir plus tard à Richelieu lui-même. Il disait que les mariages espagnols subordonnaient la France à la politique de l'Escurial. Près des patriciens de Venise, il agitait le spectre de l'asservissement de la Péninsule; aux États généraux de Hollande, il rappelait les souvenirs de la guerre de l'indépendance; au roi Jacques d'Angleterre, il faisait un cas de conscience de laisser le royaume de Henri IV s'inféoder de plus en plus à la papauté; il implorait surtout l'appui des princes protestants de l'Allemagne au nom d'une vieille confraternité d'armes; enfin, il savait qu'il trouverait dans le duc de Savoie un ambitieux toujours prêt à rechercher, parmi les complications internationales, l'accroissement de son domaine et la fortune de sa dynastie. Ses émissaires étaient partout. Ils dénonçaient l'influence toujours croissante des Italiens à la cour de France. Ils assuraient, non sans raison, que les Espagnols avaient les Concini à leur solde. Ils se plaignaient que les affaires du royaume fussent aux mains d'un évêque notoirement dévoué à l'Espagne. Ils justifiaient ainsi la cause des rebelles et demandaient des hommes, des armées, de l'argent. On les écoutait.

Or, au même moment, des dissentiments graves agitaient l'Europe. Les querelles qui divisaient les princes du Nord de l'Italie

---

(1) On songeait même à recourir aux troupes espagnoles : « La reine fait toujours de grands efforts pour retirer Amiens au duc de Montbazon et le donner au maréchal d'Ancre. Non pas tant pour être agréable au dit maréchal d'Ancre que pour sa propre cause; car elle désire entièrement être, par lui, en possession complète de la Picardie, pour pouvoir, au besoin, faire pénétrer, par là, dans le royaume un secours d'Espagnols ». Lettre des *Ambassad. Vénit.*, datée du 13 décembre 1616 (vol. 1770, f° 166). — Sur le plan politique de la Reine et du maréchal d'Ancre, V. *Mémoires* de PONT-CHARTRAIN (t. II, p. 268). — Il est à remarquer que Richelieu confirme ce détail, en disant qu'il s'opposa toujours au projet de la Reine et du maréchal d'Ancre. (*Mémoires*, I, p. 496); Voir aussi *Corresp.* (t. VIII, p. 16).

pouvaient devenir les premières étincelles d'un grand incendie.
Les ambassadeurs de Venise et du duc de Savoie assiégaient, à
leur tour, les ministres du roi et imploraient leur intervention.

C'est dans ces circonstances que l'évêque de Luçon prenait la
place de Mangot, dont l'insuffisance notoire avait encore embrouillé
une situation très compromise, tandis que Villeroy boudait dans
son coin, après avoir emporté tout ce qui pouvait éclairer ses successeurs sur les origines et sur les relations si complexes des affaires
qu'ils avaient à traiter.

II. — La politique extérieure. — La mission de Schomberg. — Les affaires d'Italie.

A peine ministre, le premier soin de Luçon fut d'entrer en contact avec les représentants du roi au dehors par une véritable « cir-
culaire » dont il traça lui-même les grandes lignes dans les termes
suivants : « Faut faire une dépêche à tous les ambassadeurs qui
portera, qu'ayant plu au roi me mettre en la charge de secrétaire
d'État, j'ai été extrémement aise d'avoir les affaires étrangères pour
avoir l'occasion de l'y servir; qu'ils peuvent croire que j'embrasse-
rai toutes les occurrences qui s'y présenteront; que, de leur part,
ils me feront plaisir de me les donner. Mais qu'ils se peuvent assurer *que je n'aurai point besoin d'avis en celles que je verrai moi-
même...* » Après cette entrée en matière quelque peu assurée, il
songe que les renseignements lui manquent; il demande aux agents
du roi de lui adresser non seulement une relation complète de ce
qui se passe dans le pays où ils résident, mais aussi de lui trans-
mettre une « copie de l'instruction qui leur fut donnée lorsqu'ils par-
tirent en ambassade... ». S'il attend ce secours de leur obligeance,
il leur promet en échange tout son appui auprès du roi (1).

Le ton un peu hautain de cette première communication paraît
avoir déplu aux ambassadeurs qui, pour la plupart, étaient des

(1) Minute inédite de la main de Richelieu. — Fait partie de la collection des documents précieux, venant de Lord Asburnham, que la savante vigilance de M. Léopold
Delisle a reconquis pour notre grand dépôt public.

personnages importants en un temps où l'évêque était encore sur
les bancs du collège. Les diplomates, gens de nuances, sont sus-
ceptibles. Le vieux Léon, ambassadeur à Venise, homme méthodi-
que et grave, attaché probablement à l'ancien ministre Villeroy,
ne cacha pas à l'évêque sa façon de penser, et il saisit bientôt une
occasion d'apprendre le métier à ce blanc-bec : « Vous me per-
mettrez de vous dire que voilà deux ordinaires passés sans que j'aie
reçu aucune réponse du roi en réponse aux miennes... Ce qui dé-
soriente et met en peine les ministres qui servent au dehors... La
coutume est d'écrire à chaque ministre une lettre au nom du roi et
une autre au nom de la reine, sa mère... il est à propos d'accuser
en icelles réception auxdits ministres... Voilà en gros ce que je
puis vous dire en cette heure (1). » Tresnel, ambassadeur à Rome,
était un personnage assez médiocre ; il se fâcha, lui aussi, pour
quelque formule de politesse oubliée et se plaignit hautement (2).
Le ministre en Hollande, du Maurier, était plus prudent, mais il se
tenait sur la réserve (3). Avec de tels instruments, Luçon, isolé, sans
secours, n'ayant guère, pour l'aider, que son cabinet intime, avait
des heures pénibles. Les ambassadeurs des puissances à Paris en
faisaient l'observation. Bentivoglio écrit : « Monteleone se plaint que
Luçon est distrait quand il lui parle, et qu'il ne lui prête pas
toute l'attention désirable. Et vraiment, le pauvre homme, outre
qu'il est nouveau dans les affaires, en a pris la conduite dans un
temps de tourmente ; il n'est donc pas étonnant s'il est distrait par
la multitude de ses devoirs. »

Dans ces moments, son tempérament nerveux prenait le dessus.
« Je n'ai jamais été au milieu des grandes entreprises qu'il a fallu
faire pour l'État que je ne me sois senti comme à la mort, » écrivait-il quelques années plus tard. Mais de telles crises ne duraient
pas ; et cette âme énergique avait bientôt retrouvé tout son ressort.
Après avoir reçu la lettre de Léon, il le remercie sur le ton de la
plus fine ironie, « de ce que, non content de satisfaire au désir que

---

(1) *Correspond.* (t. VII, p. 314).
(2) *Correspond.* (t. VII, p. 919, 922).
(3) Sur l'attitude de Du Maurier, cfr. *Correspond.* (t. I, p. 240, note de M. AVENEL) et
l'ouvrage si intéressant de M. OUVRÉ sur *Aubéry du Maurier*, 1853 (p. 247).

j'ai de prendre connaissance du sujet de votre ambassade, vous
avez voulu, par un excès de bonne volonté, me prescrire comme
quoi je me dois gouverner en toutes les autres. » Mais son parti
était pris de changer tout ce personnel lié au passé et de n'employer
partout que des hommes nouveaux.

Cette résolution une fois arrêtée, il consacra quelques semaines à
un examen rapide de la situation de l'Europe et à l'étude des diverses questions qui se présentaient à lui, ne voulant agir que quand
il se sentirait en pleine connaissance des affaires et bien maître de
ses intentions.

Le premier pays qui attirait ses regards, c'était l'Italie. Un des
problèmes politiques les plus graves qui puissent retenir l'attention
des hommes d'État français était posé à cette époque : il s'agit de la
possession de ces vallées des Alpes par lesquelles l'Allemagne entre
en communication avec les puissances méridionales, rivales de la
France. A cette époque, l'Espagne était puissante. Elle régnait
sur la Belgique et sur la Franche-Comté ; elle dominait l'Italie.
Ses armées, suivant les routes militaires ouvertes par les Romains,
s'efforçaient de gagner le Rhin supérieur à travers les défilés des
Alpes centrales. Établir ce réseau de routes d'une manière durable,
c'était fermer le cercle qui enserrait nos frontières (1).

Heureusement, en Italie même, les ambitions tenaces de l'Espagne
rencontraient deux adversaires luttant pour leur propre compte.

C'était la Savoie et c'était Venise.

La dynastie de Savoie, encore blottie dans son aire, passait
seulement la tête et humait le vent. La paix conclue à Lyon, par
Henri IV la détournait de la France, proie hors de proportion,
sinon avec ses appétits, du moins avec ses forces. L'échec réitéré
des fameuses escalades de Genève lui avait appris qu'il n'y avait
rien à prendre sur la Suisse. Ne pouvant satisfaire ni « sa soif de
Genève », ni « sa faim de Grenoble », elle se tournait vers ces grasses
plaines de l'Italie, où sa rapide fortune devait bientôt s'abattre.

(1) Les précédents de la question des défilés alpins sont remarquablement exposés
dans le livre de M. Ed. Rott, *Henri IV, les Suisses et la Haute Italie, la lutte pour les
Alpes* (1598-1610) ; Plon, 1882, in-8°. La carte jointe à cet ouvrage est précieuse à consulter.

Elle était représentée, alors, par un des types les plus remarquables de la race, Charles-Emmanuel, petit homme noir, Italien
par l'intelligence, l'adresse, la fertilité extraordinaire des desseins
et des ressources, plus homme du Nord par le sang-froid, la force de
résistance et l'inébranlable fermeté. C'était vraiment l'aigle rapace.
Tout pour lui était butin. Il convoitait tout, il attaquait tout; il
avait toujours du sang aux ongles; et les rudes coups qu'il recevait
parfois ne faisaient que l'étourdir. Fontenay-Mareuil le définit en
deux mots : « le plus ambitieux prince du monde et le plus inquiet »; et Brèves, l'ambassadeur, le juge de même : « Tant que son
esprit traversier vivra et aura de quoi, il troublera toujours le
monde. » Il devait, en effet, tailler de la besogne aux diplomates,
« faisant endiabler quiconque le voulait servir tout autant que ses
ennemis » (1).

Cet étonnant brouilleur de cartes avait toujours, en raison de
sa nombreuse famille, quelque mariage à manigancer, quelque
prétention à produire, quelque tutelle à exercer qui, par une suite
de déductions aussi plausibles qu'inattendues, lui permettaient
de réclamer, au détriment de la tranquillité générale, le privilège le plus odieux du cousinage, celui de se mêler des affaires
d'autrui.

La mort de Henri IV l'avait bien surpris; car justement il négociait un mariage avec le roi, grand marieur aussi de son côté.
Une alliance politique doublait l'union éventuelle des deux dynasties, et on partait ensemble en guerre contre l'Espagne, quand
le roi de France mourut. Profonde déception et terrible embarras
pour le duc, qui restait tout seul en face de l'énorme molosse
espagnol, grondant et déchaîné (2).

---

(1) Cfr. FONTENAY-MAREUIL (p. 80). — PERRENS, Mariages espagnols (p. 28-30 et p. 319).
— WATSON, dans son Histoire de Philippe III, fait du duc Charles-Emmanuel un éloge
vraiment hyperbolique (t. II de la traduction française, p. 116). — La Réponse aux
plaintes des Malcontens, insérée dans le Mercure françois dit judicieusement : « A la
vérité, il seroit grandement à désirer que, comme la valeur et le courage de ce prince
font qu'aujourd'hui il est en admiration parmi les plus belliqueux... il y eut aussi en luy,
pour tempérer cette ardeur et magnanimité d'esprit, la froideur et égalité aux affaires que
doivent nécessairement avoir tous les princes qui ont leurs États médiocres et qui ont des
voisins beaucoup plus puissants qu'eux-mêmes. » Mercure françois (t. IV, p. 111).

(2) L'Espagne, vraiment, l'avait échappé belle. Henri IV s'était engagé à fond, pour sui-

Par quels trous tortueux le Savoyard ne dut-il pas passer pour échapper à la colère qu'il avait suscitée? Son fils, le prince Philibert, dut aller en Espagne subir les rebuffades de l'orgueil castillan et implorer le pardon de l'alliance conclue avec Henri IV. Il est vrai que, tout en négociant un nouveau mariage pour ce fils, à Madrid, le duc en traite un autre tout contraire en Angleterre, et qu'en Italie il trame une vaste alliance entre les États hostiles à la domination espagnole. C'est alors qu'il adresse effrontément aux Italiens un manifeste célèbre où le fin renard fait parade de ses plus beaux tours : « Mes armées sont la sauvegarde de l'Italie ; le roi d'Espagne tient sous le joug Naples et Milan ; les embarras de Venise se multiplient, la Toscane est comme assiégée, Rome hésite ; Gênes, sous le canon des flottes de Barcelone, n'obéit qu'aux ordres de Madrid ; si je désarme, la Péninsule ne comptera plus que des traîtres et des esclaves. Que l'opinion des Italiens dicte ma réponse (1) ! »

L'Espagne possédait, en Italie, Naples et le Milanais ; elle avait Mantoue sous sa protection. On ne pouvait lever un doigt dans la Péninsule sans toucher à ses intérêts ou à ses prétentions. Mais, en raison même de la grandeur et de la diversité de ses possessions, elle était obligée de laisser à ses vice-rois une grande indépendance. L'Espagne, comme l'Angleterre d'aujourd'hui, était dispersée sur le monde entier. Sa politique était toujours partagée entre la nécessité de s'étendre sans cesse et la difficulté de garder des acquisitions de plus en plus éloignées. Aussi, même en Italie, le vice-roi de Naples et le gouverneur du Milanais étaient-ils à peu près les maîtres dans leur province. Leur action, subordonnée seulement dans sa ligne générale aux intérêts de la couronne, était dirigée, le plus souvent, selon les

---

vre en Italie, d'accord avec la Savoie, une politique qui eût modifié, probablement, il y a trois siècles, le sort de la péninsule. Je reviendrai sur la question. Voir, notamment, le *Lesdiguières de* M. DUFAYARD (p. 344), et relire l'exposé que fait Villeroy à l'ambassadeur vénitien Foscarini, le 14 juillet 1610, d'un grand projet de confédération italienne, avec le duc de Savoie et le pape, contre l'Espagne, dans *Relazioni*, XVIIe siècle, *Francia*, (t. I, p. 340). — La régence de Marie de Médicis avait modifié tout cela.

(1) SAINT-GENYS, *Histoire de Savoie* (t. II, p. 252). — Au sujet du mouvement d'opinion si accentué qui se produisit, à cette époque, en Italie, contre la domination espagnole, cfr. DOMENICO CARUTTI, *Istoria della diplomazia di Savoia;* Torino, Bocca, 1876 (t. II, p. 132).

vues et le tempérament particuliers de ces hauts personnages.

Dans la période qui avait suivi immédiatement la mort de Henri IV, Charles-Emmanuel avait eu affaire dans le Milanais à un gouverneur si réservé, si timoré qu'on finit par l'accuser, à Madrid même, d'infidélité. C'était le marquis d'Inojosa. Il fut rappelé. On lui donna des juges et on le remplaça par Don Pedro de Tolède, homme énergique, hautain, porté, autant par caractère qu'en raison des circonstances de sa nomination, à prendre le contre-pied de la politique prudente de son prédécesseur. Il déclara tout de suite « qu'il était décidé à faire reconnaître par le monde entier que les Espagnols ne se soumettent qu'à ce qui leur plaît, sans prendre égard à quoi que ce soit, quand il s'agit d'une affaire où il y va de leur grandeur et de leur supériorité. »

Avec Charles-Emmanuel, les sujets de conflit ne manquaient pas. Tout auprès de la Savoie, et, si je puis dire, sous son aile, un petit pays, le Montferrat, la séparait seule du duché de Milan. Le Montferrat appartenait aux ducs de Mantoue. En 1612, François, duc de Mantoue, était mort, laissant une fille âgée de trois ans, de son mariage avec Marguerite de Savoie, fille de Charles-Emmanuel. Celui-ci, en bon grand-père, mit d'abord la main sur l'héritage de sa petite-fille, ou, du moins, sur ce qui était à sa convenance, le Montferrat (avril 1613). Ceci se passait du temps du marquis d'Inojosa. A la suite d'une guerre de courte durée, la France était intervenue, et sa médiation avait fait accepter, par les belligérants, la paix d'Asti (21 juin 1615), qui, en somme, était favorable au duc Charles-Emmanuel (1). C'est à la suite de ces événements qu'Inojosa avait été disgracié. L'exécution du traité d'Asti fut donc le point sur lequel Don Pedro fit porter sans retard ses réclamations (2).

Charles-Emmanuel, malgré l'engagement qu'il avait pris dans le traité, avait continué ses armements; Don Pedro le mit en de-

_____

(1) Voir la correspondance de l'ambassadeur vénitien CONTARINI, notamment ses lettres du 26 mai et du 16 juin (vol. 1768, f⁰ˢ 68 et 112-117) et, plus loin, l'importante lettre du duc de Savoie au sénat de Venise, au sujet de la paix d'Asti (f⁰ˢ 160-172).

(2) Sur les origines des affaires de Mantoue et du Montferrat, voir un bon mémoire dans le *Mercure françois* (t. IV, p. 114), et FONTENAY-MAREUIL, *Mémoires* (p. 66). — Je n'ai pas besoin d'ajouter que toutes les archives et tous les ouvrages relatifs à cette période sont encombrés de documents sur ce sujet.

meure de disperser ses troupes. Mais Charles-Emmanuel s'y refusa.
Il se croyait fort. Il avait contracté des alliances avec Jacques Ier et
avec la République de Venise et avait reçu de l'argent de ces deux
gouvernements : il avait levé et instruit ses excellentes milices sa-
voisiennes, enrôlé des troupes en France, en Suisse, en Lorraine,
acheté des mousquets à Genève, intrigué partout, et surtout en
France, auprès de son grand ami.et voisin, le maréchal de Lesdiguières. Il se sentait vivre, puisque tout, en Europe, était troublé
à cause de lui.

De ces diverses intrigues, les plus importantes étaient assurément celles qu'il poursuivait avec les Vénitiens et avec Lesdiguières. Venise était, pour l'Espagne, une adversaire beaucoup plus ancienne et plus irréductible que la Savoie. Ceux qui combattaient la
monarchie péninsulaire pouvaient toujours escompter, de sa part,
une prudente adhésion. Pour le moment, la République était engagée dans un défilé très étroit, où la force et l'adresse de sa
grande rivale l'étreignaient cruellement. Il ne s'agissait pas de
secourir les autres, mais bien de les appeler à l'aide.

La République « reine de l'Adriatique » avait, par-dessus tout,
besoin de sécurité sur les eaux. Mal protégée par ses lagunes, non
fortifiée et non fortifiable, tout danger qui s'approchait d'elle, si
mince qu'il fût, la faisait trembler. Or, depuis plusieurs années, elle
se trouvait aux prises avec un ennemi qui, pour n'être qu'un mou-
cheron, à comparer avec la puissance du lion de Saint-Marc, ne lui
en faisait pas moins de cruelles piqûres. C'était la tribu célèbre des
Uscoques.

Ce ramassis de brigands et de transfuges, formé, dans la première moitié du xvie siècle, à l'abri des îlots qui découpent le
fond de la mer Adriatique, était cantonné autour de la ville de
Segna. De là, il menaçait sans cesse la navigation, attaquant
le plus souvent les Turcs, mais, faute de mieux, s'en prenant
aux Vénitiens. Venise avait la prétention de faire la police de ses
eaux. Elle résolut de mettre le pied sur ce nid de forbans. Mais elle
se heurta à la maison d'Autriche. En effet, les Uscoques avaient ré-
clamé la protection de l'archiduc Ferdinand d'Autriche, proche pa-

rent de l'Empereur (1), Segna étant situé sur son territoire. Au cours
de leur expédition, les troupes vénitiennes avaient ravagé les terres
de l'archiduc. Les sujets de Ferdinand se vengèrent, et le sénat de
Venise, sortant des bornes de sa prudence habituelle, se décida à
entrer en guerre ouverte avec l'archiduc. En décembre **1615**, le
généralissime des forces vénitiennes, Pompeo Giustiniani, avait reçu
l'ordre de mettre le siège devant la ville autrichienne de Gradisque.
Pompeo passait pour un bon général, mais ses troupes étaient dé-
plorables : « La lâcheté et la bonhomie de ses soldats que les prières,
l'autorité, les menaces et les coups de leurs capitaines ne purent
jamais déterminer à tenter l'escalade, firent échouer l'entreprise. »
Quelques temps après, P. Giustiniani fut tué dans une reconnaissance. On lui éleva un tombeau magnifique et une statue équestre.
Mais cela ne constituait pas une armée pour son successeur, Jean
de Médicis (2).

Or, justement, Don Pedro de Tolède, ayant assumé le gouvernement du Milanais, menaçait de prendre Venise à revers. Les affaires de l'Espagne étaient étroitement jointes à celles de l'Autriche.
Il pensait que l'occasion était excellente pour briser, d'un coup, la
force de l'orgueilleuse République. Au même moment, deux autres
Espagnols non moins redoutables, le vice-roi de Naples, le célèbre
duc d'Ossuna, et l'ambassadeur du roi catholique près de la République, le marquis de Bedmar, méditaient aussi sa perte. Un
vaste complot, sur les origines et la portée duquel le dernier mot
n'est pas dit encore, était tramé au sein des armées de mer-

---

(1) On trouvera un bon exposé de l'affaire et un tableau de l'attitude respective des
puissances, au sujet du conflit entre l'archiduc Ferdinand et les Vénitiens, dans LEVASSOR
(t. I, p. 569).

(2) Sur tous ces points voir DARU, *Histoire de Venise* (t. IV, p. 352). — L'appréciation sur les troupes vénitiennes est empruntée à la *Correspondance de LÉON et au
Journal de son ambassade,* conservés à la Bibliothèque Nationale. — J'avais, par erreur,
donné au commandant des troupes italiennes le nom de Frangipani. Celui-ci commandait
dans Segna. M. le marquis Luigi Frangipani a bien voulu me signaler cette confusion et
me communiquer l'épitaphe inscrite sur le monument de Giustiniani : *Pompeio Justi-
niano, patritio genuensi, præcipuarum arcium in Belgio expugnatori, intrepida
brachii obtruncatione apud Ostend. coeleber. Venetæque R. P. cum armis imperio
præf. gen. Ad natis invicto flammicrepo marte confosso. MDCXVI. Armis et calamo
bellatorib. conspicuo miratrici famæ servato post funus pub. statuam eq. et monu-
mentum exs. c.*

cenaires enrôlées par le Sénat, et jusque dans la ville même (1).

Dans ce péril, Venise, à son tour, cherchait des alliés. Il est naturel qu'elle ait pensé tout d'abord au duc de Savoie : un intérêt commun rapprocha les deux adversaires de don Pedro de Tolède. Un traité d'alliance fut donc signé entre eux, le 21 juin 1615, à Asti (2). En cas de rupture nouvelle avec l'Espagne, Venise devait fournir au duc un subside en argent et un corps de 4 000 hommes pour opérer contre le Milanais. La République devait, en outre, mettre une flotte à la mer. Mais, comme le duc de Savoie, elle manquait de soldats et elle devait les chercher au dehors. Elle s'adressa à tous les ennemis de la maison d'Espagne; d'abord, aux Provinces-Unies, qui conclurent, elles aussi, un traité d'alliance avec la République italienne; de ce chef, on put compter sur un corps de 4 000 Hollandais qui vint débarquer et passer la revue sur la place Saint-Marc, à la grande satisfaction du parti de la guerre, mais au grand effroi des gens timides et expérimentés, qui voyaient avec terreur ce corps redoutable d'hérétiques, maître de la ville. On se hâta de l'expédier vers le Frioul (3).

On s'adressa aussi aux cantons suisses. Parmi eux, les catholiques restèrent fidèles à l'Espagne. Mais Berne et Zurich se laissèrent charmer par le son des sequins et promirent des soldats (4). Pour permettre à ces recrues de gagner son territoire, et, en même temps, pour achever cette vaste entreprise d'enrôlement, Venise devait s'entendre avec une petite république voisine, maîtresse des défilés des Alpes, les « Ligues grises ». Or, ces peuples, à demi barbares, étaient engagés, depuis longtemps, dans l'alliance de la France. Henri IV avait renouvelé les traités qui lui assuraient, à lui et à ses successeurs, le privilège exclusif de recruter ses armées chez les Grisons et de faire passer ses troupes par les importants défilés qu'ils occupaient (5).

---

(1) C'est la fameuse conjuration de 1617-1618, au sujet de laquelle on a tant écrit et qui est, certainement, un des romans les plus passionnants que puisse présenter la réalité historique.

(2) DARU (t. IV., p. 379).

(3) *Codex diplomaticus.* LUNIG (t. II, pars 2, sectio 6, XLI). — DARU (p. 369).

(4) LUNIG (*loc. cit.*, XXXVIII).

(5) LEVASSOR (I, p. 575).

Ainsi, en même temps que le duc de Savoie se tournait vers la France et notamment vers son puissant voisin, le maréchal de Lesdiguières, gouverneur du Dauphiné, pour réclamer de lui aide et secours contre les lieutenants de l'Espagne, Venise, invoquant la vieille amitié qui l'unissait à la couronne de France, rappelant le souvenir si récent de l'appui qu'elle avait fourni au roi Henri IV pour l'aider à conquérir son royaume, s'adressait aussi à son successeur (1).

Ces événements se passaient dans les premiers mois de l'année 1616, quelque temps avant l'arrivée de l'évêque de Luçon aux affaires.

L'embarras était grand pour la cour de France. Les deux dynasties de France et d'Espagne venaient de s'unir par le double mariage, couronnement de la politique de Marie de Médicis. Sans qu'il y eût, à proprement parler, de traité d'alliance, l'entente existait entre les deux cours. L'ambassadeur d'Espagne, le duc de Monteleone, était admis dans les conseils de Marie de Médicis. Il avait acquis à la cause de son maître les Concini et leur bande. A l'intérieur, le parti catholique, les prêtres, les moines, s'appuyaient sur lui, et il n'avait d'autres adversaires que les adversaires de la reine mère, les rebelles, Condé, Bouillon, Mayenne, Vendôme, qui recherchaient l'appui du parti huguenot, des princes d'Allemagne, de la Hollande, de la Savoie, de Venise, en un mot, de tout ce qui, au dehors, était engagé dans la lutte ouverte contre la maison d'Espagne.

D'autre part, on ne pouvait oublier les vieilles traditions qui poussaient invinciblement les « bons Français » à résister à la domination espagnole. Cette politique était considérée, non seulement en France, mais en Europe même, comme une maxime d'État. On constatait, comme un fait, « la contrariété d'humeur qui existait entre la nation française et l'espagnole » (2). « Il faut,

---

(1) Voir une très importante lettre de PIETRO CONTARINI, à la suite d'une audience de Marie de Médicis, le 8 mars 1616, où toute l'attitude de Venise à l'égard de la France, au lendemain des mariages espagnols, se trouve habilement exposée. (Bibl. Nat., f. Ital., vol. 1769, fos 5-15).

(2) Titre d'un pamphlet dédié à Richelieu, peu après la mort de Gustave-Adolphe. L'auteur avait sous les yeux un autre pamphlet publié en 1614, à propos des mariages espagnols, et intitulé l'*Antipathie des Français et des Espagnols*, par Ch. Gauvin.

dit Rohan, poser pour fondement qu'il y a deux puissances dans
la chrétienté qui sont comme les deux pôles desquels descendent
les influences de la paix et de la guerre sur les autres États, à
savoir, les maisons de France et d'Espagne. Celle d'Espagne, se
trouvant accrue tout d'un coup, n'a pu cacher le dessein qu'elle
avait de se rendre maîtresse et de faire lever en Occident le soleil
d'une nouvelle monarchie. Celle de France s'est incontinent portée
à faire le contrepoids. Les autres puissances se sont attachées à
l'une ou à l'autre selon leurs intérêts (1). » La situation que Rohan
exposait avec la clarté et la force de son esprit, tout le monde la
considérait comme fatale, et la subordination complète à la maison d'Espagne eût été, pour les ministres français, une honte qu'aucun d'eux n'eût pu accepter.

Quel embarras pour un ministre jeune, arrivé aux affaires par
la faveur des Concini et de Marie de Médicis, familier intime de
l'ambassade d'Espagne, pour un homme qui, par ambition ou par
conviction, s'était prononcé publiquement, dix-huit mois auparavant, en faveur des alliances espagnoles, pour un prêtre que l'é-
clat des grandes dignités ecclésiastiques attirait, et qui, avant
tout, voulait rester digne de la confiance que Rome et le nonce
ne cessaient de lui témoigner!

Au moment où il réfléchissait encore sur le meilleur parti à
prendre, ou peut-être, tout simplement, sur le meilleur moyen de
se tirer d'affaire, sa politique se trouvait brusquement engagée en
dehors de lui. Le gouverneur du Dauphiné, Lesdiguières, franchissait les Alpes, et répondait, par une démonstration militaire,
à l'appel du duc de Savoie.

Il fallait l'état de désorganisation profonde où était tombé le
royaume pour que de pareils faits fussent possibles. Un gouverneur de province, ayant sa politique extérieure à lui, se décidait
et agissait selon ses vues particulières, sans s'inquiéter ou sans tenir compte des volontés de la cour. Il levait des troupes, entrait
en campagne, combattait les alliés de la couronne, en daignant à

(1) *Préface de M. de* Rohan, *sur les Intérêts des Princes qu'il a composés;* Cologne,
1666.

peine avertir le gouvernement de ses intentions ; et, tandis qu'en
pleine séance du parlement de sa province, le lieutenant général
est convoqué pour entendre les ordres du roi, « pendant que les
greffiers lisent à haute voix les royales ordonnances qui défendent
à l'armée des Alpes de se mettre en marche, on entend le tam-
bour qui bat dans les rues de Grenoble, on peut voir, des fenêtres
du palais, défiler, sur les ponts de l'Isère, les soldats enthousiastes
du vieux capitaine qui veut sortir de France malgré son roi (1) ».

Le vice-roi du Dauphiné, celui que Henri IV, lui-même, appelait
en riant le « roi Dauphin », le vaillant soldat des guerres de religion, le chef militaire le plus considérable du parti huguenot,
le serviteur, en somme fidèle, et l'ami, en somme dévoué, de
Henri IV, était un habile homme qui avait su conduire adroitement sa fortune jusqu'au degré d'honneurs et de puissance où elle
était parvenue. Politique madré autant que vaillant capitaine, il
méritait, par son caractère et par ses origines, le surnom d' « avocat » qu'on lui avait donné au début de sa carrière de soldat de
fortune.

Parti de rien, devenu le second personnage du royaume, il
avait l'ambition froide et calculatrice, une ambition immodérée
dans son but, et mesurée dans ses moyens. Même du vivant de
Henri IV, il avait donné au roi quelque ombrage (2). Après la mort
de celui qui avait été son compagnon d'armes, et, dans tous les
sens du mot, son maître, il affecta de rester fidèle aux intentions
et aux desseins du défunt, recueillant ainsi la part de l'héritage
d'Alexandre que d'autres avaient laissé en déshérence. Il borne sa
fidélité à une sorte de déférence verbale pour la reine et ses ministres, tandis qu'au dedans et au dehors il agit à son gré, gou-
verne sans rendre compte, suit ses idées et se dirige où sa fortune
le porte.

L'Italie l'attirait. Il avait le sentiment que sa situation, si haute

---

(1) Dufayard, *Histoire de Lesdiguières* (p. 368).

(2) Henri IV disait « qu'il voulait faire le Dauphin ». Cependant il affectait de lui témoigner la plus grande confiance, ainsi que le prouve la conversation si importante
dont Bullion nous a laissé le récit et qui a été analysée dans le tome 1er du présent ouvrage (p. 259-262). — Richelieu se méfia toujours de cet habile homme. Voir *Maximes
d'État et fragments politiques*, no LXVIII (p. 766).

déjà, grandissait encore, quand, rude soldat bardé de fer, il apparaissait sur la crête des Alpes et jetait l'épouvante sur les plaines fertiles soumises à la domination espagnole. Si, dans sa vie, il était resté fidèle à une idée, c'est à celle-là : combattre partout, mais surtout en Italie, la maison d'Espagne. C'est cette pensée qui avait fait de lui, alternativement, un adversaire implacable ou un partisan déclaré du duc de Savoie (1).

Il la suivait encore, quand, au mépris des ordres de la cour, il franchissait les Alpes, en hiver, pour porter secours au Savoyard traqué dans ses montagnes par le gouverneur Don Pedro. Parmi les raisons qu'il donnait, après coup, pour expliquer sa résolution, il y en avait de très plausibles. « Le feu roi a engagé le duc de Savoie dans la querelle dont il porte aujourd'hui tout le poids ; Louis XIII lui-même, médiateur de la paix d'Asti, doit veiller à ce qu'elle soit fidèlement observée des deux parts. Le gouverneur du Milanais l'a violée effrontément, et menace l'existence de la Savoie. Or, la maison de France a un intérêt de premier ordre à ce que cette principauté ne soit pas anéantie. Il y va même de l'honneur de la couronne. C'est ce sentiment, partagé par tous les « bons Français », qui guide le maréchal au moment où il franchit les Alpes. Sa conduite a toujours été à l'abri du reproche ; elle l'est encore dans cette circonstance ; ce n'est pas à son âge qu'il voudrait gâter une existence toute faite de loyauté et de soumission. Il restera, jusqu'à la mort, fidèle à son serment d'obéissance, mais aussi fidèle au serment qui le lie aux alliés de Sa Majesté. La province est tranquille. Le royaume ne souffrira pas d'une courte absence qui aura pour résultat de rendre les Espagnols plus traitables et de les incliner devant l'intervention du roi de France, qui, une fois encore, agira dans le sens de la paix (2). » Le 19 décembre, Lesdiguières quittait Grenoble avec 7 000 fantassins et 500 cavaliers. Il arrivait à temps pour sauver Charles-Emmanuel, en prenant ou en débloquant les places assiégées ou enlevées par les Espagnols.

(1) V. l'ouvrage de M. Dufayard, *passim* et notamment p. 267.
(2) Lettre reproduite dans la Correspondance des *Ambassad. Vénitiens* (vol. 1770, f° 217).

Au fond, tous les cœurs français étaient avec Lesdiguières.
Louis XIII lui-même, en recevant ces lettres où un sujet en prenait
à son aise avec les ordres du prince, ne pouvait dissimuler sa
satisfaction : « Tant mieux, dit-il, cela fera baisser le nez aux
Espagnols (1). » La cour pensait de même : quelques mois auparavant, sur les instances de l'ambassadeur d'Espagne, on avait
interdit aux gentilshommes et aux soldats de franchir les Alpes
pour aider le duc. Tout le monde se plaignit de cette mesure, et
les gentilshommes n'en tenaient aucun compte : « On ne peut
croire combien, de cet ordre, chacun en dit vivement sa pensée.
On trouve qu'il est vraiment trop dur d'être empêché d'aller à la
défense d'un prince allié de cette couronne, qui est en paix avec
la France et dont la conservation importe tant aux intérêts de ce
royaume, quand le roi défunt n'a pas interdit à ses sujets d'aller
se mettre au service de l'archiduc Albert, au moment même où
les États de Hollande étaient ses alliés (2). »

Les ambassadeurs vénitiens, de leur côté, travaillaient avec
ardeur à provoquer une intervention de la cour de France dans
les affaires d'Italie. Le 29 novembre, ils écrivaient encore, résumant dans une phrase heureuse l'ensemble des raisons qui
auraient dû la décider : « Nous avons fait connaître à Sa Majesté
la nécessité où elle se trouve d'aider la Savoie, de porter intérêt
aux affaires de la République, de soutenir l'Italie, et enfin d'avoir
l'œil le plus attentif sur les desseins et les actes des Espagnols,
qui veulent arriver, par tous les moyens, à la domination complète sur l'Italie, au grand préjudice de la couronne de France...
Mais, ajoutent-ils, nous n'avons guère obtenu de succès, le ministre (Mangot) étant sans expérience non seulement de cette
affaire, mais de toute espèce d'affaires, et, en outre, attaché au
parti contraire (3). »

Maintenant que Mangot venait d'être remplacé par Luçon,
allait-il en être autrement? C'est ici que les circonstances atten-

---

(1) *Ambassad. Vénit.* (vol. 1770, fᵒ 226).

(2) *Mercure françois* (t. IV).

(3) (Vol. 1770, fᵒ 134). — Cfr. l'exposé intéressant de l'affaire que PONTCHARTRAIN fait
dans ses *Mémoires.* — C'est une lettre de Pontchartrain, du 2 décembre, qui interdit à
Lesdiguières de passer en Italie. Elle est reproduite par les *Amb. Vén.*

daient le ministre débutant pour poser devant lui un de ces di-
lemmes redoutables qui sont l'épreuve des hommes d'État. On
dirait que la destinée prend à tâche de lui soumettre d'emblée
les grands débats qui occuperont sa vie.

Plongé dans ses réflexions, le jeune évêque compare et pèse :
d'un côté les vieilles traditions, le souvenir du roi Henri, un sentiment d'honneur et de fierté nationales, un noble espoir de
luttes et de relèvement après les faiblesses et les hontes d'une
régence avilie; de l'autre, la pression des intérêts et des événements qui ont poussé aux affaires le nouveau ministre et ses amis,
les engagements et les familiarités avoués, les paroles prononcées
aux États, les aspirations et les vanités de la reine mère si heureuse
des mariages espagnols, et, par-dessus tout, l'appréhension d'une
grosse partie à jouer avec des ressources restreintes, une autorité
discutée, un avenir précaire... Richelieu hésite. Enfin, se mettant
en mouvement, il essaye de se dégager des liens qui l'enchaînent,
et sa politique, à la fois impatiente et rusée, se glisse entre les
deux solutions qui s'offrent à lui.

Pour bien marquer l'impulsion nouvelle qu'il entendait donner
à la politique extérieure, l'évêque de Luçon avait décidé d'envoyer
des hommes nouveaux auprès des gouvernements étrangers :
le baron du Tour en Angleterre, M. de la Noue en Hollande,
M. Miron en Suisse, et M. de Schomberg en Allemagne. La mission de
ce dernier est sinon la plus importante, du moins la plus urgente.
Il faut agir promptement auprès des princes allemands, pour con-
trecarrer les démarches du duc de Bouillon et des rebelles français, pour s'opposer au départ des soldats qu'ils ont enrôlés, pour
hâter le recrutement des troupes qui doivent renforcer les armées
royales.

Schomberg est *persona grata* près des princes protestants. D'origine écossaise, il est de la religion. Son père, bon serviteur du roi
Henri, avait rempli des missions analogues auprès des mêmes
personnages. Selon le jugement de Richelieu, « c'est un gentilhomme qui fait profession d'être fidèle et qui tient cette qualité
de sa nation ; avec moins de pointe d'esprit que de solidité de juge-

ment, il est homme de grand cœur, de générosité et de bonne foi. »

Le choix de Schomberg, dans les circonstances où l'on se trouve, est significatif. Jusque-là, Marie de Médicis, ayant tout subordonné au projet des mariages espagnols, suivait avec zèle les conseils venus de Rome ; on ne faisait rien à Paris sans consulter le nonce et l'ambassadeur d'Espagne. Ce n'est assurément ni l'un ni l'autre qui ont désigné Schomberg. Ils ont moins encore collaboré à ses instructions. S'il va retrouver les anciens alliés du royaume, c'est pour leur tenir un langage très différent de celui que la cour de France leur a fait entendre depuis la mort du roi Henri.

« La première chose que M. le comte de Schomberg doit avoir devant les yeux est que la fin de son voyage d'Allemagne est de dissiper les factions qu'on y pourroit faire au préjudice de la France, d'y porter le nom du roi le plus avant que faire se pourra, et d'y établir puissamment son autorité. » Ces paroles ont une allure qui n'est déjà plus celle d'une politique subordonnée. Le grief, trop répété par les princes et par les protestants, est immédiatement pris corps à corps : « Vos premiers efforts consisteront à faire connoître que c'est une pure calomnie qui n'a d'autre fondement que la passion et l'imposture de nos ennemis, de dire que nous soyons tellement Romains et Espagnols que nous veuillions embrasser les intérêts, soit de Rome, soit d'Espagne, au préjudice de nos anciennes alliances et de nous-mêmes, c'est-à-dire ou de ceux qui font profession de la religion prétendue réformée en France ou de tous autres qui, *haïssant l'Espagne, font particulièrement état d'être bons Français.* » Si le nonce et l'ambassadeur d'Espagne eussent pu lire cette phrase, elle les eût éclairés et probablement surpris.

N'est-ce pas assez encore ? « Une des choses les plus importantes à leur persuader (aux princes et républiques protestantes) est que nous faisons un extrême cas de leurs alliances et que nous avons un soin indicible de les conserver et, qu'en toute occasion, ils recevront notre assistance. » Dans ces protestations, il faut faire, évidemment, la part du langage diplomatique ; cependant, de telles paroles ont du poids ; les mettre par écrit, c'est laisser une bien grande latitude à l'homme de confiance, au protestant, à l'ami de « la cause » qui a charge de les répéter et de les commenter.

D'ailleurs, le fond de la pensée se découvre dans un autre passage des Instructions : il s'agit de ces fameux « mariages espagnols » tant reprochés. L'apologie de la conduite de la reine est faite en des termes si habilement choisis que le plus farouche huguenot ne trouverait rien à y reprendre : on invoque les précédents historiques ; on assure que ces mariages ont permis de passer les mauvais temps de la régence en paix, qu'ils ont « ôté le venin » à la politique agressive des Espagnols, qu'ils ont été agréés par ces mêmes princes qui les blâment aujourd'hui, qu'ils ont été désirés par Henri IV, qu'enfin ils ont eu si peu d'influence sur la politique française qu'à l'heure présente on renvoie dans leur pays les Espagnols qui sont près de la reine, « ce qui justifie clairement le dessein que nous avons de nous rendre Espagnols en France !... »

« Et, ajoute le document, ne sert de rien de mettre en avant l'humeur entreprenante des Espagnols, puisque, sans approfondir leurs intentions et leurs desseins, c'est nous faire tort de croire que nous ne puissions conserver les nôtres et nous garantir de ceux qui, justement, nous doivent craindre... C'est donc à tort que l'on appréhende que, de l'union de ces deux couronnes, sourde la division de la France. Nul ne croira aisément qu'un homme brûle sa maison pour faire plaisir à son voisin et que, pour aimer autrui, on se veuille haïr et perdre soi-même. Les diverses créances ne nous rendent pas de divers États ; divisés en foi, nous demeurons unis en un prince au service duquel nul catholique n'est si aveuglé d'estimer, en matière d'État, un Espagnol meilleur qu'un Français huguenot. »

Est-il nécessaire d'aller plus loin encore et de promettre aux princes d'Allemagne de les aider dans leurs efforts pour s'opposer à la politique de l'Escurial ? On ira jusque-là. « Il faut prendre occasion de leur témoigner à notre profit que nous ne désirons point l'avancement de l'Espagne, nous offrant, *quoique discrètement*, à les assister contre les pratiques que le roi d'Espagne fait pour faire tomber, avec le temps, les couronnes de Hongrie et de Bohême, celles du roi des Romains et l'impériale sur la tête d'un de ses enfans. » De loin, Luçon prévoyait les troubles que devait, plus tard, susciter en Allemagne la succession au trône impérial, et les rivalités d'où est issue la guerre de trente ans. Déjà, il prenait, « quoique discrètement », position du côté des adversaires de l'Espagne.

Renseigné sur ces intentions, — et, en diplomatie, tout finit par se savoir, — comment le gouvernement de Philippe III eût-il gardé la moindre confiance dans les ministres qui prenaient contre lui, d'avance et de si loin, de telles précautions?

Quand, enfin, arrivant à l'objet direct de la mission de Schomberg, ses instructions lui exposent les arguments qui doivent persuader les princes d'Allemagne de venir en aide au roi, elles renferment des paroles non moins graves : « Il faudra leur faire connoître qu'il n'est pas question de religion, mais de pure rébellion; que le Roi veut traiter ses sujets, de quelque religion qu'ils soient, également; mais qu'il veut aussi, comme la raison le requiert, que les uns et les autres se tiennent à leur devoir... »

Partout en Europe, l'attitude qu'on va prendre, et qui se dessine déjà dans ces instructions, est conforme à ces principes : « Est-ce mépriser nos alliances, pour l'Espagne, que de rechercher la main du prince de Galles pour une des filles de la Reine, que d'entretenir aux États de Hollande 4000 hommes de pied pour leur conservation, que de donner à la République de Genève une pension de 24 000 écus? Est-ce mépriser nos anciennes alliances en Italie que de se porter à la défense du traité d'Ast, après avoir été les médiateurs de sa conclusion? On dit que nous abandonnons le duc de Savoie : qu'on nous montre l'Anglois, le Hollandois, l'Allemand qui se trouve en l'armée du duc de Savoie. Cependant ce sont ces nations qui nous blâment, plaisamment à la vérité... Est-ce mépriser nos anciennes alliances en faveur de l'Espagne que d'accorder aux Vénitiens le passage des Grisons qu'ils ne peuvent avoir sans nous, et sans lequel l'archiduc de Gratz auroit contre eux de très grands avantages? »

Il ne reste plus qu'à conclure. Mais c'est le plus difficile. On ne peut passer outre au principal reproche fait par les rebelles au gouvernement de la reine : la faveur du maréchal d'Ancre. Or, comme c'est le point faible de la situation politique dans laquelle les ministres sont engagés, c'est aussi le point faible des instructions. Le maréchal d'Ancre est penché par-dessus l'épaule du rédacteur; celui-ci atténue, insinue; il glisse; mais il appuie trop encore : « Celui dont on parle est bien loin du degré d'élèvement où beaucoup d'autres sont parvenus; il est seul étranger élevé, (c'est-à-dire élevé aux honneurs), étranger tellement François qu'il ne fait part de sa fortune à aucun autre que François. Combien des meilleures maisons du royaume avancées par son entremise?... Quel sujet y a-t-il de plainte? S'il y en a, c'est de ceux qui les font et non de ceux de qui elles sont faites, pouvant dire avec vérité (pour clore ce discours en trois mots) que le gouvernement a été et est tel que, si on le considère sans passion, on n'y trouvera rien à reprendre, si ce n'est d'y voir *trop de clémence sans rigueur, trop de bienfaits sans châtiments* ». Ces dernières paroles sont fières. Prononcées par le maréchal d'Ancre lui-même, elles passeraient pour insolentes; dans la bouche de ses ministres, elles sont au moins téméraires. On ne fait parler les rois sur ce ton que quand on a en vue des œuvres royales. Mais quand ce sont les favoris qui usurpent ce langage, la « rigueur » n'est pas loin et les « châtiments » ne se font pas attendre.

Telles quelles, les intructions données à Schomberg sont remarquables par la netteté avec laquelle elles affirment l'indépendance de la cour de France à l'égard de l'Escurial. A ce point de vue, elles sont en contradiction si formelle avec la politique générale suivie par la reine pendant sa régence qu'on ne peut qu'être frappé de l'espèce d'instinct qui, si longtemps à l'avance et en dépit des circonstances ambiantes, pousse dans sa vraie voie le futur cardinal de Richelieu (1).

(1) RICHELIEU en joignant à ses *Mémoires* le texte des Instructions à Schomberg fait les réflexions suivantes : « Et d'autant que l'Instruction que je dressai pour le comte de Schomberg explique fort particulièrement l'ordre qui lui fut donné et justifie le mieux qu'il se peut toute la conduite du gouvernement de l'État depuis la mort du feu roi, joint que les princes d'Allemagne étaient ceux que principalement on considéroit, j'ai cru devoir la mettre en note pour la commodité du lecteur. » Édit. Mich. et Pouj. (t. I, p. 137). Voir le texte plus complet donné par M. AVENEL, *Corresp.* (t. I, p. 208), avec les mentions bibliographiques complémentaires qui sont au t. VIII (p. 12). — On trouve dans la correspondance d'Allemagne aux Archives des Affaires Étrangères deux

Les systèmes politiques qu'une génération offre à l'activité d'un homme d'État sont peu nombreux et simples. Une fois au pouvoir, il se porte d'une prompte inclination vers celui dont la réalisation absorbera sa vie. Mais le danger de ces vues si naturelles et si fortes est dans la précipitation. Lancé en avant, l'homme d'imagination ardente ne remarque pas toujours qu'on ne le suit pas et qu'il est seul. Les jeunes gens surtout sont pressés et ne veulent pas faire crédit aux années, qui, pourtant, les payent toujours avec usure.

C'est ainsi que Richelieu, au moment où il adresse à Schomberg les belles instructions dont il sera toujours si fier et qu'il a soigneusement insérées dans ses *Mémoires*, parce que leur portée s'étend sur toute sa carrière politique, complique singulièrement le problème des relations extérieures de la France par la hâte avec laquelle il traite les affaires d'Italie.

Son ambition est de les régler d'un seul coup, et par une initiative nouvelle et hardie émanant de la France seule.

L'idée première de ce projet apparaît tout d'abord dans la correspondance du comte de Béthune, ambassadeur en Italie; c'est un diplomate intelligent, actif, expérimenté, mais, comme la plupart des agents qui résident au dehors, plus frappé par le prestige d'une politique d'action que retenu par l'appréhension des difficultés qu'elle soulève et des sacrifices qu'elle impose (1).

Cette idée embryonnaire, Richelieu la fait sienne, la développe, en tire tout un programme. Après avoir consulté, — pour la forme probablement, — le prudent Villeroy, qui, par calcul peut-être, encourage les témérités de son jeune successeur (2), il se lance à

---

textes des Instructions données à Schomberg (t. V, f° 275 et f° 290). A la fin du texte on lit la mention suivante : « Cette même instruction avoit été baillée par ledit Sᵣ de Richelieu à M. Miron allant pour le roi en Suisse. »

(1) Sur l'initiative prise par Béthune, voir lettre de Tresnel du 31 décembre 1616, *Affaires étrangères*, Rome (f° 400), et cfr. *Ambass. Vénit.*, vol. 1770, f° 225 : « Il est arrivé avant-hier un courrier de M. de Béthune, proposant à S. M. de provoquer une conférence où il serait traité des affaires communes et de la paix d'Italie... Il conseille en même temps à S. M. de ramener toute cette négociation à Paris... » La lettre est du 3 janvier 1617.

(2) Villeroy garde une réelle influence sur les affaires, sous le ministère de son nouveau collègue, qui le consulte souvent. Voir *Corresp.* (t. I, p. 201 et 241, et t. VII, p. 419).

fond. Il se rend compte pourtant que la France n'a, pour le moment, qu'un intérêt indirect dans la question ; mais il a confiance en ses forces, et il écrit au nom du roi : « Si je n'étois plus touché des intérêts d'autrui que je ne suis des miens propres, j'attendrois du temps ce que, jusques ici, je n'ai pu avancer par mon entremise ; mais l'affection particulière que j'ai au bien de ceux qui sont mêlés en cette affaire m'empêche de prendre cette résolution. » Voilà donc qu'il touche, en même temps, à l'affaire de Savoie et à celle des Vénitiens : « J'estime que, par un même accord, on peut terminer ces deux différends, et ainsi, mettre tout d'un coup la chrétienté en repos. » Quel est donc le procédé qui permettra d'obtenir de si grands résultats? Le roi lui-même se proclame l'arbitre des deux affaires. « Pour cet effet, j'ai avisé de prendre une toute autre voie que celle que j'ai tenue jusqu'ici ; désirant maintenant, pour le bien des parties intéressées, attirer la négociation auprès de moi, m'assurant qu'elles déféreront beaucoup plus à ce dont je les prierois quand elles verront que je prendrois moi-même connaissance de leurs affaires que lorsqu'elles pourroient croire que d'autres seulement la prendroient pour moi (1). »

Donc, la négociation serait transportée à Paris. Savoie, Venise, le pape, l'Espagne, l'Empire, enverraient près du roi de France des ambassadeurs spéciaux avec pouvoir de traiter et de conclure. Richelieu caresse d'avance l'idée de cette espèce de « conférence », où il entrera pour la première fois en contact avec les diplomates européens, où il pourra faire apprécier la qualité de son esprit. « Dieu me fera cette grâce, écrit encore le roi, de seconder le dessein passionné que j'ai de conserver la paix pour moi-même et l'établir par toute l'Europe. » Ces formules sont vastes, mais vagues.

Il est de règle, en diplomatie, qu'il ne faut pas s'engager dans une procédure sans avoir sondé le fond de l'affaire, car la procédure touche à l'honneur, et qu'il faut bien circonscrire les questions avant d'entreprendre de les résoudre. Sur ces deux points, l'inexpérience de Richelieu le mettait en défaut. Offrir aux autres puissances une sorte d'arbitrage qu'elles ne demandaient pas, c'était courir le

_____

(1) Le roi saisit Sénecey, ambassadeur à Madrid, dès le 1er janvier 1617, par la lettre insérée dans *Correspondance* (t. VII, p. 330).

risque d'un refus. A la rigueur, on eût pu prêter à certaines des
parties intéressées un appui limité; mais prendre en charge tout le
poids du débat, c'était assumer une responsabilité hors de proportion avec l'intérêt réel du pays, avec ses forces, avec l'autorité
dont la France disposait en Europe. Prétendre résoudre, d'un seul
coup, comme l'indiquait la proposition, toutes les questions pendantes en Italie, c'était compliquer encore l'objet de l'intervention
française, et en affaiblir d'avance l'effet utile; c'était rechercher,
en un mot, un de ces succès de prestige qui échappent presque
toujours à ceux qui les poursuivent.

Richelieu, une fois ses vues arrêtées, déploie, il faut le reconnaître, une grande activité personnelle pour les faire aboutir : lettres à tous les ambassadeurs leur expliquant en détail les intentions
du roi; efforts pressants à Paris, près du nonce, près de l'ambassadeur d'Espagne, près des ambassadeurs vénitiens pour les déterminer à recommander cette combinaison à leurs gouvernements;
missions spéciales à des hommes de confiance se rendant à Madrid (1) et à Vienne pour chercher à convaincre les cabinets rivaux.

Quant à Lesdiguières, dont l'intervention en Piémont a été tout
d'abord blâmée par la cour, Richelieu comprend que le coup de tête
du vieux huguenot peut lui servir. Le corps d'occupation qui opère
dans la haute Italie représente, en somme. le seul instrument
efficace dont la France dispose dans une affaire où elle prétend s'ar-
roger le premier rôle. Luçon tient donc en suspens l'approbation
ou le désaveu que l'on réclame de la cour de France. Le roi écrit
à Béthune : « Monsieur, j'ai vu, par votre lettre du 29 décembre, la
peine en laquelle vous êtes pour ne savoir comment vous devez
vous gouverner avec M. Lesdiguières, ayant appris que Leurs
Majestés n'agréent son voyage. Je n'ai rien à vous dire là-dessus
sinon que votre prudence vous y fournira de plus suffisante ins-
truction que ce qu'on vous en pourroit donner. Quant audit sieur
Lesdiguières, *je ne sais pas ce qu'il fera en pays où il va;* mais
d'une chose suis-je bien assuré, que Sa Majesté *sait bien ce qu'il*
doit faire, étant certain que tant s'en faut qu'elle ait approuvé

---

(1) Il fut question d'envoyer le marquis de Richelieu en Espagne, puis Marillac, puis
La Rochefoucauld. *Ambass. Vénit.* (vol. 1770, f° 234).

son dessein, qu'au contraire elle a *tâché* par ses lettres et ceux qu'elle a envoyé de sa part, à l'en divertir, *nonobstant quoi il n'a pas laissé de passer outre en sa résolution* (1). » Voilà un agent bien renseigné !... Heureusement qu'il sait lire entre les lignes et que, selon le mot même employé dans la lettre, sa « prudence » lui servira de « suffisante instruction ». Lesdiguières reçoit, en même temps, de la main de Richelieu, des compliments d'une forme volontairement banale, mais où il trouve, en somme, tout autre chose qu'un désaveu de l'initiative prise par lui (2).

Cependant, si le ministre qui, prématurément, peut-être, assigne à la France un rôle si grand au dehors se retourne vers les affaires intérieures, il doit se sentir pris d'inquiétude et de dégoût en présence des difficultés, chaque jour croissantes, qui affaiblissent ou entravent son action. Les Nevers, les Bouillon, les du Maine, reprenant le rôle du prince de Condé, enfermé à la Bastille, et préludant à l'œuvre de discorde qui sera, par la suite, celle des Gaston d'Orléans, des Montmorency et des Cinq-Mars, lui donnent déjà la mesure des obstacles entre lesquels il devra, durant toute sa vie, « marcher au but qu'il s'est proposé pour le bien de l'État ».

L'irritation causée par tant de passions mesquines et d'intrigues odieuses serait faite pour tendre à l'excès des nerfs plus calmes que ceux des conseillers de la reine mère. Ils n'en conçoivent d'ailleurs, qu'un dessein plus vigoureux de s'engager à fond contre les rebelles. Dès le début de janvier, les fers sont mis au feu partout à la fois : « Il se tient sans cesse ici des conseils de guerre d'une très grande importance. On est décidé à quitter la politique des rois antérieurs qui dirigeaient les peuples par la douceur et la tolérance. On recourra, s'il le faut, à la force et à la violence. Mais on veut obtenir de tout le monde entière obéissance... Les ministres font tout pour arriver à une autorité absolue... On considère maintenant la guerre comme décidée. La reine mère est disposée à ris-

(1) *Corresp.* (t. I, p. 260).
(2) *Corresp.* (t. I, p. 381), lettre du 12 mars 1617. Sur le double jeu de Richelieu à l'égard de Lesdiguières comparer la lettre qu'il écrit à Créqui, gendre du maréchal, le même jour (p. 384).

quer le tout pour le tout... Nous tenons cela de la bouche même de
l'évêque de Luçon, qui nous a dit que c'était chose décidée et dé-
crétée dans le Conseil (1). »

Tout d'abord, on veut agir sur l'opinion. Ce serait une erreur de
croire que, sous l'ancien régime, les gouvernements tenaient peu
de compte du sentiment public. Ils s'appliquaient, au contraire, à
rester constamment en contact avec lui. Pendant les guerres de religion, on avait connu la force des courants d'idées déterminés par
une active publicité. Tous les partis rivaux s'efforcent de gagner
les esprits à leur cause. Une nuée de pamphlets s'abat sur le pays;
une guerre de plume passionnée épuise toutes les armes. La presse
actuelle n'est ni plus prompte, ni plus ardente, ni plus téméraire,
ni plus spirituelle parfois, ni parfois plus niaise. Tout se dit, tout
s'écrit; le torrent des injures, des médisances et des calomnies gros-
sit toujours et déverse impunément ses ondes noires : la polémique
dénonce elle-même les abus de la polémique (2).

Luçon, emporté peut-être par son ardeur juvénile, se jette dans
la mêlée. Le duc du Maine, fils du fameux Mayenne de la Ligue,
« homme violent et téméraire, d'esprit impatient et de nature inquiète, ennemi mortel du maréchal d'Ancre », s'était plaint, dans
un mémoire répandu à profusion, des procédés violents employés
par les chefs du gouvernement, et, s'exagérant sa propre importance, il avait prétendu qu'on avait voulu le faire assassiner. Le 17
janvier 1617, Richelieu lui répondait, au nom du roi, par une lettre publique (3). C'est un curieux morceau d'ironie concentrée. « Je
ferai châtier le coupable, s'il le mérite, dit le roi, je ne souffrirai
jamais qu'en mon État on pratique impunément telles méchance-
tés. Mais je permettrai aussi peu qu'on entreprenne sur les places
que me gardent mes sujets et mes serviteurs que sur leurs vies.
C'est pourquoi, demeurant dans les bornes de votre devoir, vous
pouvez vous assurer que rien ne vous conservera plus sûrement les

(1) *Ambass. Vénit.* (t. 1770, f° 249).
(2) *Advertissement à la France, touchant les libelles qu'on sème contre le gouvernement de l'Etat,* 1615.
(3) Voir les deux mémoires pour et contre dans le *Mercure françois* (année 1617,
p. 37 et suiv.). — Cfr. *Corresp.* (t. I, p. 255).

villes qui ont été autrefois consignées entre les mains de votre
père, que mon autorité. Je ne réponds point à la façon dont
vous me témoignez qu'il les a eues, l'intégrité de ses dernières actions m'obligeant de perdre la mémoire des premières qu'il a beaucoup de fois condamnées lui-même... Les témoignages que vous me
rendez par votre lettre de désirer chercher votre repos dans l'innocence de vos actions me réjouiroient grandement si les effets ne
sembloient contrevenir à vos paroles; ne pouvant concevoir que
l'innocence puisse compatir avec les intelligences et pratiques
qui sont, tous les jours, entre vous et ceux qui veulent troubler
le repos de mon État. »

Les princes répondirent, à leur tour, par un manifeste extrêmement violent, où ils prenaient à partie la reine mère, le maréchal d'Ancre, les ministres nouveaux. Ils reprochaient notamment
le renvoi des anciens ministres : « Voyant la faveur prodigieuse
de cet étranger donner les gouvernemens de vos places, destituer
les anciens et principaux officiers de votre conseil, et de vos par-
lemens, leur ravir des mains les titres d'honneur que leur âge,
leur vertu, et leur mérite leur avoient acquis, pour mettre en leur
place ses créatures, personnes indignes, inexpérimentées à la
conduite d'un État et gens nés à la servitude (1)... »

Ce fut encore Richelieu qui répliqua. Dès le 14 février 1617, il
« taille ses plumes » : ce sont ses propres expressions (2). En trois
jours, il a rédigé un manifeste de portée véritablement gouvernementale et qui fut répandu dans le public à un nombre considérable d'exemplaires, sous le titre de : « Déclaration du roi sur le
sujet des nouveaux remuemens de son royaume. » Cette pièce
passa auprès des connaisseurs pour « délicate et bien faite » (3).
C'est en effet, un des morceaux les plus soignés émanés de la plume
de Richelieu. La composition est solide, la dialectique vigoureuse, la phrase souvent éloquente :

... « Afin d'attirer les peuples, qui ne respirent autre chose que
le repos, les princes publient artificieusement qu'ils désirent la

_____

(1) Ces documents, publiés dans le *Mercure françois*, ont été reproduits dans la
plupart des recueils de pièces relatives au règne de Louis XIII.
(2) *Corresp.* (t. VII, p. 347). — (3) ROHAN.

paix et que Sa Majesté veut la guerre... Est-ce désirer la paix que de s'assurer, comme ils font, de tous les côtés, des gens de guerre; que de faire publiquement des levées de soldats de leur autorité; que de fortifier les places dont Sa Majesté leur a donné la garde et le gouvernement; que d'entreprendre sur ses villes, d'arrêter et saisir ses deniers, de mendier protection de toutes parts, de vouloir introduire des armées étrangères dans ce royaume; enfin que de s'approcher avec forces de Sa Majesté et non seulement de commettre tous actes d'hostilité, mais permettre les voleries? Des sujets désirent-ils la paix lorsqu'ils la demandent à main armée? Les rois la procurent quelquefois ainsi, mais non pas les sujets...

« Quant à Sa Majesté, qui peut dire qu'elle désire la guerre après avoir vu qu'en peu de temps elle a fait trois traités pour donner et conserver la paix à son peuple? Après avoir vu les sommes immenses avec lesquelles elle l'a rachetée plusieurs fois, après avoir vu l'excessive clémence dont elle a usé envers ceux qui l'ont troublée? Qui ne voit enfin que le seul moyen qui reste maintenant à Sa Majesté, pour empêcher les rébellions trop fréquentes en son État, est de punir sévèrement ceux qui en sont les auteurs et reconnaître ses fidèles sujets qui demeurent en l'obéissance qu'ils lui doivent?... Si la douceur dont Sa Majesté a usé jusques à cette heure ne fait autre chose que les endurcir, si l'oubliance de leurs fautes ne sert qu'à leur faire oublier leur devoir, si ses bienfaits n'ont eu d'autres effets que de les rendre plus puissans à mal faire, et que leur ingratitude soit la seule reconnaissance dont ils les payent; si les menaces portées sur ses déclarations sont inutiles pour les contenir, si enfin ils ne peuvent être ramenés à leur devoir par aucune considération, et que, d'ailleurs, ils continuent à faire paraître par leurs actions qu'ils n'ont autre dessein que d'abattre l'autorité de Sa Majesté, démembrer et dissiper son État, se cantonner en son royaume, pour, au lieu de la puissance légitime, introduire autant de tyrannies qu'il contient de provinces... en ce cas, Sa Majesté, touchée des sentimens d'un vrai père, animée d'un courage d'un grand roi, sera contrainte, quoique à regret, de châtier ces perturbateurs de son État et punir leur rébellion (1). »

(1) Voir cette déclaration, notamment dans le *Recueil de pièces concernant l'His-*

Des paroles, on passe immédiatement aux actes. Au moment
où la déclaration paraissait, trois armées étaient mises sur pied
avec ordre de marcher sur les provinces soulevées et de les
ramener, par la force, dans l'obéissance du roi. Cette partie de la
tâche que s'était imposée le nouveau ministre de la guerre
n'était ni la moins absorbante, ni la moins difficile. Il fallait
tout créer. Luçon déploie une activité sans bornes, faisant
beaucoup par lui-même, sollicitant de vive voix et par écrit la
fidélité des grands, s'adressant à de simples gentilshommes,
secouant la nonchalance des uns, entretenant les espérances des
autres, flattant les amours-propres, calmant les susceptibilités,
arrangeant les conflits. Il envoie dans les provinces des hommes
qui sont les avant-coureurs de ses futurs intendans et qui ont
charge de veiller aux enrôlements, aux approvisionnements, à
l'argent, à la discipline militaire (1).

Bentivoglio, qui va le voir, le 14 février, le trouve dans le
feu du travail et plein de confiance. « Il est très ardent pour la
guerre ; il la juge nécessaire si le roi veut être roi. Il a parlé en
termes violens des princes, disant qu'il falloit les attaquer vigou-
reusement et que la guerre seroit aussitôt finie que commencée.
Il m'a dit que, d'ici à huit ou dix jours, le roi partira pour
Reims avec toute la cour, que le ministère disposoit de 900.000 écus
outre les revenus ordinaires, que Sa Majesté avoit réuni, en si
peu de jours, une armée de 25.000 fantassins et de 5.000 cavaliers,
et qu'il y avoit des troupes dans toutes les provinces du royaume
pour étouffer toute tentative de rébellion. »

Dans une autre lettre du même jour, le nonce donne, d'après le
duc de Guise lui-même, qui va prendre le commandement de l'armée de Champagne, des détails plus précis encore sur la composition de cette armée improvisée et porte le chiffre de l'infanterie
à 30.000 hommes, dont 4.000 Suisses, 4.000 lansquenets,

---

toire de Louis XIII depuis l'an 1617 jusqu'en l'année 1631 ; Paris, Montalant, 1716,
in-12 (t. II, p. 37). Voir l'original Aff. Etr., Mém. et Doc. (Vol. 771, f° 37).

(1) Voir toute la correspondance des mois de janvier et février 1617, dans AVENEL,
t. I et t. VII. Voir notamment lettre à M. Arnauld (t. I, p. 274), à M. de Riberpré, à M. de
Champigny, à M. du Plunot, etc. — Au sujet des intendants, voir t. I (p. 238, 279,
333, 349, 396, 444, etc.).

3.000 Liégeois et 4.000 Hollandais, ceux-ci en échange des
4.000 hommes que le roi de France entretenait habituellement
en Hollande; en outre, il y aura 1.200 cavaliers allemands et 500
du pays de Liège. Tout le reste est Français. Le duc dit qu'il dispose de 40 pièces d'artillerie avec tout le nécessaire pour le
service de son armée (1).

Ces troupes, formant l'armée principale et opérant dans
l'Ile-de-France et en Champagne, étaient sous le commandement
du duc de Guise. Comme on n'avait aucune confiance dans ses
capacités militaires, on lui avait adjoint un homme qui passait
pour un brave soldat, Thémines. Une autre armée opérait dans
le Maine et le Perche, sous les ordres du comte d'Auvergne.
Elle reçut l'ordre de se rabattre au besoin sur l'Ile-de-France.
Enfin, Montigny, à la tête d'un petit corps de troupes, devait
s'emparer des places du Nivernais.

Il semble, qu'à ce moment, le duc de Nevers ait pris peur, et
qu'il ait voulu s'accommoder; il fit faire des ouvertures à Paris,
par l'intermédiaire de sa sœur, la duchesse de Longueville,
qui en parla au nonce; mais celui-ci se sentait sans influence.
La duchesse s'adressa elle-même à Luçon. Elle le trouva très
boutonné et dur. La reine, excitée par lui, ne décolérait pas
contre Nevers. Richelieu écrivait lui-même : « Il y a apparence que ces remuemens ne se termineront pas par un traité,
comme ont fait ceux du passé, le roi se mettant en état de
ranger à la raison ceux qui s'en sont éloignés (2). »

Bentivoglio, de plus en plus pessimiste, dépeint l'état d'esprit
des ministres, l'excitation réciproque, et indique les suites funestes qu'on peut déjà prévoir : « Les conseils violens l'empor-
tent. On court précipitamment aux armes. La reine est pleine
de rage du manifeste des princes où d'Ancre est déchiré si
cruellement, et par conséquent elle-même; elle n'a à qui se fier.
Il n'y a près d'elle aucun homme de valeur, ni pour com-

(1) *Corresp. de* Bentivoglio (t. I, p. 97 et 101). — Cfr. *Ambass. Vénit.* (vol. 1770,
f° 331).
(2) *Corr.* (t. I, p. 350). — Sur l'activité et l'énergie déployée par l'évêque de Luçon
dans toute cette période, voir la note de M. Avenel (*ibid.*, p. 357).

mander les troupes, ni pour négocier; l'argent manque. Sa
cause est détestée, parce qu'on la considère comme celle du
maréchal. Guise, qui est à la tête des troupes de la reine, me
disoit lui-même qu'il ne se faisoit aucune illusion, et que le
dessein du maréchal étoit de ruiner les princes pour arriver
à son but, à savoir d'être connétable de France, et de régner
seul sur la cour (1). »

On en revient toujours à ce malheureux Concini. Tous les efforts
faits auprès de l'opinion, toute l'activité déployée se heurtent à
cette réflexion que c'est pour le marquis d'Ancre que l'on travaille,
et que ces gens qui parlent si haut, se subordonnent volontairement
aux vues personnelles du favori. Les observateurs les plus réser-
vés, comme Pontchartrain, s'expliquent encore en ce sens : « Ceux
qui liront ceci noteront que les confidens du maréchal d'Ancre
avoient résolu, pour maintenir ledit maréchal en son autorité et
au pouvoir absolu qu'il prenoit dans le royaume, qu'il était nécessaire d'entretenir toujours la guerre, parce que le moyen qu'il
avoit d'y employer ses créatures et d'y prendre telle part et l'emploi qu'il voudroit, lui donneroit et conserveroit son autorité (2). »

Arrivé au comble de la faveur auprès de la reine, Concini nour-
rissait toutes les ambitions à la fois. Il poursuivait sa vieille idée de
l'acquisition d'une souveraineté indépendante sur la frontière de
la France. On dit que la révolte de Bouillon lui donnait lieu de
penser à Sedan. En tout cas, il ne cachait pas son désir d'être
nommé connétable. Il équipait des troupes à ses frais et avait sous
la main un corps de plusieurs milliers d'hommes. Il eut l'insolence
d'offrir au roi le concours de cette armée dans une lettre publique,
rédigée en des termes tels que le roi de France paraissait l'obligé
de l'aventurier (3)!

Il avait perdu, au début de l'année **1617**, une fille qu'il aimait
tendrement et qu'il comptait établir dans une des grandes familles
du royaume. Sa femme était malade : « Elle est languissante ; elle
va gonflant du ventre et des parties inférieures du corps, non

(1) **T. I,** p. 100.
(2) *Mémoires* (t. II, p. 268 et 271).
(3) Voir Levassor (t. I, p. 595).

sans grande appréhension d'hydropisie ; elle souffre beaucoup (1). »
Le ménage était complètement détruit. Les deux associés se détes-
taient et ne restaient unis que pour la défense de ce qu'ils avaient
acquis ensemble. Ces deuils et ces tristesses avaient rendu le maréchal irritable et sombre. Sa vanité ne connaissait plus de bornes.
Au moment où le duc de Guise partait pour l'armée, il le blessa
cruellement (2). L'ambassadeur près du pape, Tresnel, est rappelé à
Paris : « Le maréchal s'exprima sur son compte avec le plus grand
mépris, disant que c'étoit une bête, qu'il se moquoit de lui, qu'il
l'avoit fait attendre des heures dans son antichambre (3). » Telles
étaient ses façons habituelles de parler et d'agir. Il ne traitait pas
mieux les ministres, et même des hommes qu'il eût dû ménager.
« Alberti, Alberti, mon ami, dit-il un jour, en serrant les mains
de Luynes, le roi m'a regardé d'un œil mauvais *con occhi furiosi;*
vous m'en répondez, Alberti, vous m'en répondez. »
     Laissons parler encore un homme qui voit les choses de près,
puisqu'il est dans le ministère, Pontchartrain : « La tyrannie de
l'autorité du gouvernement du maréchal d'Ancre et des trois sus-
nommés, Barbin, Luçon et Mangot, étoit si grande qu'aucun des
grands ne la peut supporter; il fait des affronts aux uns et aux
autres quand il se passoit quelque chose qui n'étoit pas agréable ;
il est toujours en dessein de faire chasser et congédier le reste du
Conseil et les secrétaires d'État qui ne dépendoient pas entièrement
de lui, de faire changer les officiers des cours souveraines, ôter
ceux qui sont près la personne du roi. En somme, son procédé
étoit si insupportable, qu'hormis quelques particuliers qu'il faisoit
grandement gratifier, toutes personnes de toutes qualités lui vouloient mal et le haïssoient (voire même ses propres domestiques),
et, à son occasion, cette haine et malveillance alloit sur la reine
mère, qui n'entendoit, voyoit et ne parloit à personne que par
l'organe dudit maréchal, qui prenoit soin qu'aucun n'en pût approcher (4). »

(1) Bentivoglio (t. I, p. 131).
(2) *Ambass. Vénit.* (vol. 1770, f⁰ 315).
(3) Bentivoglio (t. I, p. 89).
(4) *Mém. de* Pontchartrain (t. II p. 275).

Les étrangers, plus impartiaux encore, s'expriment de même :
« La violence du maréchal d'Ancre ne peut durer. Tout ce que les
princes disent dans leurs manifestes est la vérité même. Leur cause
suscite un applaudissement universel, et c'est tout le royaume qui
parle par leurs bouches... Aujourd'hui, toute la haine se déverse
sur le maréchal et sur sa femme, tous deux étrangers, tous deux
haïs et détestés comme des furies et que toute la France a en horreur et en abomination (1). »

Allez donc faire de la politique dans de telles conditions : quel
respect inspirer au dedans? quelle confiance au dehors? Combien
de temps, d'ailleurs, avait-on devant soi; des semaines? des jours?
Qui eût pu le dire? Si quelques personnes, comme Rohan, faisaient crédit au ministère et affirmaient qu'il l'emporterait (2), la
plupart pensaient le contraire et disaient tout haut que cela finirait
mal pour les ministres et pour le favori.

Nevers, alternativement abattu ou fanfaron, jurait maintenant
qu'avant peu, par lui et ses amis, la reine mère perdrait le gouvernement de la France et serait obligée de se retirer dans un couvent. Symptôme décourageant, cette sage et fidèle Madame de
Guercheville avait manifesté le désir de céder sa charge de dame
d'honneur de la reine, disant « qu'avant peu de mois, elle n'auroit
plus lieu de l'exercer, la reine mère devant perdre son autorité et
être reléguée à Florence ». Le pape faisait donner très confiden-
tiellement avis à Marie de Médicis qu'il lui revenait de source très
sûre (peut-être par les confesseurs) que, dans l'entourage de
Louis XIII, on projetait de le séparer d'elle, et qu'on voulait em-
mener le roi à Lyon pour l'arracher à l'autorité de sa mère. La
reine, avertie par le nonce, eut une conversation avec le roi, à la
suite de laquelle elle se déclara entièrement rassurée (3).

Cependant, les ministres persévéraient dans la politique énergique qu'ils avaient inaugurée. Leur seule chance reposait maintenant sur le succès des armes. Aussi, Luçon se multipliait pour
assurer le recrutement et la solde des hommes, pour stimuler les

(1) BENTIVOGLIO (t. I, p. 106).
(2) Voir la fin de son *Discours sur le Gouvernement de la France, en* 1617.
(3) BENTIVOGLIO (t. I, p. 121-126).

officiers, leur donner quelque chose de l'ardeur désespérée qui
l'enflammait lui-même. Schomberg, à peine arrivé en Allemagne, y avait conclu avec le rhingrave des capitulations et avait
levé 400 reîtres et 400 lansquenets; on faisait en Suisse des
levées importantes (1). Plusieurs milliers d'hommes se dirigeaient
vers la France et venaient renforcer les armées royales. Enfin,
celles-ci se mettaient en mouvement et obtenaient de premiers
succès. Les forces qu'elles avaient devant elles n'étaient ni or-
ganisées ni commandées. Les princes ne pouvaient compter
que sur les quelques milliers d'hommes que Bouillon était allé recruter dans le pays de Liège et qu'il amenait lentement à leur secours (2).

Dans le Nivernais, Montigny, qui avait pour aide de camp le
marquis de Richelieu, s'empara de toutes les places appartenant
au duc et enferma dans la capitale de la province la duchesse
de Nevers, qui lui avait tenu tête très vaillamment. Le comte d'Auvergne avait pacifié tout le Maine et le Perche ; il était libre maintenant de marcher au secours du duc de Guise. Celui-ci avait eu
également, dans les provinces de l'est, des succès assez importants. Il avait pris Richecourt, Château-Porcien, Cezigny et mis le
siège devant Rethel. Nevers, poussé de place en place, ne gardait
plus que Mézières, tandis que le duc du Maine, bousculé par le
comte d'Auvergne, qui s'emparait successivement des châteaux
de l'Ile-de-France, était contraint de s'enfermer dans Soissons.
Ainsi trois sièges importants, commencés presque simultané-
ment : Nevers, Soissons et Rethel, devaient mettre fin bientôt à
la révolte des princes (3).

Les ministres commençaient alors à respirer. Ceux mêmes qui
ne leur sont pas favorables reconnaissent que « par leurs bons soins
et diligences, les princes et grands avoient été si vivement atta-

---

(1) Voir la correspondance de Schomberg aux Affaires Étrangères, *Allemagne*, t. V,
début de 1617.

(2) On leur avait aussi procuré de l'argent, en Hollande, au pays de Liège et en Allemagne. *Ambass. Vénit.* (vol. 1770, f° 328).

(3) Sur tous les détails de la campagne, la *Correspondance de* RICHELIEU renseigne
au jour le jour.

qués et serrés de si près qu'ils étoient au désespoir et ne savoient
où avoir recours (1). »

Luçon pouvait croire que l'on touchait au but.

Il était moins heureux au dehors. Dans la politique extérieure,
les résultats sont toujours plus lents : les intérêts adverses, plus
sûrs d'eux-mêmes, se défendent mieux. Les missions envoyées par
Luçon en Europe avaient abouti à des résultats divers, mais, en
somme, assez peu satisfaisants. C'est en Angleterre, peut-être, que
l'accueil avait été le plus favorable. Le roi Jacques affectait, depuis la mort de Henri IV, une mauvaise humeur que son pédan-
tisme rendait plus insupportable encore. Il grondait sans cesse
contre les mariages espagnols (2), excitait sous main les protestants, se tenait en relations constantes avec leurs chefs et ne
cessait de se dire leur protecteur (3). En agissant ainsi, le roi
Jacques poursuivait un dessein arrêté. S'inspirant des traditions de
la politique anglaise, il prétendait tenir la balance entre les deux
partis qui divisaient l'Europe, et reprendre, grâce aux querelles
intestines des puissances continentales, l'autorité internationale
qu'Élisabeth avait exercée et que Henri IV lui avait ravie : « L'Angleterre, disait, dès le xviiᵉ siècle, le comte de Salisbury, est comme
une demoiselle à laquelle deux prétendans font la cour. Si elle
cédait à l'un, elle encourrait la haine de l'autre (4). » Luçon avait
sans peine découvert ces vues. Il avait déclaré nettement à l'am-

(1) PONTCHARTRAIN.

(2) Voir *Correspondance* (t. VII, p. 328).

(3) Voir les détails intéressants, contenus dans une dépêche de l'ambassadeur vénitien Contarini, au sujet de la réception de l'ambassadeur d'Angleterre, lord Hay, par
Marie de Médicis, le 23 juin 1615 : « L'ambassadeur est chargé de dire tout l'attache-
ment et la fidélité que son maître éprouve pour la famille royale de France à tel point
qu'entre lui et le défunt roi l'engagement avait été pris de veiller au sort des enfants de
celui qui viendrait à mourir le premier. Puis il proteste contre les mariages d'Espagne,
invite la reine à mieux gouverner son royaume, le parlement ayant de justes sujets
de plaintes, les peuples peu satisfaits, les princes mécontents, les huguenots inquiets...
Puis il admoneste la reine au sujet de sa politique extérieure en Allemagne. » La reine,
assez embarrassée, renvoie à son conseil « qui fera une réponse écrite ». *Amb. Vén.*
(vol. 1768, f° 125). — Cfr. sur le même incident un passage des *Mémoires de* RICHELIEU
(t. I, p. 100).

(4) Cité dans PERRENS, *Mariages espagnols* (p. 26); d'après *Relat.* N. MOLIN, 1607
(p. 46-66).

bassadeur d'Angleterre « qu'il entendoit que le roi Jacques ne fît pas
en France ce qu'il ne souffriroit pas que le roi de France fît en Angleterre, c'est-à-dire appuyer et soutenir des sujets révoltés » (1).

Le baron du Tour, que le roi d'Angleterre « aimoit très particulièrement pour avoir été ambassadeur près de lui lorsqu'il étoit
roi d'Écosse » , sut dire les mêmes choses sur un ton plus doux
et « lui insinuer dextrement en l'esprit que la confiance que le roi
de France avoit en son amitié et alliance étoit telle qu'il espéroit
que, bien loin de protéger des sujets rebelles contre leur souverain, le roi, au contraire, aideroit au besoin, par les armes, à
les faire rentrer dans l'obéissance ». Moitié fermeté, moitié caresse, Jacques avait paru se laisser convaincre, et, le 27 mars 1617,
Luçon pouvait écrire au duc de Guise « qu'il avoit de fort bonnes
nouvelles d'Angleterre, et que le roi Jacques avoit assuré à M. le
baron du Tour que, quoiqu'on dise qu'il assistoit couvertement
ces messieurs les princes, il ne le feroit jamais (2) ».

En Hollande, l'envoyé de Richelieu rencontra de plus sérieuses
difficultés. Les États entretenaient avec la cour de France une alliance ombrageuse, toujours inquiète des relations de cette cour
avec l'Espagne. L'accomplissement des mariages leur avait été,
selon notre ambassadeur, « grandement formidable ». Ils n'a-
vaient pas pardonné au gouvernement de Marie de Médicis, et,
dans leur réserve taciturne, on sentait qu'ils ne lui pardonne-
raient jamais. Bouillon était, d'ailleurs, pour eux, un vieil allié,
confident de tous les déboires et de tous les soupçons (3). D'autre
part, un politicien retors, ancien représentant des États en France,
Aersens, soufflait sur le feu (4), tout en discutant, avec des ar-

---

(1) *Ambass. Vénit.* (vol. 1770, fº 194). — Cfr. Birch, *An Historical View of the
Negotiation between the courts of England, France, and Brussel, from the Year
1592 to 1617, extracted from the Ms State-Papers of Sir* Th. Edmondes ; Londres
1749, in-8º (p. 397).

(2) *Correspondance* (t. I, p. 452).

(3) Voir au *fonds Godefroy*, vol. CCLXVIII (tome III, pièce 93) : Lettre du duc de
Bouillon aux États de la province de Gueldre, 10 avril 1617. Demande de secours
contre le maréchal d'Ancre; — p. 94: idem aux États de la province d'Over-Yssel.

(4) Sur Aersens, voir la note de M. Avenel (t. I. p. 270, et t. VII, p. 334 et 920), l'ouvrage de M. Ouvré sur *Aubery du Maurier*, et l'*Histoire des Provinces-Unies* de
Jean Leclerc, 2ᵉ édition, in fº (t. I, p. 317).

guments juridiques, la mesure de la gratitude que la République
devait à la dynastie des Bourbons. Cette double action était très
mollement combattue par notre ambassadeur à la Haye, Aubery du Maurier, diplomate silencieux et prudent, mais protestant convaincu, et correspondant assidu de Duplessis-Mornay (1).

Quand La Noue arriva en Hollande, il ne trouva que de froids
visages. Il avait pour mission de dissiper les méfiances; or, on se
méfiait de lui. Un envoyé du prince de Bouillon, Varigny, plaidait
la cause des rebelles. Entre ces sollicitations diverses, les esprits
étaient partagés. Les grandes querelles religieuses qui, à ce moment même, éclataient en Hollande, subordonnaient toute politique
aux passions déchaînées. Le prince Maurice encourageait sous main
Aersens et conseillait de refuser l'envoi des 4000 hommes réclamés
par La Noue. Barnevelt, au contraire, se montrait favorable aux
demandes de la cour de France. Les choses devaient traîner en
longueur jusqu'au moment où les renforts deviendraient inutiles. En
somme, la Hollande, citadelle du parti protestant, refusait toute
créance aux protestations imprévues de l'évêque de Luçon (2).

En Allemagne, la mission de Schomberg auprès des princes
avait un peu mieux réussi. Parti dès les premiers jours de janvier,
il avait vu, en passant, le duc de Lorraine et avait obtenu de lui
des promesses verbales de concours et de fidélité. Puis, il s'était
acheminé vers tous ces petits centres où pullulaient des rivalités et
des dissensions qu'il comptait bien mettre à profit : Saverne où se
trouvait l'archiduc Léopold, Durlach où résidait le marquis de Bade,
Heidelberg, séjour de l'électeur palatin ; « et, dit-il lui-même, si
les princes protestans, après m'avoir ouÿ, ne se comportent envers
Votre Majesté comme ils doivent, je leur taillerai, si je ne me
trompe, plus de besogne avec les électeurs et princes catholiques
qu'ils n'en sauroient de longtemps coudre ; car la défiance n'est pas
malaisée à faire naître entre ces deux ligues. » Partout, c'étaient des

---

(1) Outre l'ouvrage de M. OuvRé, il faut avoir sous les yeux la *Correspondance de*
DUPLESSIS-MORNAY, et les *Mémoires pour servir à l'Histoire de Hollande et des au-*
tres Provinces-Unies où l'on verra les véritables causes des divisions qui sont de-
puis soixante ans dans cette république et qui la menacent de ruine, par Messire
LOUIS AUBERY, seigneur DU MAURIER ; Paris, 1687, in-12.

(2) Voir *Correspondance* (t. VII, p. 923-925).

troupes qu'il devait demander. Il en obtint presque partout, ou,
du moins, des promesses (1).

Après avoir vu les princes électeurs, Schomberg devait se rendre
en Autriche, où la France était représentée par un agent expérimenté, Baugy. Celui-ci suivait, avec un intérêt très intelligent, la
grosse affaire de la succession qui s'ouvrirait à la mort de l'empereur Mathias qui n'avait pas d'enfans. On essayait d'écarter l'archiduc Ferdinand, et on réclamait vaguement les droits des descendants de Charles-Quint sur la Bohême et la Hongrie. Richelieu,
tout en protestant du « respect religieux avec lequel le roi entretient
l'alliance qu'il a avec l'Espagne », avait pris parti pour Ferdinand,
et il écrivait à Schomberg : « Vous vous conduirez dans cette
affaire secrètement et avec dextérité et en sorte, s'il y a moyen,
comme je n'en doute pas, que vous rompiez les desseins des Espagnols et veniez à bout de ce que je souhaite pour le bien de la chrétienté. » Cette politique devait réussir pour des raisons que l'ambassadeur analyse avec soin dans sa correspondance. Les Espagnols
eux-mêmes renoncèrent à leurs prétentions sur le royaume de Hongrie et de Bohême, et Baugy l'annonça par une dépêche du 5 mai,
qui devait être ouverte par le remplaçant de l'évêque de Luçon (2).

Ce succès de la politique française eut, d'ailleurs, peu de suite.
Car Ferdinand, élu roi de Bohême, en juin 1617, puis porté à la
couronne impériale, retomba sous la coupe de ses premiers maîtres, les jésuites, et s'appuya exclusivement sur la maison d'Espagne.

(1) Voir toute la correspondance de Schomberg, conservée aux Affaires Étrangères,
Allemagne (vol. V, f⁰ 274 et suiv.). — Voir, notamment, au f⁰ 303 : « Articles de la capitulation faite, au nom du Roy, avec le sieur comte Rhingraff, etc... fait à Francfort
le 23ᵉ mars 1617 », etc.

(2) Outre la correspondance de Schomberg déjà citée, voir toute celle de Baugy,
conservée dans le même volume (vol. V, fol. 300 et suiv.). Notamment, lettre du 21 janvier
1617, de Baugy à Richelieu : « L'archiduc Maximilien est résolu de ne bouger d'auprès
de l'Empereur jusqu'à ce qu'il ait parachevé la besogne qu'il a entreprise en faveur de
l'archiduc Ferdinand, son cousin, lequel il veut porter à la succession de tout ce que
possède Sa Majesté Impériale. Il a eu jusqu'ici deux grandes oppositions, l'une des Espagnols, qui prétendent devoir être préférés audit Ferdinand en celle du royaume de
Hongrie et de Bohême qui leur servirait de degré pour parvenir à l'Empire, et l'autre
du cardinal Clezel pour la crainte qu'il a de perdre son autorité ou pour le désir d'en être
lui-même le promoteur, afin que Ferdinand lui en ait l'obligation. » Lettre déchiffrée
(f⁰ 313). — Cfr. *Correspondance* (t. I, p. 250, p. 507 et 508), et Fontenay-Mareuil (p. 69).

Mais le nœud de la politique de l'évêque de Luçon était, comme nous l'avons vu, dans les affaires d'Italie. Ici, il avait subi un échec complet.

A la fin de l'année 1616, les situations respectives étaient les suivantes : l'Espagne menaçait la Savoie ; Lesdiguières avait passé les Alpes pour venir au secours du duc Charles-Emmanuel ; Venise était en guerre avec l'archiduc Ferdinand. Battue, elle avait besoin de secours immédiat et prétendait se servir des défilés des Grisons pour faire passer les renforts que ses recruteurs enrôlaient en Suisse ; mais elle ne pouvait le faire sans l'autorisation de la France.

Dès que l'évêque de Luçon a remplacé Mangot, les ambassadeurs s'adressent à lui et le supplient de prendre parti. Ils sollicitent, en même temps, une audience de la reine et exposent à celle-ci toutes les raisons favorables à l'alliance de la République avec les Grisons : « La reine nous écouta attentivement, montrant sur son visage qu'elle étoit satisfaite de ce qu'avoient fait Vos Seigneuries, et, se tournant vers l'évêque de Luçon, elle lui dit : « Vous « avez entendu ce qu'ils demandent ; faites une dépêche immédia- « tement pour recommander à Gueffier que, puisque la Républi- « que veut faire son traité d'alliance avec les articles ajoutés, je ne « l'empêche nullement. » Nous la remerciâmes cordialement, ajoutent les ambassadeurs, et nous nous en allâmes avec une véritable surprise d'avoir trouvé en Sa Majesté une résolution si prompte et si ferme en ce qui concernoit cette affaire. Pour être plus sûrs, nous attendîmes dans l'antichambre pour parler à M. de Luçon et pour lui demander de faire l'expédition conforme aux intentions de la reine. Il sortit, confirma les dires de Sa Majesté, ajouta qu'il alloit préparer l'instruction avec Mangot, et il joignit mille autres bonnes paroles d'obligation et de service pour notre République (1) »

Que fallait-il penser de cette attitude favorable ? Luçon marquait-il déjà l'orientation nouvelle, plus indépendante, à l'égard de l'Espagne, qu'il comptait donner à sa politique ? Était-ce simplement

(1) Lettre du 5 décembre 1616 (vol. 1770, f° 151).

courtoisie et bienveillance banales, naturelles chez un nouveau
venu qui désire se faire bien accueillir? Cette résolution un peu
prompte ne venait-elle pas aussi d'une certaine ignorance des intérêts importants engagés dans cette affaire d'apparence si simple?

Quoi qu'il en soit, quelques jours après, Luçon reprend les concessions qu'il a faites un peu hâtivement. Il a probablement réflé-
chi aux conséquences d'une rupture déclarée avec l'Espagne sur
cette question si grave des défilés alpins. Oui, la France interviendra dans les affaires d'Italie; mais elle interviendra comme il lui
convient, en médiatrice, en arbitre, non en adversaire déclarée de
l'une des deux parties en cause. L'ambassadeur du roi auprès des
Grisons, Gueffier, recevra donc l'ordre de travailler à l'alliance
« sous la condition toutefois *que des difficultés ne viennent pas de
la part des Vénitiens* ». En même temps, on donne à Gueffier « les
ordres nécessaires au cas où les difficultés viendraient des Grisons » (1).

Quant aux affaires générales d'Italie, le point de vue de la cour
de France n'est pas moins relevé : « Nous sommes venus à l'audience de la reine mère qui nous a dit qu'elle vouloit, comme son
défunt mari, rétablir la paix en Italie, qu'il falloit que tout passât
par les mains de son ambassadeur, Béthune, si expérimenté et si
bien disposé, que le dessein des Espagnols était manifeste et qu'ils
vouloient être les seuls arbitres et dominateurs de la péninsule (2). »

En présence de cette double réponse, les ambassadeurs sont-ils
satisfaits? En ce qui concerne l'affaire des Grisons, non certainement. Car ce n'est plus l'adhésion nette et franche à leurs vues
qu'on leur avait laissé espérer quelques jours auparavant. Cependant, ils veulent douter encore et suspendent leur jugement.
Quant au second point, ils semblent vouloir faire, de leur assenti-
ment à la proposition qu'on leur soumet, une contre-partie de
l'arrangement relatif aux défilés des Alpes. « Nous avons répondu : M. de Béthune ne quittera pas l'Italie, et la paix ne sera
pas faite sans l'intervention de la France (3). » *Intervention*, au

---

(1) Lettre du 28 décembre (vol. 1770, f° 203).
(2) *Ibid.*, f° 189.
(3) *Ambass. Vénit.* (vol. 1770, f° 189).

lieu de *médiation*, c'est une nuance appréciable, dans la bouche
de ces diplomates experts, et leur réponse marque l'origine du
malentendu qui va sans cesse aller en s'aggravant.

Luçon joue au plus fin. Il fait attendre quinze jours encore une
réponse précise au sujet de l'affaire des Grisons. Il sait bien, au
fond, qu'il ne peut pas étendre aux Vénitiens ce privilège exclusif
des « passages », que la sage politique de Henri IV a réservé à la
France. Il sait aussi que faire une pareille concession ce serait blesser l'Espagne à la prunelle de l'œil. Les ambassadeurs, de leur
côté, sentent qu'ils ont manqué l'heure. Ils multiplient les démarches. Ils vont chez le maréchal d'Ancre, qui les assure de son bon
vouloir et rejette tout sur Gueffier. Ils vont chez Mangot : ils vont
chez la reine mère. Ils harcèlent Luçon.

Celui-ci, au cours d'une nouvelle audience, développe surtout
les raisons du refus, insiste sur les intérêts du roi, promet d'en
parler à ses collègues. Fâcheuses dispositions ! Les ambassadeurs
reviennent à la charge. Enfin, le 22 janvier, Luçon se décide et
leur déclare nettement que, si la France ne fait pas d'obstacle à
ce qu'une alliance soit conclue entre les Ligues grises et la République de Venise, si même elle est favorable à cette alliance, c'est
à une condition expresse, à savoir « que le passage des Alpes reste
interdit à toutes les armées, sauf à celles de la France à qui le passage reste assuré *même contre les Vénitiens* (1) ». Cette réponse,
prévue peut-être, n'en fut que plus mal accueillie par les ambassadeurs. Pouvaient-ils s'attendre à un pareil coup de la part du roi
de France, du fils de ce Henri IV qui leur devait la couronne ? La
phrase qu'on leur proposait d'ajouter au traité d'alliance détrui-

---

(1) Lettre du 17 janvier : « Jusqu'ici, dit l'évêque de Luçon aux ambassadeurs, le
royaume de France a, seul, le passage chez les Grisons. Il veut bien être agréable à
Venise ; mais, à condition que le privilège des rois de France n'en souffre aucun dom-
mage... Cependant par suite de l'intervention du maréchal d'Ancre et en raison de l'ancienne alliance, on est disposé à envoyer à Gueffier l'ordre de ne plus s'opposer à la conclusion du traité entre Venise et les Grisons, à condition que le passage ne soit accordé
aux Vénitiens que pour la défensive, tandis que la France pourra continuer à se servir
du chemin, en tout temps et comme il lui plaira. » (Vol. 1770, fᵒ 247, fᵒˢ 275, 280, 308.)
— Les instructions données à Gueffier sont beaucoup plus positives encore. Le roi écrit à
Léon : « J'ai mandé à Gueffier qu'au cas où on veuille insérer en cette alliance les articles que je lui ai envoyés, il s'oppose ouvertement à ce que telle chose ait lieu pour le
préjudice qu'elle me causerait. (*Corresp.*, t. VII, p. 338.)

sait l'alliance elle-même. Quelle bassesse d'âme supposait-on au gouvernement vénitien de penser qu'il admettrait volontairement une proposition visant le passage des armées françaises dirigées expressément contre la République. La scène fut vive. Luçon restait assez embarrassé. Il se rejeta sur les résolutions arrêtées en conseil, sur la dureté des temps, sur les difficultés de l'heure présente : « Nous sommes vraiment dans une situation misérable, dit-il. Les Espagnols ne sont pas contens de nous, nous ne sommes pas bien avec l'Angleterre, ni avec les États de Hollande, le duc de Savoie est mal satisfait, la République se plaint, nos propres sujets sont soulevés contre nous ; de façon que, pour vouloir faire le bien, nous souffrons des maux sans nombre (1). » Ce langage n'était pas fier ; il dévoilait trop bien les inconvénients de la fausse situation où s'était mis le gouvernement du maréchal et le manque d'autorité de ses ministres, tant au dedans qu'au dehors (2).

Les ambassadeurs de Venise sentaient qu'ils avaient barre sur le jeune secrétaire d'État, et maintenant qu'ils avaient perdu la partie dans l'affaire des Grisons, ils ne cherchaient qu'à prendre leur revanche dans celle de la médiation. On les abandonnait par crainte de mécontenter l'Espagne : avec une promptitude rare, ils se retournent vers l'Espagne, et c'est à la grande ennemie, à la rivale éternelle qu'ils demandent le moyen de punir Luçon de sa témérité.

Celui-ci, en effet, poursuivait officiellement, auprès d'eux et auprès de toutes les puissances, les propositions relatives à la médiation de la France pour le règlement définitif des affaires d'Italie.

Le plan d'ensemble, définitivement arrêté, est exposé dans une lettre que le ministre adresse aux représentants de la France dans les cours intéressées : « Je vous dirai que le désir qu'a le Roi de pacifier les troupes de l'Italie et rétablir le repos par toute la chré-

---

(1) *Ambass. Vénit.* Lettre du 22 janvier (f° 280).
(2) Toute la politique tortueuse de Luçon est résumée, par lui-même, dans une lettre adressée à Sancy, ambassadeur à Constantinople : « Le roy estime faire beaucoup s'il peut tenir les choses en telle balance que, sans rompre avec le roi d'Espagne, il empêche la perte de M. de Savoie qu'il est obligé de conserver par raison d'État, c'est ce qui lui fait et vouloir retirer ledit sieur Lesdiguières, et, tout ensemble, faire la paix. » (*Corresp.*, t. VII, p. 312.)

tienté l'a fait résoudre de traiter par lui-même ce que jusqu'ici il a fait par ses ambassadeurs. Pour cet effet, il s'est résolu d'attirer la négociation de la paix d'Italie auprès de lui, estimant qu'on déférera à sa présence ce que jusqu'ici on n'a pas fait à ses ambassadeurs. Il envoie à cette fin le sieur comte de Larochefoucauld en Espagne pour obtenir que cette affaire se traite ainsi qu'il le désire et juge expédient. Sa Majesté a semblablement écrit au duc de Savoie, aux Vénitiens et à tous ceux qui y ont intérêt pour leur faire goûter cette proposition que Sa Sainteté agrée, trouvant bon, ou d'envoyer un légat à cette fin, ou de donner commission expresse à son nonce qui est auprès de Sa Majesté. Nous espérons que ce traité réussira au bien de la chrétienté, au repos de l'Italie et à la gloire de Sa Sainteté et du Roi qui l'entreprennent (1). »

A Paris, l'évêque de Luçon saisit les ambassadeurs vénitiens le 22 janvier. Il semble garder une certaine illusion sur les sentiments de ceux qu'il vient de blesser si profondément dans l'affaire des Grisons : mais nous qui lisons les lettres adressées par ces diplomates à leur gouvernement, nous savons ce qu'ils pensent et combien ils sont ulcérés. Aussi leur avis ne se fait pas attendre.

Le 24 janvier, ils écrivent à Venise pour engager la République à ne pas laisser la négociation se transporter à Paris. Ils ont déjà amené l'envoyé du duc de Savoie à leurs vues et ils trouvent un excellent argument pour vaincre, s'il y a lieu, les hésitations de Sénat : « Nous sommes d'accord avec l'envoyé du duc de Savoie, disent-ils, pour penser qu'ici on considère au fond la prompte conclusion de la paix d'Italie comme contraire aux intérêts de cette couronne ; en effet les Français qui, en ce moment, ont pris du service dans les armées du duc de Savoie sont, pour la plupart, des partisans des princes. Si la paix se fait, ils viendront se mettre au service de ceux-ci, et cela au grand préjudice des intérêts du roi. On peut donc douter que les ministres français, s'ils ont une fois l'affaire de la paix d'Italie dans les mains, mettent un grand zèle à la conclure, contrairement à leurs intérêts. Aussi serait-il de la prudence de Vos Excellences de peser leurs

(1) Lettre du 25 janvier, à M. de Sancy ; *Corresp.* (t. VII, p. 340).

résolutions et d'apporter à cette affaire toute la maturité qu'elle demande (1). »

Le sénat de Venise n'avait pas besoin d'être poussé par ses agents pour prendre une résolution conforme à leur désir. L'ambassadeur du roi, M. de Léon, lui avait communiqué la proposition, peut-être avec quelque mollesse, car il était loin d'être prévenu en faveur de son chef. Il n'avait obtenu que des paroles évasives, transmises à Paris pour ce qu'elles valaient.

Dès les premiers jours de février, Luçon apprenait, de toutes parts, qu'il était joué. Le duc de Savoie avait fait la moue quand on lui avait parlé d'envoyer un ambassadeur spécial à Paris; l'Espagne déclinait nettement la proposition; en Autriche, notre ambassadeur, Baugy, n'osait même pas ouvrir la bouche, sentant d'avance quel accueil lui serait réservé : « Vous aurez vu, par mes précédentes du 18 de ce mois, les raisons qui m'ont mû à ne point passer avec l'Empereur l'office qui m'a été mandé pour lui faire trouver bon que le roi tirât auprès de lui le traité d'accommodement des troubles d'Italie, duquel les Espagnols se sont emparés *sur la requête qu'ils disent leur en avoir été faite par les Vénitiens.* Quand on m'en parle, je reponds qu'il n'importe à Sa Majesté en quel lieu il soit, pourvu qu'il se termine par une bonne paix. » On le voit, ce sont les Vénitiens que l'on accuse hautement (2).

De partout, le même renseignement arrive au ministre. Il s'en plaint en termes amers à l'ambassadeur Léon, qu'il soupçonne de s'être laissé jouer et qui, probablement, rit dans sa barbe de la déconvenue de son chef. Parlant au nom du roi, Luçon écrit : « Je ne puis que je ne m'étonne grandement de ce que leurs actes (il parle du sénat de Venise) du tout contraires à leurs paroles, ne soient venus à votre connaissance; ou que l'ayant su, vous ne m'ayez donné avis de ce que vous auriez vu en cela se passer à mon préjudice... Le sieur Baugy a su et m'a averti, le

_____

(1) Toute la lettre des ambassadeurs du 24 janvier est importante (vol. 1770, fº 103). Conférer la lettre de Bentivoglio du 27 janvier (t. I, p. 55).

(2) Voir les lettres de Baugy, notamment celle de Prague du 21 janvier. *Aff. Étr.* Allemagne (t. V, fº 314) et la lettre du 25 février (fº 329).

14 janvier, *qu'à leur prière* le Roi Catholique a écrit à l'Empereur pour le prier d'envoyer vers lui des ambassadeurs afin de traiter du différend que mon cousin l'archiduc de Gratz a avec eux. Par là, vous pouvez juger combien j'ai juste sujet de me plaindre de leur procédé, voyant, qu'en même temps que je travaillais avec plus d'affection à cet accommodement, ils se sont pourvus à même fin par devers le Roi Catholique pour lui attribuer l'honneur d'être venu à bout d'une chose qui semblait particulièrement m'être réservée (1). »

Luçon ne peut se contenir longtemps à l'égard des ambassadeurs vénitiens; il va les trouver chez eux, tenant à la main la lettre par laquelle Béthune lui apprend l'échec de la négociation. Il fait d'abord, d'un ton assez calme, un exposé complet de l'affaire, mais il s'anime en parlant, et enfin sa colère éclate : « Nous sommes trop intimes, nous, avec le roi d'Espagne pour nous plaindre de voir la paix se traiter à Madrid. Mais vous, c'est donc, désormais au roi d'Espagne que vous vous adresserez quand vous aurez des difficultés en Italie? Pouvoit-on s'attendre à une pareille conduite de la part de la République? N'est-ce pas elle qui avoit eu recours au roi de France? Est-ce ainsi qu'elle reconnoît le zèle qu'on a déployé à Paris pour arranger cette affaire? C'est un manque d'égards inouï, et le roi s'en souviendra. Pour le moment, il est faible, c'est vrai. Mais il n'est pas si bas que son royaume ne reprenne en peu de temps son ancienne vigueur et pour qu'il impose autour de lui le respect auquel il a droit... » C'est au tour des ambassadeurs de s'excuser et de plaider les circonstances atténuantes. Mais ils sont vengés (2).

Ils prennent pour confident de leur joie le nonce Bentivoglio, qui ne paraît pas trop fâché, lui-même, du bon tour joué à son jeune partenaire. Il écrit à Rome : « J'ai vu les ambassadeurs vénitiens qui m'ont dit que Luçon leur a fait, au nom de la reine, une grosse querelle au sujet de la négociation que la République a transportée à Madrid. Luçon, dit-il, espère encore que, si on ar-

---

(1) *Correspondance* (t. VII, p. 345 et 362).
(2) Voir tout le récit de cette scène si animée, dans la lettre des ambassadeurs du 7 février (vol. 1770, f° 321).

range à Madrid l'affaire de l'archiduc Ferdinand avec Venise, du moins on laissera l'arrangement des affaires du Piémont se faire à Paris; mais, ajoute le nonce, les ambassadeurs n'en croient rien, et ils disent que c'est une dernière feinte des Français pour couvrir leur honte de se voir entièrement exclus des affaires d'Italie dont ils se prétendoient les arbitres (1). »

L'échec est complet; et si Luçon ne lit pas ces lettres, il devine, autour de lui, les sourires muets des diplomates qui les ont écrites. Dans sa colère, il ne sait à qui se prendre. Il rappelle l'ambassadeur du roi à Venise, M. de Léon; il rappelle l'ambassadeur à Rome, le marquis de Tresnel (2). Il répand sa mauvaise humeur en lettres dont le ton va toujours s'exaspérant : « Bien que je n'aie point de paroles qui puissent exagérer l'indignité du procédé des Vénitiens, je trouve bon, néanmoins, l'avis que vous me donnez de remettre en un temps plus opportun à faire paraître le ressentiment que j'en ai. » Bon conseil, mal suivi, d'ailleurs, et Léon, qui lit cette phrase, dans la lettre qui lui annonce son rappel, doit se dire que son jeune chef aurait encore besoin de quelques bonnes leçons.

L'évêque, en effet, ne devrait s'en prendre qu'à lui-même : c'est lui qui s'est trompé sur la convenance et sur la portée de son intervention; c'est lui qui a cru jouer au plus fin et qui s'est heurté assez naïvement à ces hommes subtils qu'il n'avait pas su ménager quand ils s'adressaient à lui; c'est lui qui s'est lancé dans une de ces campagnes dangereuses où l'on met en péril, sans intérêt suffisant, l'honneur des gouvernements qui prétendent n'en tirer que de la gloire. En voulant imposer aux Vénitiens l'alliance des Grisons avec l'adjonction d'une clause contraire à leurs intérêts, en réclamant d'eux, en même temps, une adhésion à sa proposition de médiation, Luçon poursuivait une politique qui, par excès de finesse, tombait dans la contradiction. Il voulait gagner des deux côtés à la fois, ce qui est impossible, à moins d'avoir affaire à des partenaires incapables ou d'avoir recours à

(1) BENTIVOGLIO (t. I, p. 108).
(2) *Corresp.* (t. VII, p. 362 et p. 919, 922). Voir aussi la lettre du 7 avril (t. I, p. 499).

la force. Il avait mal calculé : mal calculé le mérite de ses adversaires, mal apprécié sa propre autorité.

N'avait-il donc fait aucun retour sur lui-même? Ne s'était-il
donc pas aperçu que tout croulait autour de lui, que la carrière
du maréchal était parvenue à un comble de témérité qui l'exposait au moindre caprice de la fortune, que le ministère dont il
faisait partie n'avait ni poids, ni assiette, ni solidité? Était-il
donc aveugle? Et, s'il voyait clair, comment pouvait-il supposer
que les autres tenaient les yeux fermés, et qu'ils ignoraient le
peu de valeur d'une parole tombant de sa bouche? L'échec était
la suite naturelle et fatale de la situation fausse où il se trouvait
et de la témérité avec laquelle il s'était lancé sans consulter ses
forces. Jeune présomptueux, averti par ce premier insuccès, il fut
trop heureux de dissimuler, dans la catastrophe générale qui
l'écarta du pouvoir, l'avortement complet et piteux de la première
négociation importante qu'il eût menée et dont il se garda bien
de souffler mot, par la suite, dans ses *Mémoires*.

III. — La catastrophe.

Concini et les ministres avaient compris, dès la fin de février,
qu'il était nécessaire de frapper un grand coup pour en finir avec
les rebelles. Le sort de cette courte campagne était suspendu à la
prise de Soissons. On avait donc décidé que le roi se rendrait de
sa personne à l'armée du duc de Guise; on comptait que le voyage
du roi produirait une grande impression dans le pays et mettrait fin aux intrigues qui se nouaient, à la cour même, sous les
yeux de la reine régente.

L'habitude de l'indiscipline était tellement invétérée et les sentiments de haine à l'égard de Concini étaient si répandus, qu'on
voyait les plus fidèles serviteurs de la royauté et de la reine, à Paris
et dans les provinces, se détacher, l'un après l'autre, du parti de
la cour. Par une tactique renouvelée des luttes du xvie siècle, ces
mécontents, plus sages ou plus habiles que les princes révoltés, se
groupaient en un parti intermédiaire, — un tiers parti, — qui,
comptant sur les sentiments toujours peureux et toujours frondeurs

de la bourgeoisie, espérait, avec le concours des « politiques », imposer à la royauté et aux rebelles une fructueuse médiation (1). On citait, parmi les grands personnages qui s'attachaient à ce parti, le vieux d'Épernon, favori·hautain, jaloux de toute faveur qui n'allait pas vers lui (2) ; Lesdiguières, auquel la rumeur publique attribuait un mot inquiétant : « Je suis venu pour faire la paix d'Italie, et je m'en retournerai pour faire la paix de France (3) » ; Sully (4), toujours chagrin et toujours impatient d'un pouvoir qui lui échappait toujours ; Montmorency, si puissant dans son Languedoc ; Bellegarde, Roquelaure, d'Alincourt, gouverneur de Lyon et fils de Villeroy. On disait que ces grands seigneurs, se targuant d'une fidélité particulière et affirmant que la politique de Concini et des ministres était contraire aux véritables intentions du roi, se préparaient à marcher sur Paris, à la tête d'une armée de 35 000 à 40 000 hommes, pour se mettre à la disposition de Louis XIII et l'arracher à la servitude où le tenaient la régente et ses favoris.

Pour couper court à ces bruits, — peut-être à ces projets, — le mieux était de mettre à exécution, sans retard, la résolution arrêtée de conduire le roi à Soissons. Mais, sans qu'on pût s'expliquer exactement pourquoi, ce voyage, toujours annoncé, était retardé de jour en jour. A la fin de février, on prie les ambassadeurs de se préparer à accompagner le roi « qui partira la semaine prochaine (5) ». Le 12 mars, le voyage devient problématique. « On craint de laisser Paris sans troupes avec le prince de Condé dans sa prison. Un soulèvement populaire auroit vite fait de le délivrer et de lui confier le commandement de la capitale (6). » Les uns affirment que c'est le roi qui ne veut pas partir ; les autres disent que la reine est indécise : « Une personne bien renseignée m'assure que la reine a peur du

---

(1) Sur le Tiers-Parti, voir notamment PONTCHARTRAIN (t. II, p. 255); le *Libre discours de M. de Rohan sur le temps présent*, 1617; BENTIVOGLIO, lettre du 28 février 1617 (t. I, p. 129).

(2) V. *Mercure François*, p. 189; BENTIVOGLIO (t. I, p. 86) ; *Correspond.* (t. I, p. 490).

(3) BENTIVOGLIO (t. I, p. 107).

(4) « M. de Sully a écrit à la Reine de son style ordinaire qui décrie le gouvernement ; mais, à mon avis, ses humeurs se déchargeront par sa plume. » Lettre de RICHELIEU du 9 avril. *Correspond.* (t. VII, p. 371).

(5) BENTIVOGLIO (t. I, p. 122).

(6) *Ambass. Vénit.* (vol. 1770, f° 327).

roi ; on auroit découvert récemment que cette sortie du roi seroit dangereuse, et on lui auroit conseillé de ne pas se séparer de lui (1). »
Pendant tout le mois de mars, on a le pied sur l'étrier : ce sera pour le 12 ; ce sera pour le 20 ; ce sera pour le mardi qui suivra le 31 mars ; — et on ne part pas. Enfin le 8 avril, on décide brusquement que le voyage n'aura pas lieu (2). Ordres, contre-ordres? Le public ne comprend pas. Mais ceux qui sont dans le secret assurent « que la reine mère avoit avis que le roi, qui se voyoit de jour en jour plus méprisé, avoit résolu, si l'on alloit à la campagne, après avoir fait une journée ou deux, de prendre quelques-uns de sa suite les plus confidens et s'en aller lui-même en son armée, se loger dans le quartier du régiment de ses gardes,... et d'y prendre la résolution de ce qu'il avoit à faire pour s'ôter du gouvernement et de l'autorité de la reine sa mère et de la tyrannie du maréchal d'Ancre (3). »

Tous les yeux sont tournés vers le maréchal d'Ancre. Lui poursuit ses desseins particuliers, va et vient comme si de rien n'était. Il a confiance en son étoile. D'ailleurs, il est brave et aurait dit volontiers comme l'autre : Ils n'oseraient. Un jour, au conseil , il s'assied sur le siège du roi. Un autre jour, il se moque de voir celui-ci jouer comme un enfant et dit « qu'il faudroit lui donner le fouet » ; il se couvre devant lui ; il se pavane, dans la cour du Louvre, à la tête de deux cents ou trois cents gentilshommes, tandis que le roi regarde, de la fenêtre du premier, seul avec Luynes. Le roi a besoin de quelque somme d'argent pour ses plaisirs : on lui objecte que la caisse est vide (4). Louis XIII se tait ; mais en lui, la haine monte.

Concini n'éprouvait-il pas au fond du cœur plus d'inquiétude qu'il n'en laissait paraître? Sa femme, en tout cas, « plus adroite que lui », était nerveuse, agitée, pleurait, demandait à partir. La reine elle-même aurait voulu le modérer et elle le « rabrouait » en public. Surtout, un symptôme qui ne trompe pas les esprits perspicaces

(1) Bentivoglio (t. I, p. 148).
(2) Voir *Corresp.* (t. I, p. 449, 477-487, 504).
(3) Pontchartrain (t. II, p. 285).
(4) Tous les déboires de Louis XIII, par suite de l'insolence du maréchal d'Ancre, ont été relevés et mis en lumière par Bischet, *le Roi chez la Reine* (p. 280-285). — Cfr. Héroard (t. II, p. 204). — Pontchartrain (t. II, p. 286) et surtout : la *Relation* publiée dans l'*Histoire des plus illustres favoris* de Pierre Dupuy, 1659, in-12.

aurait dû le frapper : ses amis, ses créatures, les ministres, prenaient leurs précautions et se détachaient de lui. Barbin, après plusieurs algarades très vives, lui tournait franchement le dos ; on dit que le maréchal avait déjà pris son parti de la brouille et qu'il songeait à remplacer Barbin, Mangot et Richelieu par des hommes qu'il considérait comme plus sûrs : Ruccelaï, de Mesmes et Barentin (1).

Quoi qu'il en soit, l'attitude de l'évêque de Luçon, en cette conjoncture, est digne de toute curiosité. Il ne se fait plus d'illusion ; il ne cache même pas sa tristesse et ses appréhensions ; seulement il essaye de se tirer personnellement d'affaire et de sauver ce qui peut être sauvé.

Tandis qu'à l'égard de Concini, il multiplie les prévenances, les lettres obséquieuses, les paroles de confiance ou les protestations de dévouement, il s'éloigne cependant à reculons, cherchant, à la dérobée, quelque issue. L'évêque va trouver le nonce du pape, lui conte ses inquiétudes et ne lui cache pas qu'il est las des agitations de la politique et, qu'une grande situation ecclésiastique, l'archevêché de Reims, par exemple, ou le chapeau de cardinal, lui conviendrait parfaitement. Il s'adresse aussi à la reine mère ; l'avertit des dangers que la politique téméraire de Concini fait courir à elle et à ses amis ; elle en convient ; l'évêque insiste ; il parle encore de lassitude, de découragement ; il offre de céder la place à d'autres : « J'allai au Louvre, je parlai à la reine, lui fis instance de permettre à Barbin et à moi de nous retirer... Elle me dit qu'elle me répondroit dans les huit jours. Cela m'arrêta et m'empêcha de parler au roi que ces huit jours ne fussent expirés, avant lesquels le maréchal fut tué. » On joue, en même temps, un jeu plus dissimulé et plus profond. Le beau-frère de l'évêque de Luçon, M. de Pont-Courlay, aborde Luynes secrètement et lui fait des offres de service au nom du secrétaire d'État ; celui-ci promet de n'agir que d'après les ordres directs du roi et de le tenir au courant de tout ce qui se fait dans l'entourage du maréchal d'Ancre. Cela ressemble fort à une trahison. Or, ces propositions sont si sérieuses qu'elles sont prises en grande considération par Luynes « comme venant de la plus saine tête du conseil du maréchal », et que peu s'en

(1) RICHELIEU, *Mémoires* (p. 152).

fallut qu'elles ne modifiassent les résolutions déjà prises dans l'entourage du roi (1).

Concini, si aveuglé qu'il soit, n'est pas dupe. Il devine qu'il se trame quelque chose. Luçon le gêne dans ses projets, se met en travers de la fortification de Quillebœuf, place forte de la Normandie, dont le maréchal venait d'obtenir le gouvernement et qu'il munissait, par précaution, comme la clef du royaume. Il le prend avec l'évêque sur son ton ordinaire : « Par Dieu, Monsieur, lui écrit-il, je me plains de vous ; vous me traitez trop mal. Vous traitez la paix sans moi ; vous me faites écrire par la reine... Que tous les diables, la reine et vous, pensez-vous que je fasse ? La rage me mange jusqu'aux os (2). »

Concini se précipite ainsi vers sa perte, s'aliénant tout le monde par la fureur de ses emportements. Quel contraste avec le procédé onctueux et félin de Luynes, « timide et soupçonneux (3) ». Depuis des mois, celui-ci agit sur l'esprit du roi par une pression continue et caressante. L'objet des longues conversations, au chevet du lit ou dans les embrasures de fenêtres, est toujours le même. On montre au jeune souverain son royaume dans la main de cet étranger. On lui répète qu'il n'y a plus un grand seigneur en France qui ne soit hostile au favori de la reine mère. On excite les sentiments de jalousie qu'il garda toute sa vie à l'égard de son frère Gaston, et on lui signale les préférences de Marie de Médidis pour ce cadet. On prend le roi par ses dispositions ombrageuses, le jeune homme par la vanité, l'enfant qu'il est encore, par la peur. Qu'est-ce que ces devins et ces astrologues consultés sans cesse par le Concini et par sa femme, sinon des jeteurs de maléfices et de mauvais sort ? D'ailleurs, on montre, sous le manteau, des

_____

(1) Sur l'attitude de Richelieu, cfr. le récit circonstancié qu'il fait dans ses *Mémoires*, et le *Caput apologeticum* dans la *Correspond.* (t. VII, p. 416). Voir, en outre, toute la correspondance avec d'Ancre qui reste si obséquieuse pendant les mois de mars et d'avril. Tout au plus, une petite nuance de froideur, dans la lettre du 1er avril (t. I, p. 485, et t. VII, p. 380, 382, 926). — Rapprocher surtout ses confidences au nonce du pape, dans les lettres de celui-ci du 14 mars et du 25 avril. — Pour la démarche faite auprès de Luynes, elle est mentionnée dans la *Relation* publiée par Dupuy (p. 9).

(2) Richelieu, *Mémoires* (p. 152).

(3) *Ibid.* (p. 154). Cfr. la *Relation* publiée par Dupuy et les *Mémoires de* Mont-pouillan, dans le t. IV des *Mémoires de la* Force.

lettres, vraies ou supposées, de Barbin, « pleines de desseins
contre sa personne sacrée ». On attire son attention sur ce fait que
les gardes de la reine sont substitués à ses propres gardes, comme
si on eût eu dessein de tenir sa personne en la puissance de cette
troupe. A la moindre indisposition, on laisse comprendre avec des
gestes d'effroi, des attentions inquiètes, des demi-allégations, des
réticences, qu'il pourrait bien être question de poison.

Sur ces entrefaites, Concini fait une faute lourde. Il part pour
la Normandie. Il vient hâter la fortification de Quillebœuf qui
n'avance pas assez vite à son gré. Il laisse la place libre à ses adversaires. Ceux-ci, moins attentivement surveillés, mettent les fers au
feu pour le coup décisif. D'ailleurs, ils sentent qu'il faut en finir.
Soissons a été investi le 6 avril. En même temps, Rethel est as-
siégé. Le duc de Nevers demande à s'arranger. Le 13 avril, on
délibère au conseil sur ce qu'il y a à faire. Le roi y assiste deux
fois, ce qui n'est guère dans ses habitudes et, à l'issue de la réunion, il va, chaque fois, rendre compte à Luynes. La réponse
arrêtée est dure pour Nevers. On lui demande, en somme, une
capitulation, sans condition. Rethel se rend le 16. On attend, de
jour en jour, la prise de Soissons. Si on tarde jusque-là, Concini
l'emporte... Il rentre à Paris, le 17, décidé à en finir, lui aussi.
Le drame se noue. Les deux partis sont résolus. Ils se surveillent
sournoisement (1).

---

(1) Voir tous les détails, jour par jour, dans le *Journal d'*Arnauld d'Andilly et dans
la *Correspondance des Ambassadeurs Vénitiens* (vol. 1770). Il ressort de tous les
documents que le ministère touchait au but et qu'il allait l'emporter; c'est ce que reconnaît Pontchartrain, peu suspect : « Néanmoins par le soin et diligence qui y est apportée par ces nouveaux ministres : ces princes et grands avaient été si vivement
attaqués et serrés de si près qu'ils étaient au désespoir et ne savaient où avoir recours
et même on ne se souciait pas de les recevoir à grâce, et ce changement leur arriva à
grand'heur pour échapper et être délivrés de leur entière ruine... — (t. II, p. 306). » Cfr. le
récit d'Arnauld (p. 285): « J'ai ouy dire à M. Barbin, le 23 mars 1618, que véritablement les affaires du Roi étoient en tel état que les princes ne pouvaient pas durer encore trois semaines et étaient réduits ou à mourir sur la brèche, ou à se jeter entre les
bras du Roi et en sa miséricorde.... » Richelieu le sentait si bien qu'il jouait le tout
pour le tout : Il écrivait le 23 avril, veille de la catastrophe : « Je vous assure que les
finances de S. M. sont si courtes que, par le désir que j'ai que son service ne retarde
point, manque d'argent, j'ai mieux aimé avancer quinze cents livres du mien, ainsi que
vous le verrez par la suscription que je vous envoie sur mon fermier (*Corresp.*, t. I,
p. 529). » Il n'y a jamais eu plus près de la coupe aux lèvres.

Les résolutions extrêmes paraissent avoir été envisagées, pour la première fois, au début d'avril, trois semaines avant l'exécution. Tout d'abord, on avait songé à s'enfuir vers l'armée des princes et à leur demander main-forte. Mais les ministres, comme on l'a vu, avaient probablement eu quelque soupçon de ce projet, puisqu'ils avaient contremandé le voyage du roi. Au retour du maréchal d'Ancre, Louis XIII et Luynes commencèrent à parler entre eux de l'arrestation et même de la mort du maréchal. On pensa d'abord à le faire tuer dans le cabinet d'armes du Louvre, en présence du roi, par un homme seul, Montpouillan, fils du maréchal de la Force, qui se chargeait du coup. Mais on renonça vite à ce dessein trop aventureux. On revint vers l'idée de l'arrestation. Chaulnes, frère de Luynes, conseilla de s'adresser au baron de Vitry, capitaine des gardes du corps, homme d'exécution. Il fut sondé par le sieur du Buisson, commis subalterne de la volerie, — car tout cela se passe entre personnages assez minces. Vitry se dit prêt à faire tout ce que le roi lui commanderait. C'est le vendredi que Vitry est averti; l'exécution est fixée au surlendemain, dimanche. Durant ces deux jours, on ne dormit guère dans l'entourage intime du roi. Tout le monde, et Louis XIII le premier, vivait dans la crainte d'une indiscrétion qui renverserait les rôles, et mettrait en péril les conjurés. On était entouré d'espions. Les moindres mouvements de la partie adverse paraissaient suspects. On eut plusieurs fausses alertes. Le dimanche, le roi qui fut, dans tout cela, admirable de secret et de dissimulation, alla à la messe, vit sa mère, et rentra chez lui, pour attendre. Mais le coup manqua, par un défaut de coïncidence dans les heures et les rencontres prévues.

Le lundi 24, le roi se leva de grand matin et fit dire qu'il allait à la chasse; mais sous un prétexte ou sous un autre, il tarda jusqu'à dix heures. Luynes, d'Ornano, Bautru, étaient auprès de lui. On causait à voix basse. Les chevaux étaient tout sellés, hors du Louvre, en cas d'échec. Vitry avait apposté une vingtaine d'hommes résolus aux divers endroits de la cour intérieure. Les groupes devisaient entre eux; mais les principaux étaient aux aguets. Vitry était dans la grande salle des Suisses, assis sur un

coffret, son manteau sur l'épaule, les jambes ballantes, un bâton
à la main.

Sur les dix heures, on annonça que le maréchal sortait de son
logis, situé, comme on sait, sur le terre-plein du Louvre, et s'a-
vançait vers la porte située en face Saint-Germain-l'Auxerrois, accompagné, comme d'ordinaire, d'une troupe nombreuse de solliciteurs et de courtisans. Comme le maréchal franchissait le pont
dormant et allait mettre le pied dans la cour, Vitry se dirigea ra-
pidement vers lui. Mais arrêté par un importun, il le laissa passer,
ne le vit plus et dut demander : « Où est le maréchal? » On le lui
montra qui lisait une lettre. Il s'avança, parmi la presse des gentilshommes, lui mit la main sur le bras droit, disant : « Le roi m'a
commandé de me saisir de votre personne. » Le maréchal se retourne, dit : *A mè!* et porte la main à la garde de son épée. Vitry
répond : *Oui, à vous*, le saisit plus fortement et fait signe à ceux de
sa suite qui, sortant le pistolet de dessous le manteau, tirent au
visage. Trois balles fracassent la gorge, la mâchoire, le front;
d'autres hommes frappent à coups d'épée. Le maréchal tombe sur
les genoux; il est mort. Vitry l'étend à terre d'un coup de pied et
crie : *Vive le roi!* Ceux qui entouraient le maréchal ont fait à
peine mine de résister. Un mot a suffi pour que tout le monde
s'inclinât : « C'est l'ordre du roi (1). »

Le colosse mort, on s'aperçut combien il était peu de chose. Ce
fut une ruine immédiate, absolue, complète, une poussière.
Catherine, la femme de chambre de la reine mère, entendant les
coups de pistolet, s'était mise à la fenêtre de la chambre de la
reine, et appelant Vitry lui-même qui allait et venait au milieu de
la cour pour surveiller toutes choses, elle lui demanda ce que
c'était. Il lui dit que le maréchal d'Ancre venait d'être tué, que

(1) Pour le récit du complot et du meurtre les documents contemporains abondent.
C'est un fait public et qui a paru si extraordinaire que chacun en a parlé à sa façon;
beaucoup même y ont voulu avoir leur part. J'ai suivi comme plus complets et mieux
informés : la *Relation* de DUPUY, les *Mémoires* de RICHELIEU, les *Mémoires de* MONT-
POUILLAN, le *Journal* d'ARNAULD D'ANDILLY, *les Mémoires* de FONTENAY-MAREUIL, les
lettres des *ambassadeurs Vénitiens* et celles de BENTIVOGLIO. — Cfr. une petite brochure
parue en 1853, chez Hachette, intitulée : *Assassinat du Maréchal d'Ancre, relation
anonyme attribuée au garde des sceaux Marillac*. C'est un extrait de la *Relation*
publiée dans le recueil de Dupuy.

c'était lui qui l'avait fait, par l'ordre du roi. La femme de chambre ferma le châssis et courut prévenir sa maîtresse. « *Ohimé!* s'écria la reine, j'ai régné sept ans, je n'attends plus qu'une couronne au ciel. »

Quelqu'un qui se trouvait là demanda comment il fallait prévenir la maréchale : « Eh! répondit la reine, j'ai bien d'autres choses à penser; si on ne veut pas le lui dire, qu'on le lui chante. » Elle allait, échevelée, par la chambre, battant des mains : « Qu'on ne me parle plus de ces gens-là. Je les ai bien prévenus. Ils auroient dû repartir pour l'Italie. J'ai assez à faire de m'occuper de moi. »

La maréchale d'Ancre apprit l'événement par l'arrivée des gardes du roi. La porte de sa chambre étant ouverte, elle les vit et demanda ce qu'il y avait. On lui dit : « Madame, il y a de mauvaises nouvelles; monsieur le maréchal est mort. » Elle reprit : « Il a été tué; c'est donc le roi qui l'a fait tuer. » Elle s'écria que son mari était un orgueilleux, un fou, qu'elle le lui avait bien prédit. Puis, faisant un retour sur elle-même, elle mit ses pierreries et ses billets dans la paillasse de son lit, et, s'étant fait déshabiller, l'Italienne, comme un animal blessé, se coucha.

Bientôt les gardes de Vitry pénétraient chez elle et la faisaient lever. Ils bouleversèrent tout dans sa chambre, la dépouillèrent de ce qu'elle aimait le plus, ses pierreries, ses bagues, l'or, l'argent que, par précaution, elle portait toujours sur elle. Elle ne trouva même plus de bas pour se chausser et dut en faire demander à son jeune fils, qui lui envoya aussi quelques écus qu'il avait sur lui; et la favorite déchue, dont les grandeurs avaient déséquilibré le corps et l'âme, commença à monter le rude calvaire, où elle se releva, et où l'histoire miséricordieuse inscrit, sur un fond de tortures et de douleurs excessives, sa curieuse physionomie de petite femme énergique et noire (1).

(1) Il est étonnant que l'histoire ou du moins la curiosité n'ait pas tiré un plus grand parti du précieux document conservé à la Bibliothèque nationale (500 *Colbert*) et intitulé « Procédures et arretz contre les accusés de crimes de Leze-Majesté. Tome IV, contenant plusieurs informations interrogations et autres pièces du procès de La Mareschale d'Ancre, en 1617 ». Ce sont les originaux. Les dépositions de l'entourage de Concini et de sa femme, donnent, sur leur vie, les renseignements les plus précieux. Je citerai seulement

Luçon était chez un de ses amis, recteur de Sorbonne, où la nouvelle fut apportée par un autre sorboniste qui venait du Palais. Il dit lui-même qu'il fut surpris et qu'il n'avait pas prévu que ceux qui étaient auprès du roi eussent assez de force pour machiner une telle entreprise. Il revint par le Pont-Neuf et apprit, du frère du Père Joseph, que le roi le faisait chercher. Il se rendit, auparavant, chez la reine, où il trouva Barbin et Mangot, dans les écuries, très effrayés. On disait que le roi était surtout excité contre Barbin. Il fut décidé que Luçon, évêque et moins compromis, irait devant. Gagnant donc la galerie du Louvre, il vit le roi, monté sur un billard, au milieu de toute la cour très échauffée et multipliant, à grand bruit, les protestations de fidélité.

Le roi distingua l'évêque parmi ces porte-épée. Du plus loin qu'il le vit, il l'appela et lui cria : « Eh bien, Luçon! enfin me voilà hors de votre tyrannie. » Sans le laisser répondre, le roi ajouta : « Allez, allez, ôtez-vous d'ici. » Le prudent Luynes, qui était près du roi, intervint. Il donna l'assurance que Luçon avait toujours bien conseillé la reine mère et Concini. L'évêque se sentait sauvé; il parla à son tour et même, si on l'en croit, avec quelque dignité, puisqu'il essaya d'intervenir en faveur de ses collègues, Barbin et Mangot. Mais on ne voulut pas l'entendre. Le roi lui dit seulement de se rendre au Conseil, où déjà s'étaient réunis les ministres nouveaux, qui n'étaient, en somme, que les

cette déposition du valet de chambre, Desdiguières : « La dite dame avoit à son service un nommé Montalte, médecin juif de religion et qui en faisait profession;... depuis sa venue. il vit ladite maréchale changer d'humeur et ne se souciait plus de visiter les églises, même d'oüir la messe comme elle avait accoütumé... et quitta le confesseur qu'elle avait et ne faisait plus de bien aux Carmes déchaussés... Dit aussi avoir reconnu que, depuis ledit temps, elle devint d'humeur fâcheuse et mélancolique et s'imaginait qu'on la pouvait ensorceler en la regardant fixement et qu'en lisant des lettres, on la pouvait empoisonner... qu'elle s'amusait à faire de petites boulettes de cire qu'elle mettait dans une boette, et puis les mettait dans un coffre. » (f° 58). Un sieur Philippe Dacquin dépose que « le dit Montalto l'entretenait souvent d'un livre qui se nomme, en langue hébraïque, *Cepher Gheissira*, qui vaut autant à dire que *Livre de la création*, qui contient les fondemens plus particuliers de la cabale hébraïque, qui est proprement la Magie; que, par cette science, le Thalmud et les rabbins croient qu'un homme qui en sait la pratique, peut comme de nouveau créer un homme à sa dévotion, changer ses humeurs et habitudes, s'en faire aimer, de sorte qu'il ne lui puisse rien refuser... » (f° 64). C'est sur ces misères que l'on établit le procès et la condamnation de la pauvre femme. Au fond, on en voulait à sa fortune et les Luynes avaient hâte de se partager anciens ministres revenus en faveur : du Vair, Villeroy, le président Jeannin. Il semble que Luçon se soit fait l'illusion de croire qu'il pourrait encore siéger parmi eux. Mais le vieux Villeroy, qui n'avait pas oublié tant d'avanies qu'on lui avait fait subir, demanda, dès qu'il le vit entrer, en quelle qualité l'évêque se présentait. Celui-ci ne dit mot; personne ne lui parlait. Il se tint un moment debout près de la porte et, selon sa propre expression, « se retira doucement ».

Rentré chez lui, il put philosopher à loisir « sur l'inconstance de la fortune et le peu de sûreté qu'il semble qu'il y a aux choses qui paraissent être assurées en la condition humaine ». Il apprit, en effet, que Mangot avait été arrêté par l'ordre du roi, que Barbin, qui, dans toute cette affaire, s'était conduit bravement, avait des gardes en son logis, que personne ne leur parlait et qu'il était question de leur donner des juges.

Dans la journée du lendemain, un spectacle auquel il assista par hasard, lui découvrit plus encore la grandeur du péril et toute l'horreur de la situation.

Le corps du maréchal d'Ancre, relevé dans la cour du Louvre, avait été dépouillé, et, nu, mis en un drap dont les deux bouts furent attachés par une ficelle, puis traîné sous les marches d'un escalier, près de la porte. La nuit venue, on l'avait porté à Saint-Germain-l'Auxerrois et enterré secrètement, sous les orgues. Mais le peuple de Paris eut vent de la chose et, dans le désordre qui accompagne ces grandes catastrophes, la violence n'ayant plus de frein, la foule s'était précipitée dans l'église, avait déterré le corps et, l'ayant traîné sur le Pont-Neuf, l'avait pendu par les pieds à une potence « qu'il y avoit fait planter lui-même pour faire peur à ceux qui parlaient mal de lui ». Là, sur ce cadavre, le peuple assouvit sa haine et se livra à la plus horrible boucherie. On lui coupa le nez, les oreilles, et le reste, on jeta les entrailles dans l'eau, on fit rôtir des morceaux de chair découpés dans ce corps; on essaya de brûler les membres; et enfin, ce qui restait du cada-

ses dépouilles. La question d'argent a été très bien éclaircie par M. DE CRÈVECŒUR, dans sa brochure : *Un Document nouveau sur la succession de Concini ;* Paris, Champion, 1891, in-8°

vre demi-carbonisé fut encore traîné et dépecé par les rues et les carrefours de la ville.

Luçon, allant chez le nonce, devait justement passer par le Pont-Neuf. Il se trouva, dans son carrosse, engagé au milieu de cette foule hurlante et trépignante : « Les cochers étant peu discrets, le mien en chapitra quelqu'un qui commença à vouloir émouvoir noise sur ce sujet. Au même instant, je reconnus le péril où j'é- tois, en ce que, si quelqu'un eût crié que j'étois un des partisans du maréchal d'Ancre, leur rage étoit capable de les porter aussi bien contre ceux qui, aimant sa personne, avoient improuvé sa conduite, comme s'ils l'eussent autorisée. Pour me tirer de ce mauvais pas, je leur demandai, après avoir menacé mon cocher extraordinaire- ment, ce qu'ils faisoient ; et m'ayant répondu selon leur passion contre le maréchal d'Ancre, je leur dis : « Voilà des gens qui mour- roient au service du roi ; criez tous « *Vive le roi!* » Je commençai le premier, et ainsi j'eus passage ; et me donnai bien de garde de revenir par le même chemin ; je repassai par le pont Notre- Dame (1). »

La reine mère était restée chez elle, entourée de Mme de Guise, de la princesse de Conti, de Mme de Guercheville et d'autres dames de la cour. N'ayant pas de nouvelles du roi, elle envoya vers lui son écuyer, Bressieu. On dit à celui-ci que la reine se tînt tranquille et que le roi la traiterait comme sa mère ; mais « qu'il vouloit dé- sormais être roi ». On changea les gardes de la reine mère et on les remplaça par les gens de Vitry. Elle demeura donc enfermée et, en réalité, prisonnière. Cette captivité dura neuf jours. Ce- pendant, au bout de quatre ou cinq jours, quand le premier feu de la colère fut apaisé, le roi consentit à entrer en pourparlers pour régler la situation qu'on allait faire à Marie de Médicis, mais tout en refusant toujours de la voir.

C'est ici que Luçon apparaît dans le nouveau rôle qui va être le sien pendant des années, celui de conseiller et de favori de la reine mère. Concini mort, sa femme prisonnière, Barbin écarté, Marie de Médicis, qui ne pouvait être seule, n'avait plus que Luçon.

(1) *Mémoires* (t. I, p. 159).

Il fut l'intermédiaire des négociations. Luynes n'était pas fâché de se servir de lui et de le ménager (1). Ainsi, dans ce désastre, il sut prendre immédiatement un rôle qui lui gardait, en somme, une certaine figure et qui le rendait utile aux deux partis.

Tandis que des collègues du ministère étaient mis sous les verrous ou traités en suspects, que les serviteurs du maréchal d'Ancre étaient « requis à son de trompe de sortir hors de Paris (2) », que tous les partisans de la reine mère étaient mis hors d'emploi (3) ; seul l'évêque de Luçon fut traité avec égards. Il le constate lui-même avec satisfaction et il ajoute que Luynes « lui offrit de rester au conseil avec tous ses appointements (4) ».

Mais il crut plus habile et plus honorable de mettre ce peu d'influence qu'il s'était ménagée au service de sa maîtresse.

La négociation dont il se chargea fut adroitement conduite. Il fut décidé que la reine irait en son château de Moulins ; qu'en attendant que les réparations fussent faites, elle pourrait s'arrêter à Blois ; qu'elle ne serait accompagnée que de ceux qu'elle voudrait ; qu'elle aurait pouvoir absolu non seulement dans la ville de sa résidence, mais dans toute la province où elle se trouverait située ; qu'elle pourrait jouir de tous ses apanages et appointements et que, si cela ne suffisait, on lui donnerait davantage ; que le roi la verrait infailliblement avant son départ, et que Barbin aurait la vie sauve et serait traité avec ménagement.

(1) La lettre de Richelieu à Luynes, du 10 mai, marque l'évolution, dans des termes frappants ; Richelieu, quinze jours avant, n'en écrivait d'aussi déférentes qu'au maréchal d'Ancre : « Je vous rends mille grâces des bons offices que, de plus en plus, vous continuez journellement à me départir et particulièrement de la confiance qu'il a plu au roi me témoigner, par votre moyen, en agréant l'honneur que la reine mère a voulu me faire en m'établissant chef de son conseil et me mettant ses affaires entre les mains. Je ferai connaître à tout le monde que je m'acquitterai de cette charge au contentement de S. M. » *Correspond.* (VII, 386).

(2) RICHELIEU, *Mémoires* (t. I, p. 160).

(3) « De même, dit encore Richelieu, qu'en ces bâtiments qu'on mine par le pied, rien ne demeure, ainsi l'autorité de la Reine étant ruinée, tous ceux qui subsistolent en elle tombèrent par sa chute. » (*Ibid.*, p. 160.) — Barbin, notamment, fut arrêté aussitôt et conduit au For-l'Évêque, puis mis à la Bastille. On lui fit son procès. Condamné au bannissement, sa peine fut commuée d'une étrange façon, car on décida qu'il subirait une prison rigoureuse. Néanmoins, vers la fin de 1619, sur les instances de la reine, Barbin put sortir de la Bastille et quitter la France.

(4) RICHELIEU, *Mémoires* (t. I, p. 161).

Le départ fut fixé au 3 mai. Le roi vint la visiter ce jour-là. L'entrevue fut froide et politique, non tendre, ni de mère à fils. La reine l'appela *Monsieur*. Le roi répondit par un compliment apprêté que Luynes lui avait fait apprendre par cœur. La reine baisa le roi à la bouche, sans l'embrasser ; pourtant, à la fin, elle fondit en larmes, quand son second fils, Gaston, vint prendre congé d'elle ; elle le serra par deux fois, sans pouvoir presque parler. Mais, aussitôt, elle se reprit, et elle reçut, le visage froid et immobile, les compliments de la cour et de la ville, venues pour la saluer à son départ. On devinait, dans ce silence et dans cette froideur, l'orgueil blessé, la dissimulation et le désir de vengeance qui étreignaient le cœur de l'Italienne, chassée du pouvoir dans des circonstances si tragiques.

Au bas du perron, des carrosses attendaient la reine et sa suite. Laissons parler maintenant l'évêque de Luçon : « Elle sortit du Louvre simplement vêtue, accompagnée de tous ses domestiques qui portoient la tristesse peinte sur leur visage ; et il n'y avoit guère personne qui eût si peu de sentiment des choses humaines que la face de cette pompe quasi funèbre n'émût de compassion. Voir une grande princesse, peu de jours auparavant commandant absolument à ce grand royaume, abandonner son trône et passer, non secrètement et à la faveur des ténèbres de la nuit cachant son désastre, mais publiquement, en plein jour, à la vue de tout son peuple, par le milieu de sa ville capitale, comme en montre, pour sortir de son empire, étoit une chose si étrange qu'elle ne pouvoit être vue sans étonnement. Mais l'aversion qu'on avoit contre son gouvernement étoit si obstinée, que le peuple ne s'abstînt néanmoins pas de plusieurs paroles irrespectueuses en la voyant passer, qui lui étoient d'autant plus sensibles que c'étoient des traits qui rouvroient et ensanglantoient la blessure dont son cœur étoit entamé (1). »

<hr/>

(1) *Mémoires* (t. I, p. 164). — Il faut lire aussi tout le jugement porté sur le maréchal d'Ancre et sur sa femme (p. 170) : « Heureux l'un et l'autre s'ils eussent vécu en l'amour et confiance qu'ils se devoient..., etc. » — Ce morceau et le *Caput apologeticum*, écrit en avril 1618, publié par M. AVENEL, sont des morceaux d'histoire du plus haut prix et montrent toute la distance qui sépare, même chez les hommes d'État les plus vigoureux, les jugements des actes, les velléités des volontés.

Derrière la longue file de voitures qui emportait, comme dans une débâcle, ce qui restait de la coterie tombée, tout à la fin, dans le dernier carrosse, se trouvait l'évêque de Luçon accompagné de l'évêque de Chartres. Fermant le cortège de cette « pompe quasi funèbre », il recueillait, en une heure décisive, la grave leçon que sa jeunesse, maintenant close, laissait à sa maturité.

TABLE DES MATIÈRES

www.ingramcontent.com/pod-product-compliance
Lightning Source LLC
Chambersburg PA
CBHW071946090426

42740CB00011B/1846